사막중국

중국의 토지이용 변화와 사막화

아연 중국연구총서 09

사막중국 중국의 토지이용 변화와 사막화

2007년 9월 17일 제1판 1쇄 발행

지은이   이강원
펴낸이   정민용
펴낸곳   폴리테이아
출판등록   2002년 2월 19일 제 300-2004-63호
주　소   서울시 종로구 홍파동 42-1 신한빌딩 2층
　　　　전화 02-722-9960(영업), 02-739-9929(편집),   팩스 02-733-9910
표지디자인   송재희
표지사진   이강원

ISBN 978-89-92792-10-3 94300
　　　978-89-955215-7-1 (세트)

× 책값은 뒤표지에 표시되어 있습니다.
× 잘못된 책은 바꿔드립니다.

이 도서의 국립중앙도서관 출판시도서목록(CIP)은 e-CIP 홈페이지(http://www.nl.go.kr/cip.php)에서
이용하실 수 있습니다(CIP제어번호: CIP2007002735).

사막중국

중국의 토지이용 변화와 사막화

이강원 지음

폴리테이아

차 례

일러두기

1. 이 책은 그간 필자가 발표한 논문들을 바탕으로 새롭게 쓴 것이다. 논문들의 서지사항은 이 책 말미의 참고
   문헌에 제시되어 있다.

2. 이 책에 실린 사진들은 별도의 표시가 없는 한 모두 필자가 촬영한 것이다.

3. 중국어 고유명사의 한글 표기는 국립국어연구원이 고시한 어문규정에 따르고자 했다. 그러나 일부 국제적
   으로 널리 알려진 지명에 대해서는 관례를 따른 경우가 있다. 두 경우 모두 이해를 돕기 위해 부분적으로 한
   자를 병기했다.

서문

 필자가 중국의 토지이용과 사막화 문제에 관심을 갖게 된 것은 박사논문을 준비하던 1998년 무렵부터이다. 당시 필자는 네이멍구 자치구와 헤이룽장성에 걸쳐 있는 다싱안링 산지의 어룬춘족 거주지역 일대를 중심으로 1년간의 중국 현지조사를 진행하고 있었다. 삼림, 초원, 경지가 교차하여 분포하는 이 지역에서 빠른 속도로 이루어지는 토지이용의 변화와 토지퇴화 현상을 목격하고, 차후에 이 문제를 별도로 다루어야겠다는 생각을 하게 되었다.

 2000년 8월 박사논문을 마치고, 중국과학원 지리과학 및 자원연구소와 중앙민족대학에서 다시 1년간 연구를 하면서, 토지이용과 토지퇴화 문제에 본격적으로 매달릴 수 있었다. 베이징의 연구소들과 대학들에 소장된 관련 자료들을 열람하고, 신장웨이우얼 자치구, 간쑤성, 네이멍구 자치구, 구이저우성, 허베이성 등지를 답사했다. 이러한 답사들은 때로는 보름, 때로는 한 달 이상이 소요되는 것이었다. 귀국 후에도 매년 여름과 겨울 방학을 이용하여 현지답사와 문헌자료 수집을 진행하여 왔다. 이로부터 중국의 사막화 현상이 토지이용과 밀접한 관련이 있다는 확신을 갖게 되었다.

 이상의 답사와 자료 수집을 통하여 논문들을 썼고, 관련 학술지에 몇 편을 발표했다. 이 책은 이런 논문들을 수정·재조직하고, 단행본의 형태를 갖추는 데 필요한 몇 부분을 새롭게 써넣은 것이다.

그동안 쓴 논문들에 일관된 점이 있다면, 중국의 사막화 현상을 토지 이용 및 사회적 맥락과 관련하여 밝혀보고자 했다는 점이다. 이는 필자가 지리학이라는 학문적 전통에서 훈련받았다는 사실과 관련이 있다. 지리학은 한 사회의 지표 공간을 그 사회의 얼굴로 간주하는 경향이 있다. 사람의 얼굴이 그 사람의 몸 상태를 드러내고, 다시 그 정신에 영향을 미치듯이, 지표 공간은 한 사회의 경험과 상태를 드러내며, 다시 미래에 영향을 준다. 마찬가지로, 지표 공간 현상의 일종으로서 최근의 사막화 현상은 사회적 과정의 산물임과 동시에, 그러한 사회적 과정에 영향을 미치고 있다.

최근의 사막화 현상은 순수한 자연적 과정이 아니라 토지이용 변화와 깊은 관련이 있으며, 토지이용 변화는 다시 사회적 과정과 깊은 연관을 가지고 있다. 이 책에서는 최근 중국의 사막화 현상이 토지이용 변화에 의해 촉진되었으며, 그러한 토지이용 변화는 중국 사회의 변화 과정과 밀접한 관련을 가지고 있다는 점을 구체적인 예를 통하여 밝히고자 했다.

이러한 의도에 따라 책의 제목을 '사막중국'(沙漠中國)이라고 했는데, 여기에는 사막화를 통하여 중국 사회공간의 한 단면을 살펴본다는 것과 중국이 '사막 가운데의 나라'라는 이중적인 의미가 담겨 있다.

이 책에 실린 글들은 대부분 현지조사를 통하여 쓴 것이다. 조사과정에서 몇 가지 어려움이 있었으나, 지나고 보니 모두 웃음이 나오는 일들이다. 힘들었던 것은 실마리가 풀리지 않아 '내가 무엇 하러 어쩌다가 여기까지 왔나'하는 생각이 들 때였다. 그러나 이럴 때 혼자 있었던 것은 아니다. 항상 답사지역의 주민들이 함께 있었다. 가끔 생각이 난다. 감사드린다.

연구와 집필과정에서 많은 조언을 해 주신 중국과학원 지리과학 및 자원연구소의 루치(魯奇) 교수님, 인천대학교의 안치영 교수님께 감사드린다.

이 책의 출판과 관련하여, 필자의 연구를 중국연구총서의 하나로 선정

해주신 고려대학교 아세아문제연구소의 여러분께 감사드리며, 지도 작업을 도와준 박석철 군과 도표 작업을 도와준 이동운 군에게, 그리고 엑셀 작업을 위해 숫자를 불러준 경재에게 고마운 마음을 전한다.

2007년 여름, 이강원.

서장

1. 연구의 목적

중국의 사막화 현상은 중국 자체뿐만 아니라 인접 국가인 우리나라에서도 관심사로 떠오르고 있다. 이른바 '황사현상' 때문이다. 황사현상을 중국에서는 '사진일기'(沙塵天氣)라고 부르며, 강력한 '사진일기'를 '사진폭'(沙塵暴: 모래먼지 폭풍)이라고 부른다.

이미 지질시대에 형성된 여러 개의 사막들이 존재하는 중국에서 사진일기 현상이 종종 발생하는 것은 어쩌면 당연한 것이라고 할 수 있다. 본래 사막은 지표현상의 한 가지로서, 지표가 외부 환경에 적응하는 과정에서 발생한 것이다. 따라서 한편에 바다가 있듯이, 다른 한편에 사막이 있는 것도 자연의 이치라고 할 수 있다. 그러한 이치에서 불어오는 모래먼지 바람이라면 장마나 태풍 겪듯이 감내하면 그만일 것이다.

문제는 현재의 사막 내지 사막과 유사한 토지의 확대가 순수하게 자연적인 과정에 의해서만 이루어지는 것이 아니라는 점이다. 다시 말해서, 인위적 요인으로 인해 급속도로 확대되고 있다는 데에 문제가 있다. 그리고 최근의 사진일기 현상은 그 빈도와 강도에 있어서 이상 징후를 보여 왔고, 일종의 재해로 인식되고 있다.

최근 한국에서 황사현상이 나타나는 빈도가 감소하는 듯이 보이고, 베이징에서도 역시 사진일기 현상의 빈도가 감소한 듯이 보이지만, 그것은 부분적이고 일시적인 것이다. 최근 50여 년간을 두고 볼 때, 중국 북방 건조지역 전체의 사진일기나 사진일기 과정[1] 발생횟수는 파동을 보였을 뿐 결코 감소하지 않았으며, 최근 강력한 등급의 사진일기나 사진폭 일기 과정은 오히려 증가추세를 보여 왔다(錢正安 等 2002, 110).

사진일기 현상은 일차적으로 모래와 먼지라는 지표현상과 강한 바람이라는 대기현상이 결합되어 나타난다. 물론, 이론적으로는 강력한 바람만으로도 사진일기 현상이 발생할 수 있다. 그러나 지표상태가 어떠한가에 따라 사진일기 현상이 발생할 수 있는 가능성에 차이가 있다. 다른 조건들이 같다면, 사막과 유사한 상태의 지표 면적이 늘어난다는 것은 그만큼 사진일기 현상이 나타날 가능성이 높아진다는 것을 의미한다.

따라서 우리는 중국의 지표상태에 대해 검토할 필요가 있다. 중화인민공화국 성립 이후 지난 50여 년간 중국의 지표상태 중에는 큰 변화가 있었으며, 그중 한 가지가 사막과 유사한 상태의 지표면적이 증가하였다는 것이다. 사막과 유사한 상태의 지표면적이 증가하는 것을 '사막화'(沙漠化)라고 부른다.

사막화는 자연적인 요소나 인위적인 요소, 또는 그것들의 결합에 의해 지표에서 나타나는 토지퇴화의 한 유형으로, 지질시대나 역사시대 모두에서 나타날 수 있다. 특히, 17~18세기를 전후한 소빙기(小氷期)에 중국 북방의 건조하고 한랭한 자연적 조건은 사막화 현상이 발생할 가능성을 높였

---

1 사진일기(沙塵天氣)는 모래먼지 날씨로 우리나라의 황사현상과 같은 기상현상을 총칭하며, 사진일기 과정(沙塵天氣過程)은 한 번 발생한 모래먼지 바람이 발생지로부터 이동하면서 확대, 쇠퇴, 소멸되는 과정을 말한다. 이것을 강우현상에 비유하자면, 사진일기는 비 오는 날씨에 해당하고, 사진일기 과정은 한번 발생한 태풍이 이동하면서 성장, 확대, 쇠퇴, 소멸하는 하나의 과정을 가지는 것과 같은 것이라고 할 수 있다.

으며, 이 시기를 전후하여 중국의 북방 건조지역에서 이루어진 인구증가와 경지화(耕地化)라는 인위적 요소는 사막화 현상을 가속화시켰다(陳廣庭 2001, 211).

이후 19세기 후반기 이래 중국 북방 건조지역이 이전에 비해 점차적인 온난화와 약간의 습윤화 추세(陳廣庭 2001; 王紹武 等 2002)를 보였음에도 불구하고, 이 지역의 사막화 면적은 지속적으로 증가하였다. 따라서 최근의 사막화 현상의 주요 원인은 인위적인 것이라고 할 수 있다. 특히, 1950년대 이래 중국의 사막화 속도는 급증하여 왔으며, 여기에는 북방 건조지역에서 이루어진 토지이용의 변화가 큰 작용을 한 것으로 알려지고 있다.

한 사회의 지표공간은 그 사회의 얼굴이라고 할 수 있다. 사람의 얼굴이 그 사람의 몸 상태를 드러내고, 다시 그 정신에 영향을 미치듯이, 지표공간은 한 사회의 경험과 현 상태를 드러내며, 다시 미래에 영향을 준다. 따라서, 한 사회의 지표공간현상으로서 사막화는 그 사회의 한 단면을 드러내는 것이라고 할 수 있다.

지표공간현상으로서 사막화와 사회적 변동을 연결하는 매개 지점에 토지이용이 자리 잡고 있다. 사막화 현상은 토지이용 변화와 깊은 관련이 있으며, 토지이용 변화는 다시 사회적 변동과 깊은 관련을 가지고 있다.

이 책에서는 1950년대 이래 중국의 사막화 현상을 진단하고, 토지이용에 있어서 어떠한 변화가 사막화를 초래하였으며, 그것이 중국 사회의 어떠한 과정과 연관되어 있는 것인지 살펴보고자 한다.

2. 연구경향의 검토

중국에 분포하는 사막에 대한 연구는 19세기말부터 시작되었지만, 본격적이고 체계적인 연구는 1950년대 말부터 이루어졌다. 사막을 경지로 개조하여 식량문제를 해결한다는 취지에서 중국과학원 치사대(中國科學院 治沙隊)가 중심이 되어 사막에 대한 연구를 진행하였다. 이러한 맥락에서 지리학자이자 중국과학원 부원장이었던 주커전(竺可楨)은 1959년 3월 2일자 인민일보에 '사막 개조는 우리의 역사적 임무'라는 제하의 글에서, "사막을 개조하는 것은 중국 인민의 역사적 임무이며, 사회주의 제도의 우월성과 자본주의 제도의 부패성은 사막 문제를 처리하는 것에서 또 한 번 증명될 것이다"(竺可楨 1979, 376)라고 쓰고 있다.

사막화와 관련하여, 주커전은 '인조사막'(人造沙漠)이라는 용어를 사용하고 있는데, 이는 인위적 원인에 의하여 사막이 아닌 곳이 파괴되어 사막으로 변한 것을 의미한다. 그는 인조사막이 계급사회에서 착취로 인해 발생하는 것(竺可楨 1979, 400)으로 보았다.

그는 이러한 예로 마오우쑤 사지(毛烏蘇沙地) 지역에 위치한 산시성(陝西省) 위린(楡林)을 들었다. 그에 따르면, 위린은 강수량이 비교적 풍부한 천연 초원 지역이었기 때문에, 명말 청초(17세기 초) 시기에는 풍사(風沙)가 적었으며, 인접한 만리장성 이북의 30여km까지 초원이 펼쳐져 있었고, 몽골족이 유목을 하던 지역이었다. 청나라 건륭(乾隆) 시기인 18세기 말에 이르러, 산시(山西)와 산시(陝西) 북부 지역의 농민들이 청나라 정부와 현지 지주들의 착취를 견디지 못하고, 위린 북쪽의 만리장성을 넘어가 개간을 하였다. 이 지역은 지력이 농경에 적합하지 않았기에, 한번 개간하여 파종한 다음에는 그 토지를 버리고 다시 다른 땅을 개간하는 일이 빈번하게 발생하였다. 버린 땅은 식생이 없어 풍사활동이 진행된다. 이로부터 인조사막이 만들어져, 점차 사막이 남으로 만리장성을 넘어왔고, 위린은 그 소재지를 세 번이나 옮겨야 했다는 것이다(쓰可楨 1979, 400).

그는 사회주의 사회에서는 이러한 인조사막이 발생하지 않으며, 오히려 사막을 오아시스(綠洲)로 바꾸는 일이 가능하다고 주장하면서, "지구를 향해 진군하고", "사막을 정복하자"고 썼다(쓰可楨 1979, 399-407).

1950년대 말부터 중국과학원 지리연구소(中國科學院地理研究所)[2]와 중국과학원 란저우 사막연구소(中國科學院蘭州沙漠研究所)[3]가 주축이 되어 사막과 사막개조 연구를 주도하였다. 전자는 주로 자연과학적 관점과 사회과학적 관점을 망라한 종합적 관점에서 연구를 수행하였고, 후자는 주로 자연과학적 입장에서 연구를 수행하였다.

1960년대와 1970년대를 거치면서 사막에 대한 답사와 연구가 축적되었으며, 학제적인 학문분야로서 '사막학'(沙漠學)이 성립되었다. 여기에는 지리학뿐만 아니라, 고고학, 역사학, 농업과학, 기상학까지 망라되었다.

1970년대 중반 이후 연구의 관점은 사막개조로부터 사막화 방지와 퇴치로 점차 전환되기 시작하였다. 이는 1950년대부터 1970년대 말에 이르기까지 진행된 북방 건조지역에서의 자연개조 사업이 성공적이지 못했다는 것을 반증하는 것이기도 하다.

사막화 연구는 1980년대의 모색기를 거쳐 1990년대에 들어 본격적인

---

2 이 연구소는 1940년에 성립된 중국지리연구소가 모태가 되어, 1950년대에 중국과학원 지리연구소로 확대·개편되었고, 1999년에 자연자원종합고찰위원회를 통합하여, 중국과학원 지리과학 및 자원연구소(中國科學院地理科學與資源研究所)로 개칭되었다. 베이징에 있다.
3 이 연구소는 1999년 빙하 동토 연구소(冰川凍土研究所), 고원대기물리연구소(高原大氣物理研究所)와 합쳐져 중국과학원 한랭·건조지역 환경 및 공정연구소(中國科學院寒區旱區環境與工程研究所)로 개칭되었다. 간쑤성 란저우에 있다.

궤도에 오르게 되는데, 이는 한편으로는 사막화 현상이 중국 사회의 큰 문제로 대두된 것과 관련이 있으며, 다른 한편으로는 1994년 중국이 유엔 사막화 방지 협약에 서명한 것과 관련된다.

대표적인 연구로, 주전다(朱震達 1986)의 습윤 및 반습윤 지역에서의 풍사화(風沙化) 문제에 관한 연구, 주전다 등(朱震達 等 1989; 1994)의 중국 북방지역의 사질황막화(沙質荒漠化)에 관한 연구, 동광롱(董光榮 1990; 1991)의 중국 사막의 형성과 변화에 관한 연구 등이 있다.

그간의 사막화와 관련된 연구과정에서 상이한 관점들이 등장하였으며, 그것은 '지질역사적 관점'(地質歷史的 觀點)과 '역사적 관점'(歷史的 觀點)으로 대별할 수 있다(陳廣庭 2001, 210). 지질역사적 관점은 사막과 사막화에 대한 연구에 있어서 지질시대와 역사시대 전체의 기후변화를 강조하며, 전 지구적 기후 변화의 주기성 문제에 주목하는 경향이 있다. 역사적 관점은 사막과 사막화에 대한 연구에 있어서 지질시대의 사막화와 역사시대의 사막화를 구분하며, 특히 사막화 현상의 발생과 관련하여 역사시대의 인위적 요소 강조하는 경향이 있다. 이들은 역사시대 중에서도 17세기 소빙기 이래의 사막화 현상에 주목한다. 지질역사적 관점을 대표하는 학자로는 동광롱(董光榮)과 우정(吳正) 등을, 역사적 관점을 대표하는 학자로는 주전다(朱震達)와 천광팅(陳廣庭) 등을 들 수 있다.

한편, 1950년대 말 이래 그 파동성에도 불구하고 점차적인 감소를 보여 왔던 사진폭(沙塵暴, 모래먼지 폭풍) 현상이 1990년대 중반 이후 증가로 돌아서는 경향을 보였으며, 이는 사막화 현상에 대한 중국 사회의 경각심을 불러일으켰다. 이와 비슷한 시기에 중국이 유엔 사막화 방지 협약에 보고서(CCICCD 1997)를 제출하면서, 중국 사막화 현상의 윤곽이 드러났으며, 이 역시 사막화 현상에 대한 대중적인 관심을 불러일으켰다.

이런 배경에서, 징아이(景愛 1996)의 사막화 확대의 원인과 대책에 관한 총괄적 연구, 류전주(劉震主 2003)의 건조 및 반건조 지역에서의 토지퇴화에 관한 연구 등이 나왔다. 이와 더불어, 사막화 문제에 대한 다양한 개설서들(申元村 等 2001; 高慶先 等 2002; 陳廣庭 2002; 盧琦 等 2004)과 사막화 방지에 대한 실천적인 지침서(馮道 2002)가 출간되었으며, 각 지역에 대한 자연과학적 접근 이외에도, 일부 사회과학적인 연구들(潘乃谷 等 1995; 馬戎 等 1995; 麻國慶 1995)이 수행되었다.

구체적인 사막화 방지 및 퇴치와 관련하여, 사막화 현상의 발생 요인 중 기후변화적인 요소와 인위적인 요소를 구분할 필요성이 있었으며, 17세기 소빙기 이래의 사막화 과정을 면밀히 분석하는 것이 주요 과제로 떠올랐다. 중국과학원 지리과학 및 자원연구소를 중심으로 우란투야(烏蘭圖雅 1999), 장융민(張永民 2003), 자오제(趙杰 2002; 2004) 등이 박사학위논문을 통하여 이러한 연구를 수행했다.

이상에서 언급한 중국의 연구들은 사막화 현상의 발생에 대해 사회적 맥락에서 접근하기보다는 사막화의 측정, 예방 및 퇴치에 관한 자연과학적이고 기술적인 방법에 초점을 맞추는 경향이 있다. 때문에 사막화를 유발한 사회적 배경과 토지이용의 문제들에 대해서는 구체적인 언급이 없는 경우가 많다. 아마 이것은 지난 시기에 정치·사회적 운동으로 인해 발생된 문제점들에 대해 애써 무시하려는 정치적 분위기와 관련이 없지 않은 것으로 보인다. 그러나 사막화 문제가 토지이용 및 농민과 목축민의 존재양상 그리고 중국 사회의 정치적 운동과 밀접한 관련을 가지고 있기 때문에 사회적 과정을 결코 등한시할 수 없다.

한편, 중국 환경문제에 관한 서방의 연구로 스밀(Smil 1984; 1993), 에드먼드스(Edmonds 1994), 사피로(Shapiro 2001) 등의 연구가 알려져 있다. 중국의 환경문제를 사회·정치적 과정과 연결시켜 분석하고자 하는 이 책의 포괄적인 문제의식은 이들의 연구와 맥을 같이 한다.

　지리학에서는 이들과 같은 방식의 연구를 '정치생태학'(political ecology)
이라고 부르는 경향이 있다(Johnston, R. J. et al. 2000, 590-593). 정치생태학은
생태계 개념에 뿌리를 둔 지리학의 문화생태학, 생활체계의 적응적 속성
에 기초한 생태인류학, 그리고 소농에 대한 정치경제학적 연구들의 결합
속에서 1980년대에 등장하게 되었다. 이 관점에 따르는 학자들은 그간 토
양침식의 정치경제학(Blaikie 1985), 토지퇴화와 사회(Bkaikie and Brookfield
1987) 등과 같은 주제를 통하여, 자연적 과정이라 간주되어 온 문제들에
대해 사회적인 맥락에서 분석하여야 할 필요성을 제기하여 왔다. 이 책
역시 지리학에서 제기하여 온 이러한 문제의식의 연장선에 있다.

　일본에서 중국의 사막화에 대한 포괄적인 연구가 요시노 마사토시(吉
野正敏 1997; 陳維平 等 譯 2000)에 의해 이루어졌다. 비록 내용의 많은 부분
이 1980년대 중반까지의 자료에 기초하고 있지만, 수차의 현지답사와 여
러 분야의 자료를 통해 천착한 연구라고 생각한다.

　한국에서 중국의 사막화에 대한 연구는 초기단계에 있다. 기상학 분야
에서 황사(沙塵暴)현상과 관련하여 사막화에 대한 간략한 소개(최병철 등
2002; 조경숙 등 2003)가 있었고, 임학 분야에서 사막화 방지 기술개발에 관
한 연구(禹保命 等 2000a; 2000b; 2001a; 2001b)가 있었다. 각각의 전공에 따라
대기 중의 수송과정과 녹화를 통한 방사기술에 집중하고 있지만, 다른 분
야에 비해 중국과 상대적으로 교류가 적었던 자연과학과 농업과학 분야에
서 어렵게 일구어 낸 성과라고 생각한다.

　이후 지리학 분야에서 필자에 의해 몇 편의 논문(李康源 2003a; 2003b;
2005; 2007)이 발표되었다. 이 책에서와 마찬가지로, 그간 필자의 연구는
사막화 현상을 토지이용의 측면에서 분석하고, 그것을 사회적 맥락에서
해석하고자 하였다는 차이점을 가지고 있다.

3. 연구의 방법

필자가 중국의 토지퇴화(土地退化) 현상에 대해 주목하게 된 것은 1998년 8월에서 1999년 7월까지 네이멍구 자치구와 헤이룽장성에 걸쳐 있는 다싱안링 산지 어룬춘족 거주지에서 진행한 현지조사와 관련이 있다. 필자는 당시 이 지역의 '다민족화 현상과 공간적 정체성의 문제'라는 주제로 박사학위논문(李康源 2000)을 쓰기 위하여 답사를 수행하고 있었다.

삼림, 초원, 경지가 교차하여 분포하는 이 지역에서 급속도로 이루진 토지이용 변화와 토지퇴화 문제를 목격하고서, 차후 이 문제를 본격적으로 공부해야겠다는 생각을 하게 되었다. 수렵민이었던 어룬춘족의 공간적 정체성 문제와 관련하여 생태환경의 변화 문제 역시 중요한 사안이었기에, 이러한 생각과 현지조사 내용은 박사학위논문에도 일부 반영되었다.

박사학위논문을 마치고, 베이징의 중국과학원 지리과학 및 자원연구소(中國科學院 地理科學與資源研究所)에서 연구하면서, 토지이용과 토지퇴화의 문제에 본격적으로 매달릴 수 있었다. 중국에서 토지퇴화는 북방 건조지대의 사막화(沙漠化)와 토양염류화(土壤鹽類化), 황토고원 및 반습윤, 습윤지대의 수토유실(水土流失), 티베트-칭하이 고원지대의 동융황막화(凍融荒漠化)로 구분되어 연구가 이루어지고 있었다. 그중에서도 필자가 관심을 가진 것은 사막화와 수토유실 문제였다. 이 책에서는 이 중 북방 건조지역의 토지이용 변화와 사막화 문제를 다루고 있다.

연구의 과정은 다음과 같다. 첫째, 지도 및 위성사진을 통한 전반적인 상황의 검토이다. 위성사진(中國科學院 地理研究所 1982), 지도(參謀本部 陸地測量部 1933; 中國人民解放軍 總參謀部 測繪局 1952; 1969; 中國科學院 地理研究所 1992; 1995) 등을 통해 전반적인 사막화 경향을 파악하고자 하였다.

둘째, 문헌연구와 정부를 통해 간행된 통계자료의 분석이다. 중국과학원 지리과학 및 자원연구소 도서관에 소장된 문헌자료들을 중심으로, 그간 중국에서 이루어진 연구 성과에 대해 검토하였다. 그리고 국가통계국 및 지방정부에서 발행한 통계연감을 통하여, 전국적 경향 및 해당 지역의 사회경제적 상황을 파악하고자 하였다.

셋째, 현지조사이다. 앞의 두 가지 작업을 거쳐 토지이용 변화와 사막화 현상의 발생에 있어서 전형적이라고 생각되는 지역을 답사하였다. 답사과정에서 관련 연구진, 현지 주민 및 정부 관리들과의 인터뷰를 통하여 많은 유익한 정보를 얻을 수 있었다.

2000년 9월 세계지리학대회 토지이용분과와 함께 신장웨이우얼 자치구 일대를 답사하였으며, 2000년 10월에는 이전에 장기조사를 실시한 후룬베이얼(呼倫貝爾) 산지 및 초지에 대해 다시 답사를 하였다. 2001년 3월 중국과학원 빈곤 산지지역 발전전략 연구조의 구이저우 고원(貴州高原) 빈곤지구 연구를 위한 사례지역의 선정(科技扶貧個案硏究地點選定) 소조에 참여하여 류판수이(六盤水) 지역을 답사하였다. 이 과정에서 사막화 문제와 수토유실 문제를 대비해 볼 수 있었다. 2001년 4월 중국과학원 토지이용체계 연구진의 일원으로 간쑤성과 신장웨이우얼 자치구 일대를 답사하였으며, 2003년 3월 동아일보의 지원으로 네이멍구 자치구 동부의 아오한기(敖漢旗) 및 나이만기(奈曼旗), 간쑤성의 징타이현(景泰縣)과 민친현(民勤縣) 등을 답사하였고, 2004년 8월 학술진흥재단의 지원으로 네이멍구 자치구 동부의 커얼친 사지와 후룬베이얼 사지를 답사하였다.

이 외에도 베이징에서 비교적 가까운 허베이성 장자커우(張家口)와 네이멍구 자치구 동부 일대는 중국과학원 지리과학 및 자원연구소에서 연구하는 동안 동 연구소의 연구과제와 관련하여 여러 차례 답사를 하였다.

〈그림 1〉 후룬베이얼맹 조사시 인터뷰 중 한 장면

주 : 왼쪽 두 번째가 필자. 현지주민 우르건바투 촬영. 1999년 6월.

이후 매년 여름과 겨울방학을 이용하여 중국 연구소들에 소장된 문헌자료들을 검토하였다.

4. 책의 구성

이 책의 주제는 1950년대 이래 중국의 사막화 현상을 진단하고, 토지이용에 있어서 어떠한 변화가 사막화를 초래하였으며, 그것이 중국 사회의 어떠한 과정과 연관되어 있는 것인지 구체적으로 살펴보는 것이다. 연구의 배경과 목적 및 방법에 대하여 소개하는 이 장에 뒤이어 다음과 같은 순서로 구성된다.

첫째, 중국에서 사용되는 황막화(荒漠化), 사막화(沙漠化), 사화(沙化) 등 사막화 관련 용어에 대해 살펴보고자 한다. 황막화는 여러 가지 토지퇴화를 지칭하는 포괄적 개념이고, 사막화는 황막화 현상의 한 유형이다. 사화는 사막화 현상을 중국적으로 재해석한 개념이라고 할 수 있다. 중국에서 사용되고 있는 이러한 개념이 어떠한 맥락에서 사용되고 있는지 분명히 함으로써, 중국의 사막화 상태에 대한 과장 혹은 축소의 오해가 방지될 수 있다고 본다.

둘째, 중국의 토지퇴화(=황막화) 중 사막화 현상이 어느 정도로 진행되고 있는지 살펴보고자 한다. 중국의 사막화 토지면적과 관련하여 '지질역사적 관점'과 '역사적 관점'이라는 두 가지 입장이 각각 어느 정도의 면적을 사막화 토지로 바라보고 있는지 살펴보고, 최근 국가임업국과 국가환경보호총국에 의해 조사된 각각의 통계치들에 대해 검토하고자 한다.

셋째, 중국에서 사막화 현상이 발생하게 된 원인에 대해 살펴보고자 한다. 사막화 현상의 발생원인은 기후변화와 인위적 요인으로 나누어 볼 수 있다. 이 책에서는 인위적 요인 중 토지이용 변화의 문제를 중심으로 다루고자 한다.

넷째, 신장웨이우얼 자치구 타림 분지에 위치한 로프노르 호수의 위치와 성격에 대한 19세기 말 이래의 지리학적 논쟁에 대해 살펴보면서, 중국 건조지역에 대한 이해의 역사를 더듬어 보고자 한다. 특별히 이 논쟁을 다루는 것은 논쟁의 대상이 되는 로프노르 호수가 1970년대 이래 고갈되었기 때문이다. 공교롭게도 로프노르 호수의 고갈과 더불어 로프노르 호수를 둘러싼 논쟁은 종지부를 찍게 되는데, 이를 통하여 로프노르 호수의 위치와 성격을 둘러싼 논쟁은 자연지리학적인 논쟁으로부터 건조지역의 생태환경에 관한 논의로 전환하게 된다.

다섯째, 사례연구로서, 중국 북방 건조지역 중 서북 사막(沙漠) 지역의 사막화에 대해 다루고자 한다. 중국의 북방 건조지역은 동남계절풍의 영향이 크고 작음에 따라, 서부와 동부로 구분할 수 있으며, 그에 따라 사막역시 서부의 사막과 동부의 사지(沙地)로 구분된다. 서북지역 사막화의 전형적인 예를 신장웨이우얼 자치구 타림 분지를 통해 살펴보고자 한다.

여섯째, 사례연구로서, 중국의 북방 건조지역 중 사지(沙地) 지역 사막화의 대표적인 예로 네이멍구 자치구 동부에 위치한 커얼친 사지 지역을 살펴보고자 한다. 커얼친 사지는 신의주에서 400여㎞ 밖에 떨어져 있지 않은 우리나라에서 가장 가까운 사막(사지)이며, 최근 겨울철 황사현상의 발원지로 알려져 있다.

마지막으로, 중국에서 사막화 현상 발생의 사회적 배경과 사막화 방지 및 퇴치 정책이 가지고 있는 가능성과 제약 요소에 대해 검토하는 것을 종장으로 삼고자 한다.

제1장

중국의 사막화 관련 개념

우리나라에서는 '사막화'라는 용어를 포괄적으로 사용하지만, 중국에서는 황막화(荒漠化), 사막화(沙漠化), 사화(沙化) 등으로 세분화하여 사용한다. 마찬가지로 황막(荒漠), 사막(沙漠), 사화토지(沙化土地) 역시 각각 서로 다른 의미로 사용되고 있다.

이 장에서는 중국의 사막화 관련 용어가 각각 어떻게 다르고 어떤 배경에서 사용하게 되었는지를 살펴 보았다. 포괄적인 개념인 황막과 황막화 속에서 사막과 사막화가 어떠한 차별성을 갖는지 고찰하고 더불어, 황막화와 사막화를 판별하는 기준이 무엇인지 살펴보기로 한다.

1. 황막화, 사막화, 사화 개념의 구별

1) 'desertification'의 어원과 용어 사용을 둘러싼 논란

우리나라에서 '사막'으로 번역되는 'desert'는 라틴어의 'desero'를 어원으로 한다. 이 단어는 '버리다'(forsake), '포기하다'(abandon) 혹은 '떠나다'(leave)라는 의미를 가지고 있다(Simpson 1968, 182). 독일어에서도 동일한 어원을 가진 'deserieren'이 같은 뜻을 가지고 있다. 동일한 어원을 가진 영어의 'desert' 역시 '버린 땅', '포기한 땅', '황무지'를 의미한다.

영어의 'desertification'은 1949년 프랑스의 오브르비유(A. Aubreville)가 프랑스령 서아프리카의 토양침식을 연구하면서 처음으로 사용했다. 그는 아프리카에서 열대삼림의 남벌과 이동식 경작으로 인해 삼림지역이 열대초원으로 변하고 열대초원 역시 퇴화하여 황무지 경관으로 변하는 것을 목격했다. 그는 이러한 종류의 토지퇴화를 'desertification'이라고 칭했다. 이후 1959년 프랑스의 우에루(H. N. Houerou)는 인간의 불합리한 경제활동에 의해 원래 'desert'가 아니었던 건조 및 반건조지역에 'desert' 경관이 확장되는 것을 'desert creeping' 혹은 'desertization'이라고 칭했다.

중국에서도 20세기 초에 영어의 'desert'를 '사막'으로 번역하여 사용하기 시작했다. 또한 1930년대에는 '황막'으로 번역하는 경향이 나타나 '사막'과 '황막'이 동시에 사용되기도 했다. 하지만 학술적으로는 '사막'으로 번역하여 사용하는 데 아무런 이의가 없었다. 중국의 학자들은 'desert'를 '모래질의 황무지'(사질 황막, 沙質荒漠)로 이해하고 있었고 'desertification'을 '사막의 확대' 혹은 '사구의 침입'으로 이해하고 있었다.

용어의 문제가 제기된 것은 1977년부터 유엔을 중심으로 사막화 ('desertification')방지협약이 논의되면서부터이다. 〈유엔사막화방지협약〉[4]은 'desertification'에 대하여 다음과 같이 정의하고 있다(UNCCD 1996).

건조(arid), 반건조(semi-arid), 아습윤 건조(dry sub-humid)지역에서, 기후 변화와 인간 활동을 포함하는 다양한 요인들에 의한 토지퇴화(land degradation).

여기서 토지퇴화는 바람과 물에 의한 침식으로 토양물질이 유실되는 것, 토양의 물리적·화학적·생물적 특성 및 경제적 특성이 퇴화하는 것, 자연식생이 장기적으로 상실되는 것을 의미한다.

중국의 연구자들은 이전에 'desertification'을 '사막화'로 이해하면서 주로 바람에 의한 사구의 이동을 연구했고, 물에 의한 토양침식은 '수토유실'(水土流失, water and soil loss)로 구분하여 연구해왔다. 그러나 유엔의 'desertification' 정의는 이 모든 것을 포괄하는 개념이었다.

이에 용어 정비의 필요성이 제기되었으며, 그 결과 'desertification'을 '황막화'로 번역하고, 이전의 '사막화'라는 용어는 황막화의 하위 범주 중의 하나인 '사질 황막화'(sandy desertification)로 정의했다(陳廣庭 2002, 20). 따라서 중국에서 사용하는 '황막화'(荒漠化)는 유엔 협약 중의 'desertification'을 의미하고, 반면 '사막화'(沙漠化)는 황막화 현상 중의 일부로, 풍사활동(風沙

---

4 영어로는 〈United Nations Convention to Combat Desertification in Those Countries Experiencing Serious Drought and/or Desertification, Particularly in Africa〉으로 표기된다. 번역하자면, 〈심각한 가뭄 그리고/또는 사막화를 겪는 아프리카 지역 국가 등 일부 국가들의 사막화를 방지하기 위한 국제연합 협약〉이다. 이를 우리나라에서는 일반적으로 〈유엔 사막화 방지 협약〉으로 부르고, 중국에서는 〈聯合國防治荒漠化公約〉이라고 부른다. 영어의 'desertifica-tion'을 우리는 '사막화' 중국은 '황막화'라고 번역하고 있다.

活動)에 의한 토지퇴화를 의미하게 되었다.

그러나 이러한 용어상의 구분을 따르면서도, 사막화에 대해서는 연구자마다 상이한 정의들을 제시했다. 예컨대, 중국의 대표적인 사막 연구자인 주전다(朱震達 等 1989, 3)는 사막화에 대하여 다음과 같이 정의했다.

사막화는 사질 황막화(沙質荒漠化)를 간략히 이르는 것이다. 건조, 반건조(부분적으로 반습윤을 포함)지역의 취약한 생태적 조건하에서, 인간의 과도한 경제활동으로 인해 생태적 평형이 파괴되어, 본래 사막이 아니었던 지역에 풍사활동을 주요 특징으로 하는 사질 황막과 유사한 환경으로 퇴화가 일어나는 것을 말한다. 지표에 풍사활동이 출현하여 토지 생산력 하강을 초래하는 환경 퇴화과정을 사막화 과정이라 부르며, 그 영향을 받은 토지를 사막화 토지라고 칭한다.

이후 그는(朱震達 等 1994) "건조하고 바람이 많은 사질(沙質) 지표조건하에서, 인간의 강도 높은 활동이 취약한 생태평형을 파괴하여, 지표에 풍사활동을 주요 특징으로 하는 토지퇴화가 나타나는 것을 사질 황막화(약칭하여 사막화)라고 하며, 영어로는 'sandy desertification'으로 표기한다"고 했다.

이러한 주전다의 정의는 '인간의 과도한 경제활동' 또는 '인간의 강도 높은 활동' 등을 강조하고 있다. 본래 사막이 아니었던 지역이 사막으로 바뀌는 현상만을 '사막화'라고 지칭하고 있다는 점에서 사막화에 대한 '역사적 관점'을 표방한 것이라고 할 수 있다.

주전다의 이러한 정의에 대하여 우정(吳正 1991)은 사막화 개념 중 사막화 발생의 공간과 시간 척도에 대해 이의를 제기했다. 그는 사막화가 공간상에서 본래 사막이 아니었던 지역에서도 나타날 수 있고, 또 본래 사막인 지역에서도 나타날 수 있으며(예로 사막 환경조건의 강화와 확장), 시간적으로도 인류 역사시대에도 발생 가능하고, 지질 역사시대에도 발생 가능하다고 지적했다. 그의 사막화에 대한 정의는 다음과 같다(吳正 1991, 267).

사막화는 건조, 반건조, 그리고 일부 반습윤지역에서 자연적인 요인과 인위적 활동의 영향을 받아 자연 생태 시스템의 취약한 평형이 파괴되어, 본래 사막이 아니었던 지역에 풍사활동을 주요 지표로 하는 유사 사막경관으로 환경이 변화하는 과정과 본래 사막이었던 지역에서 사막 환경조건의 강화와 확장이 발생하는 과정을 말한다. 간략히 말해 사막화는 곧 사막의 형성과 확장과정이다. 영문으로는 'desertization'이라고 표기한다.

이러한 우정의 정의는 지질시대와 역사시대 모두에서 사막화가 발생가능하고, 본래 사막이 아니었던 곳이 사막으로 변하는 것뿐만 아니라, 본래의 사막에서 건조도가 더욱 강해지는 현상 역시 사막화로 파악하고 있다는 점에서, '지질역사적 관점'을 따르는 것이라고 할 수 있다.

한편, '사막화'라는 용어를 광의로 사용하려는 움직임이 있었다. 일부 학자들은 "사막화는 인위적 요인과 자연적 요인의 종합적인 작용으로 인하여 건조, 반건조, 반습윤지역의 자연환경이 퇴화(토양 염류화, 초지퇴화, 토양 유실, 사질화, 협의의 사막화, 식생의 황막화, 역사시대 사구의 전진과 침입 등 특정한 환경요인을 특징으로 하는 구체적인 자연환경의 퇴화)하는 모든 과정이다. 그 결과는 해당 지역에서 토지의 자연 생산력이 감소하고 수용능력이 하강하는 것으로 나타난다"고 했다(石玉林 主編 2004, 67). 이 정의는 '사막화' 개념을 포괄적으로 적용해, 사실상 '황막화'와 동일시하는 것이다.

1990년대 사막화 및 황막화 관련 연구의 국제교류가 활발해지고, 중국 연구자들이 기존의 협의의 사막화 개념이 전 지구적인 황막화(광의의 사막화) 연구와 교류에 있어서 제한적인 성격을 가지고 있다는 것을 인식하면서, 점차 유엔의 정의가 받아들여지기 시작했다. 특히 1994년 중국 정부는 〈유엔사막화방지협약〉에 서명하면서, 중국 내에서 습관적으로 사용되던 '사막화'라는 용어를 '황막화'로 개칭하고, 그 개념 역시 유엔의 정의에 따르도록 했다.

이와 동시에 중국의 일부 연구자들이 국제적인 개념을 토대로 중국의 특수한 상황을 고려한 황막화에 대한 정의를 제안하기도 했다. 예로, 국가환경보호총국의 중국 황막화(토지퇴화) 방지 및 퇴치 연구 과제조(中國荒漠化(土地退化)防治研究課題組 1998, 3)는 황막화에 대하여 다음과 같은 정의를 제안하고 있다. 이러한 정의는 〈유엔사막화방지협약〉에서와 달리 기후지역에 대한 언급이 없다는 특징이 있다.

황막화(토지퇴화)는 인류의 불합리한 경제활동과 취약한 생태환경이 상호작용하여 조성한 토지 생산력 하강 내지 토지자원 상실을 말하며, 지표에 황막과 유사한 경관으로 토지자원의 쇠퇴가 나타나는 과정이다.

중국 정부가 유엔 협약 정의를 공식적으로 수용했음에도, 이렇듯 별도의 정의들이 제시된 것은 유엔 협약의 정의에 포괄되지 않는 다음과 같은 현상들과 끈질긴 용어 사용의 관례가 중국에 존재했기 때문이다.

첫째, 유엔 협약의 정의는 기후지역을 건조, 반건조, 아습윤 건조지역으로 국한하고 있어서, 중국의 극건조지역을 제외하고 있다. 따라서 중국의 현실에 부합하지 않는 측면이 있다. 극건조 지역을 제외할 경우, 이 지역에 있는 넓은 면적의 오아시스들에서 나타나는 황막화 현상을 포괄할 수 없기 때문이다.

둘째, 풍사활동을 주요 특징으로 하는 사질 황막화가 건조, 반건조, 아습윤 건조지역뿐만 아니라 습윤 및 반습윤지역의 바닥을 드러낸 하천과 해안사구 주변에서도 넓게 나타났다. 그러나 이러한 지역 역시 유엔 협약의 기후지역 범위에 속하지 않는다.

셋째, 중국에서 가장 문제가 되는 사질토지 증가와 '사진폭'(沙塵暴, 모래먼지 폭풍) 현상을 황막화라는 용어로 연결시키기에는 사막화라는 용어에 포함된 '사'(沙)자의 생명력이 여전히 강했다.

이러한 이유들 때문에, 중국의 일부 연구자들은 '사막화'를 기후지역에 관계없이 풍식에 의한 토지퇴화를 지칭하는 용어로 사용하자고 주장하기도 했다.

2) 개념의 확정

이상의 논란에 대하여 〈유엔사막화방지협약〉 주무부서인 국가임업국과 중국 황막화 방지와 퇴치를 위한 협조소조 판공실(中國防治荒漠化協調小組辦公室)은 '황막화'(荒漠化)와 '사화'(沙化)라는 두 가지 개념과 통계집계 경로를 제시했다. 이에 의거 국가임업국은 매 5년마다 "중국 황막화 및 사화 상황 공보"(中國荒漠化和沙化狀況公報)를 발표하고 있다. 이 공보에서 '황막화'는 앞서 언급한 유엔 협약의 정의에 따른 개념이다. '사화'는 "각종 기후조건하에서 각종 요인에 의해 형성된, 지표상의 모래(자갈) 물질을 주요 특징으로 하는 토지퇴화"를 가리킨다(國家林業局 2005, 4). 국가임업국의 이러한 정의에 따르면, 사화는 기후 범위와 형성요인을 불문하고 지표상의 모래(자갈) 물질이 나타나는 현상을 가리키는 것이 된다.

사화에 대한 또 다른 개념 정의는 2001년 8월 제정되고 2002년 1월부터 시행에 들어간 〈중화인민공화국 사화 방지 및 퇴치에 관한 법률〉(中華

人民共和國防沙治沙法)에서 볼 수 있다. 이 법 제2조는 다음과 같이 밝히
고 있다.

> 토지사화(土地沙化)는 기후 변화와 인류 활동에 의해 초래된 천연사막
> (天然沙漠)의 확장과 사질토양(沙質土壤)상의 식생 파괴, 사토(沙土)의 노
> 출과정을 가리킨다.

> 이 법에서 칭하는바, 토지사화(土地沙化)는 주로 인류의 불합리한 활동
> 에 의해 초래된 천연사막의 확장과 사질토양 상의 식생 파괴 및 복개물 파
> 괴, 유사토(流沙土)가 노출되는 과정을 말한다.

이는 토지사화의 본래적 의미를 적시하고, 다음으로 이 법에서 적용하
는 토지사화의 개념을 밝힌 것인데, 학계의 논쟁을 피하기 위하여 개념 규
정에 많은 고심이 있었음을 보여준다.

사실, 황막화, 사막화, 풍사화[5] 등과 같은 개념은 먼저 기후지역 범위를
획정해야만 성립되는 개념이다. 기후의 가변성으로 인해 구체적인 지표면
에 적용하기 어려운 개념일 뿐만 아니라, 학계에서도 그 개념 규정에 대한
논란이 분분했다. 따라서 '사화'(沙化) 내지 '사화토지'(沙化土地)라는 용어는
학술적인 분쟁을 피하고 실행 작업 중의 응용을 목적으로 만들어진 것이라

---

5 중국의 남방 습윤지역과 반습윤지역 토지퇴화의 주요 요인은 수식(水蝕)이다. 그리고 이들
지역의 해안, 호안, 하안에 출현하는 모래 퇴적은 주로 파랑과 유수에 의한 충적에 의해 만들어
진다. 이러한 지형은 퇴적과정 중이나 퇴적과정 이후에 일상적으로 풍식을 겪는다. 이렇듯 바람
이 많은 계절에 풍식이 심하고, 비가 오는 계절에 수식 위주의 토지퇴화가 일어나는 과정을
'풍사화(風沙化)'라고 한다. 이 개념은 중국의 일부 연구자들(朱震達 1986, 1)에 의해 제시된
것으로, 그들은 이것을 황막화의 하위 범주에 포함시켜야 한다고 주장한다. 그러나 그러할 경우
황막화 개념의 기후지역 범위가 수정되어야만 한다(陳廣庭 2001a, 1).

30

고 할 수 있다. 이 개념을 고안한 것은 토지퇴화의 예방과 퇴치 때문이기도 하지만, '사진일기'(沙塵天氣暴, 모래먼지 날씨, 황사현상)에 의한 피해를 심각하게 여긴 결과이기도 하다.

〈유엔사막화방지협약〉 주무부서인 국가임업국과 중국 황막화 방지 및 퇴치를 위한 협조소조 판공실이 사용하는 '황막화'와 '사막화' 및 '사화'에 대한 정의를 정리하면 다음과 같다.

- 황막화 : 건조(arid), 반건조(semi-arid), 아습윤 건조지대(dry sub-humid)에서 기후 변화와 인간 활동을 포함하는 다양한 요인들에 의한 토지퇴화(land degradation)를 말한다. 그 유형은 풍식 황막화, 수식 황막화, 토양 염류화, 동융 황막화로 나눌 수 있다.

- 사막화 : 위의 황막화 유형 중 풍식 황막화를 가리킨다. 건조, 반건조 아습윤 건조지역에서 기후 변화와 인간활동을 포함하는 다양한 요인들에 의해 암막, 역막, 사막, 사지, 야르당 등과 유사한 토지가 출현하는 과정이다.

- 사화 : 각종 기후조건하에서, 각종 요인에 의해 형성된 지표상의 모래(자갈) 물질을 주요 특징으로 하는 토지퇴화이다.

특별한 부가설명이 없는 한 이 책에서는 이러한 용례를 따른다. 그러나 〈유엔사막화방지협약〉과 같이 이미 우리나라에서 공식·비공식적으로 '사막화'로 번역되는 경우는 예외로 했다. 〈유엔 사막화 방지 협약〉이라고 알려진 것을 이 책에서 〈유엔황막화방지협약〉이라고 하면 독자들에게 혼선을 일으킬 수 있다고 생각했기 때문이다.

이 책에서 사용하는 '사막화'라는 용어는 앞서 언급한 황막화 유형 중 풍식 황막화를 가리킨다. 건조, 반건조 그리고 아습윤 건조지역(경우에 따라서는 극건조 지역도 포함)에서 기후 변화와 인간활동을 포함하는 다양한 요인들에 의해 암막, 역막, 사막, 사지, 야르당 등과 유사한 토지가 출현하는 과정이라는 의미로 사용한다.

2. 황막 및 황막화의 분류와 사막 및 사막화의 위상

1) 황막의 유형 분류와 사막의 위상

현재 중국에서 사용하는 황막6 및 사막 관련 용어들을 구분하면 〈표 1-1〉과 같다. 이 표를 통해 우리가 '사막'이라고 부르는 것이 중국에서 사용하는 사막 관련 용어 중 어느 것인지 정확하게 알 수 있다.

황막은 암막, 역막, 사막, 이막, 염막, 한막으로 구분된다. 암막(岩漠)은 다시 암막과 석막으로 구분된다. 암막은 건조지역에서 기반암이 노출된 낮은 산지나 구릉 또는 산록의 깎여나간 곳에서 나타난다. 신장웨이우얼 자

---

6 본래 황막(荒漠)이라는 용어는 '풀이 없으며(艸+宂), 물이 없다(氵+莫)'는 의미를 가지고 있고, 사막('沙漠')이라는 말은 '물이 적거나(氵+少) 물이 없다(氵+莫)'는 의미를 가지고 있다. 따라서 이 두 용어는 지표의 조성물질을 기술하기보다는 식생이나 수문학 혹은 기후학적인 상황을 기술하는 용어라고 할 수 있다. 그러나 중국에서 '물이 적거나 없는 곳'이 대부분 모래로 이루어져 있다는 점에서 '沙'(사)가 모래를 의미하는 것으로 변화되었다.

치구 투루판 분지(吐魯番盆地)의 화옌산(火焰山)과 같은 곳이 대표적이다. 사막을 여행하다 보면 사막 중간에 마치 섬과 같이 바위산이 나타나는 경우가 있는데, 이 역시 암막에 속하며, 중국에서는 이를 다오산(島山)이라고 부른다. 석막(石漠)은 습윤 혹은 반습윤 지역에서 물에 의한 침식으로 토양층이 제거되어 넓은 면적으로 암석이 노출된 산지를 말한다. 중국 윈난성과 광시성의 석회암 지대에서 주로 나타난다. 윈난성의 스린(石林)이 대표적이다.

역막(礫漠)은 자갈로 이루어진 건조지역의 황무지 경관을 말한다. 네이멍구에서 신장에 걸쳐 넓게 분포한다. 역막을 중국에서는 일반적으로 '고비'(戈壁)[7]라고 부른다. 이 말은 본래 몽골어로서 '자갈'이라는 뜻을 갖고 있다. 일부 지역에서는 암막 역시 고비라고 부르는 경우가 있다.

---

7 고비(gobi)는 한자로는 음만을 취하여 '戈壁'(과벽, gebi, 거비)으로 옮겨진다. 몽골어에서 비롯되었으며, '자갈이 많은 황무지'(礫漠)란 뜻이다. 따라서 '고비사막'이라는 말은 사실은 '자갈황무지 모래황무지'라는 뜻이다. '고비사막'이라는 용어가 널리 사용되면서, 마치 중국에 '고비'라는 이름을 가진 사막이 있는 것처럼 생각하는 경향이 있다. 그러나 '고비사막'이라고 불리는 사막은 중국에 없다. 오히려 '중양 고비'(中央戈壁)나 '하순 고비'(哈順戈壁)와 같이 고유명사를 가진 고비가 있을 뿐이며, '타클라마칸 사막'(塔克拉瑪干沙漠), '텅거리 사막'(騰格里沙漠)과 같이 고유명사를 가진 사막이 있을 뿐이다. 따라서 '고비사막'이라는 용어는 '고비와 사막'으로 바뀌어야 옳다.

내몽골과 외몽골 사이에는 넓은 면적의 건조지대가 분포하는데, 중국인들은 이를 '물(水)이 없다(莫)'는 의미에서 '막'(漠)이라고 불렀고, 거기서 '막남'(漠南)과 '막북'(漠北)이라는 지역구분이 생겨났다. 이 막(漠) 중에는 신장웨이우얼 자치구에서 네이멍구 자치구 동부에 이르는 사이에 '지표가 자갈이면서 물이 없는 곳들(礫漠)'이 다수 분포하는데, 그곳의 어느 곳을 가나 몽골족 주민들은 그곳을 그냥 '고비'라고 부르거나 '무슨무슨 고비'라고 부른다.

한자의 본래적 의미에서 '사막'(沙漠)은 '물(水)이 적거나(少), 물(水)이 없다(莫)'는 것이므로, 물과는 관계가 있으되 모래나 자갈과는 관계가 없다. 따라서 '역막'(礫漠), 곧 '자갈이고 물이 없다'는 것은 '막'(漠), 곧 물이 없는 곳의 한 유형을 말하는 것이다.

<표 1-1> 중국 학계의 '황막'(荒漠)에 대한 유형 분류

황막의 분류		세분류
황막(荒漠)	암막(岩漠)	암막(岩漠)
		석막(石漠)
	역막(礫漠)	
	사막(沙漠)	사막(沙漠)
		사지(沙地)
	이막(泥漠)	열지(劣地)
		악지(惡地)
		야르당(雅丹)
	염막(鹽漠)	
	한막(寒漠)	

자료 : 中國大百科全書總編輯委員會〈地理學〉編輯委員會(1990, 219-220), 劉南威 主編(2000, 347-349).

사막은 사막과 사지로 구분된다. 사막은 지표가 모래로 이루어져 있으며, 높은 건조도와 강한 바람으로 인해 이동사구가 주로 나타나는 곳을 말한다. '사막'이라는 용어 자체가 '물이 적거나(氵+少) 물이 없다(氵+莫)'는 뜻으로 매우 건조하다는 것을 의미한다. 중국의 서북쪽에 위치한 8개의 사막이 이에 해당한다. 사지는 지표가 모래로 이루어져 있으나 사막보다는 강수량이 많고 식생이 있어서, 사구가 사막과 같이 잘 이동하지 않고 고정되어 있는 경우가 많은 곳을 말한다. '사지'라는 용어 자체가 '물이 적은(氵+少) 땅(地)'을 의미하며, 따라서 물이 적거나 없는 사막보다는 덜 건조하다는 의미를 지니고 있다. 중국에는 마오우쑤 사지, 훈산다커 사지, 커얼친 사지, 후룬베이얼 사지, 쑹넌 사지 등 5곳이 있다. 이들 지역은 정도에 따라 차이가 있지만 동남 계절풍으로 인한 강수의 영향을 받는 곳에 위치해 있다.

이막(泥漠)은 진흙으로 이루어진 황무지로, 열지(劣地), 악지(惡地), 야르당(yardang: 雅丹)으로 구분된다. 열지는 모래보다 미세한 진흙 성분으로 이루어져 있으며, 주로 황토고원에서 나타난다. 악지는 진흙 성분으로 이루어진 것은 열지와 같으나 열지보다 우곡(雨谷)이 더 발달하고 식생이 적은 상태를 가리킨다. 야르당은 침적된 진흙층이 바람에 의해 깎여서 작고 가파른 언덕과 골짜기를 형성한 것을 말한다. 본래 위구르어로 '작고 가파른 언덕'을 의미하는 말이었는데, 스웨덴 지리학자 스벤 헤딘(Sven Hedin)에 의해 지형학 용어로 자리 잡게 되었다.

염막(鹽漠)은 지면에 염분이 쌓여 염반(鹽斑) 및 염각(鹽殼)이 발달한 것으로, 주로 사막 가운데 하천이나 호수가 있었던 곳에서 나타난다. 타림 분지의 로프노르 지역에서 전형적으로 관찰된다.

한막(寒漠)은 동융황막(凍融荒漠)이라고도 하는데, 지면의 동결과 융해가 반복되면서 황무지가 발달하는 것을 말한다. 주로 티베트-칭하이 고원(青藏高原)에서 관찰된다.

2) 황막화의 유형 분류와 사막화의 위상

황막화는 황막이 형성되는 과정을 가리킨다. 형성 메커니즘에 따라, 풍식 황막화(風蝕荒漠化), 수식 황막화(水蝕荒漠化), 동융 황막화(凍融荒漠化), 토양 염류화(土壤鹽類化)로 구분한다(〈표 1-2〉).

풍식 황막화는 강한 바람에 의해 지표가 황무지로 변화되는 것을 말한다. 주로 건조 및 반건조지역에서 나타난다. 앞서 언급한 암막, 역막, 사막, 사지, 야르당 등이 이를 통해 형성된다. 중국에서는 현재 이 풍식 황막화를 '사막화'라고 부른다.

수식 황막화는 강수나 흐르는 물에 의해 지표가 황무지로 변화되는 것을 말한다. 습윤 혹은 반습윤지역에서 나타난다. 앞서 언급한 열지, 악지,

석막 등이 이를 통해 형성된다. 중국에서는 현재 이 수식 황막화를 '수토유실'이라고 부른다.

동융 황막화는 지표의 동결과 융해의 반복으로 토지가 퇴화되어 식생이 자라기 어려운 상태가 되는 것을 말한다. 주로 티베트-칭하이 고원과 같은 고산지역에서 나타난다. 각종 구조토(構造土, patterned ground)가 이를 통해 형성된다.

토양 염류화는 증발산으로 인해 지표에 염분이 쌓여 토지가 퇴화되는 것을 말한다. 주로 극건조, 건조, 반건조지역에서 나타난다. 염류화토지, 염반, 염각이 이를 통해 형성된다.

〈표 1-2〉 중국 학계의 황막화(荒漠化) 유형 분류

명칭	주요 기제	황막화 결과	분포 지역
풍식 황막화 (風蝕荒漠化)	바람에 의한 취식	암막, 역막, 사막, 야르당	건조 및 반건조지역
수식 황막화 (水蝕荒漠化)	유수에 의한 침식	열지, 악지, 석막	황토고원, 습윤 및 반습윤지역
동융 황막화 (凍融荒漠化)	동결과 융해에 의한 황막화	한막(寒漠)	고산지역
토양 염류화 (土壤鹽類化)	염분 침적으로 인한 황막화	염막	건조지역

출처: 申元村·張克斌·王賢(2001, 78-85)에서 재구성.
주: 이외에도 노천광산, 광산 폐기물, 토양오염에 의해 황폐화된 토지도 황막으로 간주한다.

3. 황막화 및 사막화 발생 가능지역의 구획과 판별기준

1) 황막화 발생 가능지역의 구획

1949년 중화인민공화국 성립 이후, 중국의 지리학자들은 사회주의 건설을 위한 자연개조 차원에서 중국 지리를 연구했다. 이 시기에는 황막을 기후학적이고 수문학적인 건조와 습윤 개념으로 이해했다. 1959년 지리학자들이 주축이 된 중국과학원 자연구획공작위원회(中國科學院 自然區劃工作委員會)는 〈표 1-3〉과 같은 공식을 고안하고, 연간 건조도를 통하여 황막을 파악했다. 이 계산에 의해 건조도 값이 1.5 이상인 지역을 건조지역으로 분류했다.

〈표 1-3〉 중국과학원 자연구획공작위원회의 중국의 건조도 구분

건조도 계산식	건조도(K)	용어		경관	농업생산적 의미	대략적인 연강수량
$K=0.16 \sum_{t\geq10℃} t/r$ K: 건조도 $\sum_{t\geq10℃} t$: 기온 10℃ 이상의 적온 r : 기온 10℃ 이상 기간의 강수량(mm) 0.16 : 상수	〈1.00	습윤	습윤	삼림	매우 습윤, 배수에 주의	900mm이상
	1.00~1.50		반습윤	삼림 초원 초원	습윤, 밭농사에 관개가 필요 없음	900~400mm
	1.50~2.00	건조	반건조	건조 황원	밭농사 생산량 불안정	400~200mm
	2.00~4.00		건조	황막 초원	밭농사 생산량 매우 낮음	200mm 이하
	〉4.00		극건조	황막	관개 없이는 농업 불가능	

출처 : 中國科學院自然區劃委員會(1959).

중국에서 1950년대에 농업생산의 측면에 중점을 두고 고안한 이 구분 방식은 현재에도 광범위하게 사용되고 있다. 이 방식으로 계산된 값을 지도에 표시하면 동남에서 서북으로 갈수록 건조도가 높게 나타난다. 한편, 중국의 강수량이 동남에서 서북으로 갈수록 감소하므로, 건조도는 강수량의 등치선과 대략적으로 일치하는 경향이 있다. 따라서 연강수량의 등치선 역시 건조도에 따른 지역구분 지표로 사용되었다.

중국 종합자연구획의 건조도 값에 의해 구해진 중국의 건조(극건조, 건조, 반건조)지역의 면적은 504만km²로 중국 전체 면적의 52.5%를 차지한다(中國大百科全書總編輯委員會 地理學編輯委員會 1990, 150). 이것을 지역별로 구분하여 나타내면 〈표 1-4〉와 같다.

〈표 1-4〉 중국 건조지역의 지역별 구분

대구분	지구	아지구
서북 건조지역	내 서북(허란산 이동) 반건조지구	시랴오허 온대건조 초원
		네이멍구 고원 온대건조 초원, 황막 초원
		어얼둬쓰 고원 온대건조 초원, 황막 초원
		황토고원 북부 온대건조 초원
	외 서북(허란산 이서) 건조 및 극건조지구	아라산 고원 온대 황막
		준거얼 분지 온대 황막
		알타이산 온대 산지 초원 및 산지 삼림
		톈산 온대 산지 초원 및 산지 삼림
		타림 분지 난온대 황막
티베트-칭하이 고원 건조지역	창탕 고원 고한 반건조지구	창탕 고원, 칭난 산지 고한(온)대 초원
	티베트 북부산지와 차이담 분지 건조 및 극건조지구	차이담 분지 온대 황막
		아리-쿤룬산 고한대 황막

출처 : 趙松喬 等(1985).

여기서 허란산(賀蘭山)이 중요한 지형으로 등장한다. 허란산은 건조지역과 반건조지역의 경계, 황막과 황막 초원의 경계, 내륙하천과 외류하천의 경계라는 중첩적인 의미를 지닌다. 대략 쿤룬 산맥(崑崙山脈) ―아얼진 산맥(阿爾金山脈) ―치롄 산맥(祁連山脈) ―허란산(賀蘭山) ―인산 산맥(陰山山脈) ―다싱안링 산맥(大興安嶺山脈)을 잇는 선을 경계로 이러한 구분을 하고, 황막 역시 이 범위 안에 존재하는 것으로 파악되었다.

중국정부는 1994년 〈유엔사막화방지협약〉에 서명하면서, 이 협약의 규정에 따라 "중국 황막화 보고"(中國荒漠化報告, CCICCD 1997; 2000)라는 제목의 보고서를 제출했다. 여기서는 이전에 고안한 건조지역 구분(〈표 1-3〉)을 따르지 않고, 유엔 협약이 정한 기준인 연강수량과 증발산량의 비율을 기준으로 사용했다. 유엔 기준은 〈표 1-5〉와 같으며, 중국 지도를 유엔 기준에 따라 표시하면 〈그림 1-1〉과 같다.

〈표 1-5〉 〈유엔사막화방지협약〉의 기후 구분 지표와 중국의 해당 면적

기후유형	습윤지수 (MI = 연강수량 ÷ 증발산량)	면적(만km^2)
극건조지역※	MI < 0.05	25.3
건조지역	0.05 ≤ MI < 0.20	142.7
반건조지역	0.20 ≤ MI < 0.05	113.9
아습윤 건조지역	0.50 ≤ MI < 0.65	75.1
습윤지역※	MI > 0.65	600.3

출처 : 中國防治荒漠化協調小組辦公室(1997).
주 : 극건조지역과 습윤지역은 황막화가 발생하는 기후범위에 속하지 않는다.

일반적으로 건조지역은 연간 강수량이 연간 증발량보다 작은 지대를 말한다. 〈유엔사막화방지협약〉(UNCCD 1996)은 건조지대를 건조(arid), 반건조(semi-arid), 아습윤 건조(dry sub-humid)지역으로 구분하고 있으며, 이는 잠

재 증발산량에 대한 연강수량의 비율이 0.05~0.65인 지역을 말한다.

유엔의 기후 구분 지표에 따른 중국의 황막화 발생가능지역(〈그림 1-1〉)은 다싱안링 산맥 서사면 — 시린궈러 고원(錫林郭勒高原) 북부 — 인산 산맥 — 황토 고원 북부 — 란저우 남부 — 치롄 산맥 동북 사면 — 차이담 분지 — 티베트-칭하이 고원 서남부를 잇는 선의 위쪽에 자리 잡고 있다.

이 선의 북쪽 건조구역 내에는 유엔 협약에 따른 습윤지수 0.05 미만의 극건조지역과 습윤지수 0.65를 초과하는 습윤지역이 섬과 같이 존재하며, 그 면적은 각각 25.3만km²와 4.1만km²이다. 이들 지역은 유엔 협약의 황막화 정의에 따르면 황막화 발생 가능지역에 속하지 않는다.

이외에도 습윤지수 0.65를 초과하는 습윤지역 내에 습윤지수 0.65 미만의 18개 건조지역이 섬들처럼 흩어져 분포한다. 이 지역들은 대부분이 동경 112° 이동, 북위 36~45°에 분포하며, 시랴오허강(西遼河) 유역, 황하 삼각주 및 그 북부, 타이항 산맥(太行山脈) 동부에서는 베이징 남부에서 허베이 성 츠현(磁縣)에 이르는 산록부, 쉬안화(宣化), 화이로우(懷柔), 다퉁 분지(大同盆地), 신딩 분지(忻定盆地), 타이위안 분지(太原盆地), 톈산 산맥(天山山脈), 헝돤 산맥(橫斷山脈), 티베트 남부 산간 곡지 등에 산발적으로 분포한다. 유엔 협약의 기준에 따르면 이들 지역은 황막화 발생 가능지역에 포함된다.

유엔 협약의 정의에 따른 황막화 발생 가능면적은 331.7만km²로 중국 국토면적의 34.6%에 이르며, 18개 성(시), 471개 현(시, 기)에 걸쳐 있다.

중국이 이전에 고안한 방식이 아닌 유엔 협약의 기준에 의한 기후지역 구분을 채택함으로써, 극건조지역의 일부가 제외되는 등 황막화 발생가능 면적이 자연구획공작위원회의 기후지역 구분에 따르는 것보다 줄어드는 결과가 나왔다.

중국이 유엔 협약의 기후지역 구분을 채택한 것에는 다음과 같은 이유

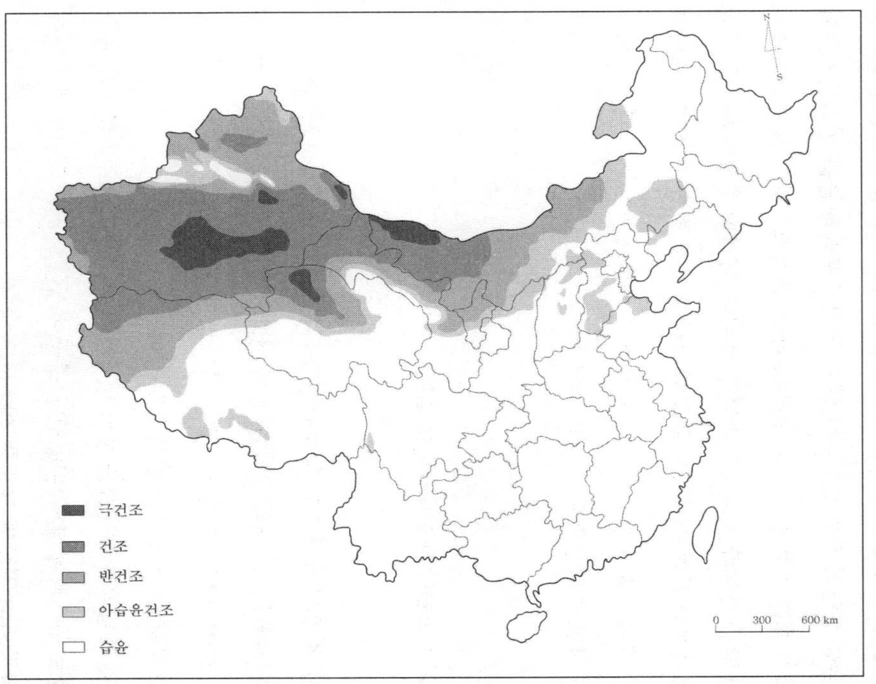

〈그림 1-1〉 중국의 황막화 발생 가능지역(건조, 반건조, 아습윤 건조지역)의 분포

가 있는 것으로 추정된다. 첫째, 중국의 통계에 대한 신뢰가 적은 상태에서 중국이 개발한 기후지역 개념을 고집할 경우, 이는 이른바 '글로벌 스탠다드'(global standard)에 따르지 않는 것이 되고, 결국 중국의 황막화(토지퇴화) 상태에 대한 축소 혹은 과장의 의혹을 빚어낼 가능성이 있었을 것이다. 둘째, 유엔 협약의 정의에 따른다 해도, 극건조지역과 습윤, 반습윤지역이 제외되기 때문에 중국의 황막화(토지퇴화)가 통계적으로 그리 심각하게 나타나지 않을 것이라는 계산이 있었을 것이다. 이러한 추정을 하는 것은 국가 임업국이나 관련 학자들이 중국 황막화 면적 통계 안에, 지질시대에 형성된 본래적인 황막이 포함되어 있어서, 실제보다 과장된 측면이 있다고 계속 주장했기 때문이다(石玉林 2004, 69-70).

2) 황막화와 사막화의 판별기준

유엔 협약에서 정한 황막화의 정의는 "건조, 반건조, 아습윤 건조지역에서 나타나는 토지퇴화"이다. 앞서 건조, 반건조, 아습윤 건조지역을 나누는 기준에 대해서 살펴보았다. 그렇다면 이제 '토지퇴화'를 어떠한 기준으로 판별할 것인가 하는 문제가 남는다.

앞서 황막화의 유형을 풍식 황막화, 수식 황막화, 토양 염류화, 동융 황막화로 구분하여 살펴본 바 있다. 중국에서는 이러한 황막화의 유형에 따라 황막화의 정도별 지표를 적용하고 있다.

〈표 1-6〉 풍식 황막화의 정도별 지표

정도	지표
경도	- 식생 복개율이 30% 이상이나 - 풍사 활동 미약하거나, 약한 풍식이 일어나며 - 기본적으로 고정 사구인 경우
중도	- 식생 복개율이 10~30%로 비교적 균등 분포하여 사구 이동을 저지하지만 - 사구(사지)의 유사(流沙) 흔적이 보편적으로 나타나거나 - 1무(畝)당 교목 또는 관목류 50그루 이상이 균등 분포한 경우
강도	- 지표에 자갈이 퇴적되어 있는 경우 - 식생 복개율이 10% 미만인 경우 - 이동사구인 경우 - 비생물적 수단에 의한 고정 및 반고정 사구(사지)인 경우 - 지표가 풍식잔구, 풍식열지, 야르당 등으로 이루어진 경우

출처 : 中國防治荒漠化協調小組辦公室(1997).

〈표 1-7〉 사막화의 정도 및 그에 따른 특징

사막화 정도	토지면적 중 유사면적 비율(%)	식생상황	지형상 출현현상
잠재	10 미만	다년생 식물종 우세, 그것의 복개율이 40% 이상	반점상의 유사
경도	10 이상~30 미만	다년생 식물종 2차적 지위로 후퇴, 그것의 복개율이 20~40%	국지적으로 풍식에 의한 구덩이, 관목 사구 형성, 작은 면적의 유사
중도	30 이상~50 미만	다년생 식물의 복개율이 20% 미만	큰 규모의 풍식 구덩이, 관목 사구 밀집 형성, 큰 면적의 유사, 반고정 내지 이동사구 징후
강도	50 이상	식생 희소, 1년생 식물 우세, 복개율 10% 미만	밀집된 이동사구 큰 면적으로 분포

출처 : 劉南威(2000, 383), 朱震達 等(1994).
주 : 유사(流沙) : drifting sand 혹은 shifting sand를 지칭함.

　　풍식 황막화의 정도별 지표(〈표 1-6〉)는 식생의 복개율과 사구의 고정 혹은 이동 여부 위주로 구성된다. 이것이 바로 사막화 여부를 판단하는 기준이다. 그러나 〈표 1-6〉의 기준은 유엔 협약에 따른 보고 의무를 이행하기 위하여 고안한 방식이며, 〈표 1-7〉은 유엔 협약 이전에 중국의 지리학자들이 고안하여 사용한 지표이다. 전자는 지질역사적 관점을 따르는 학자들이 주로 참여했고, 후자는 역사적 관점을 따르는 학자들이 주로 참여했다. 후자의 기준을 만든 학자들이 훗날 전자의 기준을 만드는 데 부분적으로 참여했다. 따라서 전자와 후자가 약간 다르긴 하지만, 기본적인 관점에 있어서는 대체적으로 비슷하다고 할 수 있다.

수식 황막화의 정도별 지표(〈표 1-8〉)는 연간 1km² 당 침식되는 토양의 톤수와 연평균 유실되는 토양의 두께(mm)로 구성된다. 토양 염류화의 정도별 지표(〈표 1-9〉)는 서북(신장웨이우얼 자치구)과 동북(네이멍구 자치구)을 구분하여 지표를 설정하고 있다. 지표로부터 30㎝ 깊이까지의 토양 중에 함유된 염분 함량으로 판단한다. 동융 황막화의 정도별 지표(〈표 1-10〉)는 고도와 여름의 융식기간의 장단으로 구성되어 있다.

〈표 1-8〉 수식 황막화의 정도별 지표

정도	지표	
	침식률(ton/km²·연)	연평균 유실 두께(mm)
경도	1,000~2,500	2
중도	2,500~8,000	2~6
강도	〉8,000	〉6

출처 : 中國防治荒漠化協調小組辦公室(1997).

<표 1-9> 토양 염류화의 정도별 지표

유형	지표(0~30cm 염분 함유량(%))		개량조건
	서북 건조지역(신장)	동북 건조지역(네이멍구)	
경도	0.5~1.0	0.1~0.3	비교적 양호
중도	1.0~1.5	0.3~0.7	수리 개선조치 필요
강도	1.5~2.0	0.7~1.0	열악, 복합적 개량조치 필요
염토(鹽土)	〉2.0	〉1.0	매우 열악, 개량 곤란

출처 : 中國防治荒漠化協調小組辦公室(1997).

<표 1-10> 동융 황막화의 정도별 지표

정도	상황
경도	극고원, 고산, 고원 완사면, 고한 초지에서 여름 단시간의 침식
중도	극고원, 고한산지초원 및 황막초원에서 여름 융식(融蝕) 기간 약간 김
강도	극고원, 고산, 고한지 황막, 황막초원에서 여름 융식 기간 비교적 길고, 인위작용 비교적 큼

출처 : 中國防治荒漠化協調小組辦公室(1997).
주 : 중국 지리학계에서 고산은 해발 3,500~5,000m, 극고산은 해발 5,000m 이상을 말한다.

중국에서 황막화나 사막화 문제는 유엔 협약과 마찬가지로 토지퇴화의 문제로 받아들여지고 있으며, 그중에서도 건조, 반건조, 아습윤 건조지역에서 생계를 유지하는 데 필수적인 초지와 경지의 퇴화에 대해 깊은 관심을 가지고 있다. 그에 따라 초지와 경지에 대해 토지퇴화의 정도별 지표를 별도로 설정하고 있다. 그러나 초지와 경지의 퇴화는 지역에 따라 풍식, 수식 및 염류화가 복합적으로 작용한다. 또한 더하여 인위적인 요소가 큰 작용을 해서 지표 설정이 비교적 복잡하다.

초지퇴화의 정도별 지표(<표 1-11>)는 식생종의 단순화 여부, 가축이 먹을 수 있는 식생의 감소 여부, 지표의 노출상태, 염류화의 정도 등으로 구성된다. 경지퇴화의 정도별 지표(〈표 1-12〉)는 경지의 분포지역에 따라 상이한 기준을 적용한다. 아습윤 건조지역에서는 경사지, 반건조지역에서는 풍사지, 건조지역에서는 염류화 토지에 대해 퇴화의 정도를 판별한다.

〈표 1-11〉 초지퇴화의 정도별 지표

정도	지표
경도	- 식물군락의 종별 구성에 큰 변화 없으나 우세종의 개체수가 감소 - 가축이 잘 먹는 식생종과 밟힘에 약한 식생종이 감소 또는 소멸 - 가축이 덜 좋아하는 식생종과 밟힘에 강한 식생종의 개체수 증가 - 지표 생산량과 복개도가 1/3 정도 하강, 지표 피복 식생의 뚜렷한 감소 혹은 부분 소멸한 경우
중도	- 식물군락의 종별 구성에 큰 변화, 우세종 개체수의 큰 감소, 밟힘에 강하고 한발에 강한 키 작은 화초류(禾草類)와 관목이 우세종을 형성한 경우 - 밟힘에 약한 식생종은 소멸되나, 군락 중 대부분의 식생종은 유지된 경우 - 초본류 군락 희소화, 지표 중에 가축이 먹을 수 있는 식생의 양과 복개도가 1/2 정도 하강한 경우 - 지표 반노출상태, 비교적 뚜렷한 침식 흔적, 토양이 단단하게 변한 경우 - 저습지일 경우 초지와 토양의 염분량 현저히 증가한 경우
강도	- 원래의 식생종 대부분 소실, 종 구성의 단순화, 키가 작고 밟힘에 강한 잡초나 관목이 절대 우세를 점하며, 가축이 잘 먹는 종 크게 감소, 초본류 군락이 희소화하고 키가 작아진 경우 - 복개도와 가축이 먹을 수 있는 식생 생산량이 2/3 이상 감소한 경우 - 지표 노출, 뚜렷한 침식 미지형 출현, 토양 유기질 뚜렷한 감소, 뚜렷한 염류화, 염류반(鹽類斑)이 출현한 경우 - 극심한 정도의 경우는 지표 식생 소멸 혹은 잡초의 산발적 분포, 나지 혹은 염류반의 연속 분포로 이용가치 상실한 경우

출처 : 中國防治荒漠化協調小組辦公室(1997).

<표 1-12> 경지퇴화의 정도별 지표

정도	경지의 분포지역			조치
	경사지(坡耕地) 〔아습윤 건조지역〕	풍사지(風沙地) 〔반건조지역〕	염류화 토지(鹽城地) 〔건조지역〕	
경도	경사도 7° 미만, 가벼운 침식·풍식 발생, 토양 A층 존재	가벼운 풍식, 토양 A층 존재	표층의 중등 염류화, 작물 정상 성장 가능	간단한 보호 조치
중도	경사도 7~15°, 중간 정도의 침식 발생, 토양층 부재, 우곡(雨谷) 형성	중간 정도의 풍식, A층 부재, 0~30mm 두께의 모래로 덮임	중강도의 염류화, 작물 정상 성장 저해, 생산량 1/3 감소	복합적 보호 조치
강도	경사도 15°이상, 수토유실(水土流失) 심각, 우곡의 발달	심한 풍식, 30mm 이상 두께의 모래로 덮임, 지면에 작은 모래언덕 출현	염토, 작물 생장 심각 저해, 생산량 매우 낮음	경작 불가, 전면 개량 조치, 강력한 처치 대책

출처 : 中國防治荒漠化協調小組辦公室(1997).

제2장

중국 사막화 현상의 개관

이 장에서는 중국의 사막과 사막화 현상에 대해 개괄적으로 살펴보고 자 한다. 우선, 중국의 주요 사막(沙漠)과 사지(沙地)의 분포와 특성에 대해 간략히 살펴본다. 사막화 현상은 이러한 사막과 사지의 주위에서 활발하게 진행되기 때문이다.

다음으로 사막화 현상에 대해 개괄적으로 살펴보고자 한다. '사막화' 개념과 관련하여 중국 학계는 크게 '지질역사적 관점'과 '역사적 관점'이라고 불리는 두 가지 관점이 있으며, 사막화 토지면적은 이 두 가지 관점에 따라 달리 계산되어 왔다.

최근 중국은 〈유엔사막화방지협약〉에 가입하면서 사막화를 황막화의 하위 범주로 설정했고, 이 유엔 협약의 기준에 따라 황막화 토지면적과 사막화 토지면적을 발표하고 있다. 그러나 몇 가지 점에서 유엔 협약은 중국의 특수성을 반영하지 못하고 있다. 때문에 중국은 독자적으로 '사화'(沙化)라는 개념을 만들어서 그 토지면적을 사화토지면적(沙化土地面積)이라는 범주로 발표하고 있다. 이러한 각각의 통계들을 살펴보면서 중국의 사막화 현상이 어떠한 상태에 있는지 살펴보고자 한다.

중국에서 사막화 현상이 경각심을 불러일으키는 것은 사막화가 일어나는 지역의 토지퇴화 문제 때문이기도 하지만, 베이징의 '사진일기' 현상 때문이기도 하다. 사실, '사진일기' 현상 중 '사진폭'은 일종의 강렬한 사막화 과정이다. 마지막으로 사진폭 현상의 발생 추이에 대해 살펴보기로 한다.

1. 사막과 사지의 분포

중국에서 사막화 현상의 발생지역은 주로 중국의 북방에 위치한다. 중국의 북방 건조지대(극건조, 건조, 반건조, 아습윤 건조지역)에는 여러 개의 사막과 사지가 분포한다.

사막(沙漠)은 모래로 이루어져 있으며, 높은 건조도와 강한 바람으로 인해 이동사구가 주로 나타나는 곳을 말한다. 중국의 서북쪽에 위치한 8개의 사막이 이에 해당한다. 사지(沙地)는 주로 모래로 이루어져 있으나 사막보다는 강수량이 많고 식생이 있어서 사구가 사막과 같이 잘 이동하지 않고 고정되어 있는 경우가 많은 곳을 말한다. 일반적으로 사지는 중국의 동부에 4개가 있는 것으로 알려져 있으나, 최근 동북지방의 쑹화강과 넌장강의 합류지역 부근에 새로이 쑹넌 사지(松嫩沙地)가 발달한 것으로 보고되어, 때에 따라 5개의 사지가 존재하는 것으로 보기도 한다.

중국의 사막화 현상은 바로 이러한 사막과 사지 주변의 광범위한 지역에서 나타나고 있다. 따라서 개별 사막과 사지의 자연적 특성에 대해 살펴보기로 한다.

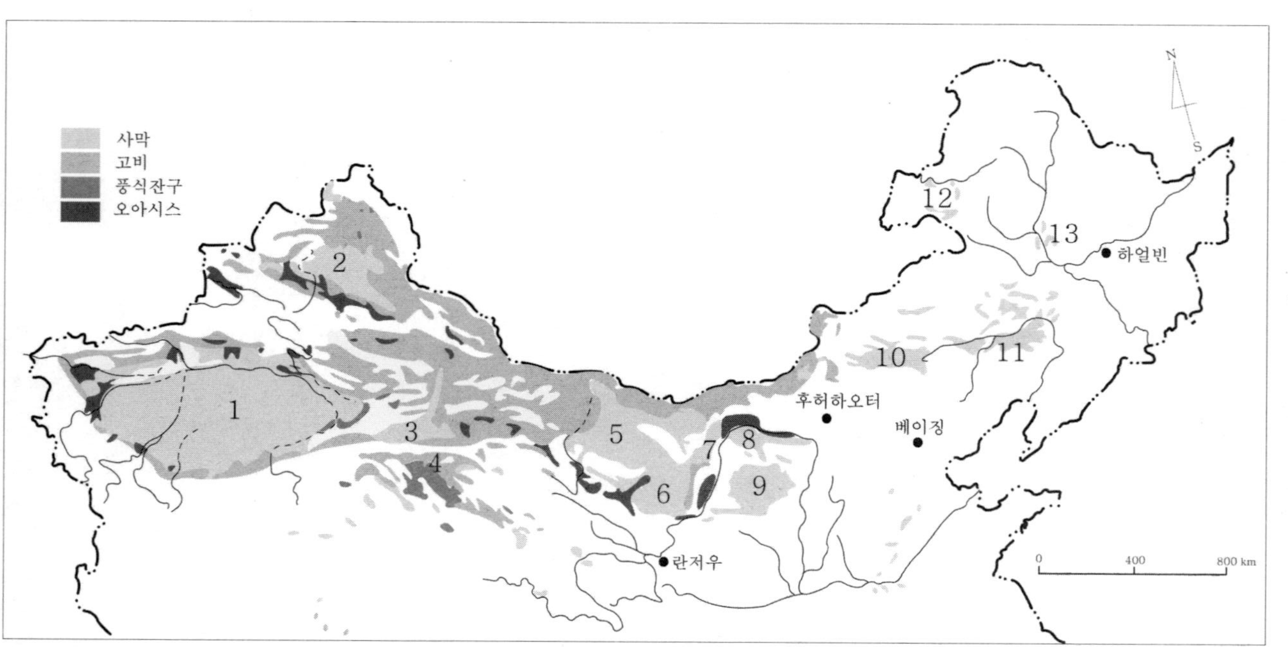

〈그림 2-1〉 중국의 주요 사막 및 사지의 분포

1.타클라마칸 사막 2. 구얼반퉁구터 사막 3. 쿠무타거 사막 4. 차이담 사막 5. 바단지린 사막 6. 텅거리 사막 7. 우란부허 사막 8. 쿠부치 사막 9. 마오우쑤 사지 10. 훈산다커 사지 11. 커얼친 사지 12. 후룬베이얼 사지 13. 쑹넌 사지

① 타클라마칸 사막

　타클라마칸 사막은 신장웨이우얼 자치구의 타림 분지에 위치하며, 면적은 약 33.76만km²에 이른다. 연강수량은 25~40mm 정도지만, 이 사막의 동남단 지역인 체모(且末)의 연강수량은 9mm에 불과하다. 이동사구(유동사구)가 전체 면적의 85% 이상을 차지한다. ‘타클라마칸’이라는 지명은 위구르어(웨이우얼어)로서 ‘들어가면 못 나온다’(進去出不來)는 뜻을 가지고 있다. 한편으로 ‘타클라마칸’은 ‘타일컬러마칸’이 변형된 것이라는 의견도 있다. 18세기 위구르어 문서에서는 ‘타일컬러’가 ‘버려진’이라는 형용사이고, ‘마칸’이 ‘거주지’ 또는 ‘가향’(家鄕)을 의미하는 것으로 사용되었다는 점을 들어, ‘타일컬러마칸’은 ‘버려진 고토’ 또는 ‘지난날의 거주지’를 의미하는 것으로 보기도 한다(崔乃夫 2002, 6271). 과거 이 사막에 오아시스가 다수 존재했고, 지금은 상당수가 사라졌다는 것을 반영하는 것으로 보인다. 1949년 이후 대규모 관개시설의 건설로 인공오아시스 면적이 부단히 확대되었다. 특히 타림강(塔里木河) 중하류에 대규모 개간지와 신흥 상공업 도시들이 건설되었다.

② 구얼반퉁구터 사막

　구얼반퉁구터 사막(古爾班通古特沙漠, 또는 구르반퉁구트 사막)은 신장웨이우얼 자치구의 준거얼 분지(중가르 분지)에 위치하며, 면적은 약 4.88만km²에 이른다. 연평균 강수량은 전반적으로 70~100mm이며, 고정 및 반고정사구가 전체 면적의 97%를 차지한다. 1952년 이후 대규모 인공 오아시스 개발이 진행되어 스허쯔(石河子), 쿠이툰(奎屯) 등의 새로운 도시들이 건설되었으며, 중국 사막 지역의 가장 큰 농업 개간지를 이루고 있다(崔乃夫 2002, 6272).

③ 쿠무타거 사막

쿠무타거 사막(庫姆塔格沙漠, 또는 쿰타거 사막)은 신장웨이우얼 자치구 타림 분지 동단에 위치하며, 로프노르 호수로부터 간쑤성의 둔황에 이른다. 면적은 약 2.28만km²이며, 연평균 강수량은 10mm 미만이다. 야르당 등의 풍식잔구 지형이 분포하는 것으로 유명하다. '쿠무'(쿰)는 위구르어로 '모래'를, '타거'(탁)는 '산' 또는 '언덕'을 의미한다. 따라서 이 지명은 '모래산'(沙山)이라는 뜻이다(崔乃夫 2002, 6275).

④ 차이담 사막

차이담 사막(柴達木沙漠)은 칭하이성의 차이담 분지에 위치하며, 면적은 약 3.49만km²이다. 해발고도가 2,500~3,000m로 중국에서 가장 높은 지역에 위치하는 사막이다. 이 사막 서부의 연평균 강수량은 10~25mm, 동부의 연평균 강수량은 50~170mm이다. 야르당 등의 풍식잔구 지형이 전체 면적의 67%를 차지한다. '차이담'이라는 말은 몽골어로, '짠물 호수'(鹽澤)이라는 뜻이다(崔乃夫 2002, 6275). 최근 이 지역 역시 관개농업의 확대로 사막화와 토양 염류화가 심각하게 확대되고 있다.

⑤ 바단지린 사막

바단지린 사막(巴丹吉林沙漠, 또는 바다인자란 사막)은 네이멍구 자치구 서쪽 끝의 아라산(阿拉善) 지역에 위치하며, 면적은 약 4.43만km²에 달한다. 강수량은 50~100mm 정도이다. 이동사구(유동사구)가 전체 면적의 약 83%를 차지한다. 사구의 높이가 일반적으로 200~300m이며, 500m에 달하는 것도 있을 만큼 중국에서 사구의 높이가 가장 높은 사막이다. 1950년대 이후 이 사막을 흐르는 헤이허강(黑河)-뤄수이강(弱水) 상류 일대의 댐과 관개시설 건설로 하류에 물이 줄어들어, 오아시스가 급속히 쇠퇴했다. 이 지역에서 발생한 1993년과 1994년의 대규모 모래폭풍으로 사망자가 49명, 실종자가 111명에 달했다(劉珍 2000).

⑥ 텅거리 사막

텅거리 사막(騰格里沙漠, 또는 텡게르 사막)은 네이멍구 자치구 서부의 아라산 지역으로부터 간쑤성, 닝샤후이족 자치구(寧夏回族自治區) 등에 이르는 지역에 분포한다. 면적은 약 4.27만km²이고 연평균 강수량은 100~250mm이다. 이동사구(유동사구)가 전체 면적의 66%를 차지한다. '텅거리'는 몽골어로 '하늘'이라는 뜻이다(崔乃夫 2002, 6274). 간쑤성 우웨이(武威)를 지나 이 사막으로 유입되는 스양허강(石羊河) 중상류 지역에 훙야산(紅崖山) 댐과 같이 관개를 위한 저수시설이 건설되면서, 최근 하류의 민친(民勤) 오아시스 지역이 급속히 사막화되었다.

⑦ 우란부허 사막

우란부허 사막(烏蘭布和沙漠, 또는 울란부흐 사막) 사막은 네이멍구 자치구 아라산 지역을 흐르는 황하 서안에 위치한다. 면적은 약 0.99만km²이고 연평균 강수량은 100~200mm이다. 이동사구(유동사구)가 39%, 반고정사구가 31%, 고정사구가 30% 정도를 차지한다. '우란부허'는 몽골어로 '붉은 황소'를 의미한다. 사막의 기세가 매우 웅위하다는 것을 표현한 것이다(崔乃夫 2002, 6275).

⑧ 쿠부치 사막

쿠부치 사막(庫布齊沙漠)은 네이멍구 자치구 중서부의 어얼둬쓰 고원(鄂爾多斯高原)에 위치한다. 서·북·동 3면이 황하로 둘러싸여 있다. 면적은 약 1.61만km²이며, 연평균 강수량은 서부 150~200mm, 동부 300mm 정도이다. 이동사구(유동사구)가 80%를 차지한다. 한나라 때부터 당나라 때까지 10여 개의 군과 현이 있었으나 지금은 모두 사막에 매몰되었다. 사막이 계속 확대되어 남쪽의 마오우쑤 사지와 합쳐지는 경향을 보이고 있다.

⑨ 마오우쑤 사지

마오우쑤 사지(毛烏素沙地, 또는 무어스 사지)는 네이멍구 자치구 어얼둬쓰 고원의 남부지역에 위치하며, 북으로는 쿠부치 사막, 남으로는 황토고원과 접하고 있다. 면적은 3.21만km²이고 연평균 강수량은 동부가 400~440mm, 서부가 250~320mm이다. 고정사구 위주이다. '마오우쑤'는 몽골어로서 '좋지 않은 물'(不好的水)이라는 뜻이다. 물의 유동성이 커서 화근이 되기 때문에 붙여진 것으로 보인다. 5세기로부터 9세기에 이르는 사이에 오아시스 형태의 많은 성들이 존재했다는 기록이 있으나, 이후 사막에 매몰된 것으로 보인다(崔乃夫 2002, 6276).

⑩ 훈산다커 사지

훈산다커 사지(渾善達克沙地, 또는 훈산닥 사지)는 네이멍구 자치구 동부의 시린궈러맹(錫林郭勒盟) 남부에 위치하며, 면적은 2.14만km²이다. 베이징에서 가장 가까운 사막(사지)이다. '작은 텅거리 사막'이라고도 불린다. 연평균 강수량은 210~320mm이며, 고정 및 반고정사구가 전체 면적의 98%를 차지한다. 이 사지의 동남부에 원 세조 쿠빌라이가 건설한 상도(上都) 유적이 있다. 1950년대 이래 과도방목(過度放牧)으로 고정사구가 반고정사구화하고 있으며, 반점상의 유사(流沙)가 만연하고 있다.

⑪ 커얼친 사지

커얼친 사지(科爾沁沙地, 또는 호르친 사지)는 네이멍구 자치구 동부의 퉁랴오(通遼)와 츠펑(赤峰) 일대에 분포하며, 그 면적은 약 4.23만km² 정도이다. 연평균 강수량은 300~450mm이며, 고정 및 반고정사구가 90% 정도를 차지한다. '커얼친'은 몽골의 부족 명칭에서 유래한 것이다. 1950년대 이래 강도 높은 사막화가 진행되었다. 1990년대 이래 사막화 퇴치사업으로 사막화 속도가 약간 감소한 것으로 알려지고 있다.

⑫ 후룬베이얼 사지

후룬베이얼 사지(呼倫貝爾沙地, 또는 후룬부일 사지)는 네이멍구 동북단의 후룬베이얼 초원 중서부에 위치하고 있다. 면적은 0.72만km²이다. 연평균 강수량은 230~320mm이다. 후룬베이얼 초원은 중국에서 가장 건강한 초원으로 알려져 있다. 사지 규모는 비교적 작으나 자연적 요인보다는 불합리한 경제활동으로 인하여 형성된 사지로 알려져 있다.

⑬ 쑹넌 사지

쑹넌 사지(松嫩沙地)는 지린성의 쑹화강(松花江)과 헤이룽장성의 넌장강(嫩江)이 합류하는 지점 부근에 형성되어 있다. 사지의 면적은 0.26만km²이고 연평균 강수량은 400mm 정도이다. 본래 삼림과 초원, 저습지로 이루어져 있던 이 지역은 20세기 초 이래의 개간과 더불어 급속한 사막화가 진행되었다. 특히 1980년대 이후 이 지역은 기존의 8개의 사막과 4개의 사지에 더하여 새롭게 사지로 불리고 있다.

지금까지 살펴본 바에 따르면 사막과 사지는 대략 만리장성 이북에 분포하고 있다. 만리장성은 연평균 강수량 380mm 등강우선과 대략적으로 일치하고, 농업과 목축의 교차지대를 이룬다.

2. 사막화 현상의 개관

1) 추정 및 조사자료의 검토

중국이 〈유엔사막화방지협약〉에 서명한 1994년 이전에 황막화 내지 사막화 현상에 대해 체계적인 조사를 한 기록은 찾기 어렵다. 단지 개별 연구자들에 의한 추정이 있었을 뿐이다. 그러나 이 경우에도 연구자에 따라 황막과 황막화 그리고 사막과 사막화에 대한 개념 정의와 판별기준에 차이가 있었기 때문에, 개념 정의를 둘러싼 논쟁과 면적 추계의 혼란이 발생했다(〈표 2-1 참조〉). 유엔 협약에 따른 보고를 위한 최근의 황막화 실태 관측 조사에 대해서도 학계의 논쟁이 끊이지 않고 있다. 그중에서도 특히 사막화 개념과 관련한 논쟁이 끊이지 않았고, 결국에는 통계작성에 있어서 앞서 언급한 '사화'(沙化)라는 개념이 채택되기에 이르렀다.

둥광룽(董光榮 1991)은 중국에 존재하는 사막, 역막(고비), 사막화 토지 및 풍사화 토지 총면적을 153.3만km² (중국 국토면적의 15.9%)로 추정했다. 그리고 이 모두를 '사막화 토지면적'으로 이해했다. 그는 사막화는 주로 강수 변화의 영향을 받으며, 기후가 건조하게 변한 결과라고 하면서, 지질시대와 역사시대 모두에서 발생할 수 있는 것으로 보았다. 그에게 있어서 '사막화'는 '사막의 확대 변화'로 이해되었다. 이러한 관점을 중국 학계에서는 사막화에 대한 '지질역사적 관점'[1](陳廣庭 2001a, 210)이라고 부른다.

이러한 지질역사적 관점에는 다음과 같은 문제점이 있다. 첫째, 연간

---

1 이러한 관점에서 사막화를 이해한 연구로는 陳玉瓊(1986), 方修琦(1987), 吳正(1991), 董光榮(1990; 1993) 등이 있다.

강수량이 24.6mm에 불과하고 증발량이 2,827.9mm로 강수량의 115배에 이르는 타클라마칸 사막의 핵심지역도 '사막화' 토지에 포함되어야 한다. 둘째, 일반적으로 중국 사막 핵심지역의 증발량이 강수량의 50배를 초과하고 있는데, 핵심지대의 주변에서는 형태상 사막이면서도 그 비율이 50배를 초과하지 않는 경우가 많다. 그러한 경우 어디까지가 사막이고 어디까지가 사막이 아닌지 구획하기가 어렵다. 셋째, 실제 사막화 방지사업 실행을 위한 '사막화 면적'을 구하는 데 곤란한 점이 많다.

〈표 2-1〉 연구주체별 황막화 및 사막화 면적 추산

관점	연구주체	발표연도(조사연도)	범주구분		면적(만km²)	
지질 역사적 관점	둥광룽(董光榮)	1991 (1990)	사막화		153.5	
	中國防治荒漠化協調小組辦公室 (국가임업국)	1997 (1994)	황막화	풍식 황막화	262.2	160.7
				수식 황막화		20.5
				토양 염류화		23.3
				동융 황막화		36.3
			사화		172.59	
역사적 관점	주전다(朱震達)	1991 (1990)	황막화	풍력작용	148.3	33.4
				유수침식작용		108.4
				화학물리작용		6.5
	中國荒漠化(土地退化)防治研究課題組 (국가환경보호총국)	1998 (1996)	황막화	풍력작용	66.4	36.9
				유수침식작용		21.6
				화학물리작용		7.9
	천광팅(陳廣庭)	2001a (1994)	풍식 황막화	건조지역 사막	165.4	58.1
				반건조지역 사지		10.3
				고비, 야르당 등 풍식지		59.9
				현대 사막화 토지		37.1
	왕타오(王濤) 등	2004 (2000)	사막화		38.57	

자료 : 각 연구주체의 해당연도 발표논저에서 정리.
주 : 中國防治荒漠化協調小組辦公室(국가임업국)의 수치는 1994년 조사자료를 1997년에 발표한 것이며, 이후 1999년 조사자료를 2000년에, 2004년 조사자료를 2005년에 발표했다.

주전다(朱震達 1991)는 중국의 생태 취약지역(곧 황막화 지역)을 자연적 요인과 인위적 요인이 결합되어 환경퇴화, 경관퇴화, 토지 생산력 저하, 토지자원 상실 등을 만들어 낼 수 있는 지역이라고 정의하면서, 그 면적을 148.3만km^2(중국 국토면적의 15.4%)로 추정했다.

그중 '풍력작용에 의한 황막화 토지'(곧 사막화 토지) 면적을 33.4만km^{2}로, '유수침식작용에 의해 형성된 황막화 토지'(곧 수토유실 토지)[2] 면적을 108.4만km^{2}로 추정했다. 그의 이 추정치는 유엔 협약의 기후지역 범위와 관계없이 중국 전역에 대하여 추정한 것으로, 사막화 토지면적에서는 지질시대 및 이른 역사시대에 형성된 원생(原生) 사막, 원생 역막(고비), 원생 염류화 토지, 원생 야르당 등은 제외했고, 수토유실 토지면적에서는 남방의 습윤, 반습윤지역까지 포함했다.

그는 지질시대나 이른 역사시대에 형성된 원생 사막, 원생 역막(고비), 원생 염류화 토지, 원생 야르당 등은 '사막화 토지면적'에 포함될 수 없으며, 인간의 활동이 큰 영향을 미치게 된 역사시대의 풍력작용에 의한 황막화만을 사막화라고 할 수 있다고 생각했다. 다시 말해서, '오로지 기후 변화에 의한 사막의 형성 및 변천'과 '사막화'를 구분해야 한다는 것이다. 이러한 관점을 중국 학계에서는 사막화에 대한 '역사적 관점'[3](陳廣庭 2001a, 210)이라고 부른다. 이러한 관점에 따르는 학자들은 '사막화'는 오로지 역사시대에 인류 활동이 기후 변화의 조건하에서 초래한, 사막 및 역막(고비)과 유사한 형태로의 토지퇴화를 지칭하는 독점적 단어라고 주장한다(陳廣庭 2001a, 210).

이러한 관점은 실제상에 있어서 어떤 것이 지질시대에 형성된 '사막'이

---

2 수토유실(水土流失)은 흐르는 물의 침식작용에 의해 토양이 유실되는 것을 말한다.
3 이러한 관점에서 사막화를 이해한 연구로는 牛俊杰·趙淑貞(2000), 董玉祥·劉玉璋·劉毅華(1995) 등이 있다.

고 어떤 것이 역사시대에 형성된 '사막화 토지'인지 판단하기가 어렵다는 문제점이 있다. 이 관점을 따르는 학자들 중 일부는 주로 중국의 동부에 분포하는 4개의 사지가 역사시대에 형성된 것으로 보려는 경향이 있으며, 그중에서 가장 서쪽에 위치하는 마오우쑤 사지에 대해 전형적으로 역사시대에 형성된 '사막화 토지'로 간주하기도 한다. 그러면서 그 근거로 현재에는 모래에 매몰되었지만 진·한 시기에서 당 시기에 이르는 사이에 존재했던 주(州)와 군(郡)들을 증거로 삼는다. 그러나 또 다른 고증에 의하면, 당시에 그 지역을 묘사한 글들에 이미 그 지역이 '큰 모래'(大沙)와 '모래 언덕'(沙阜)으로 둘러싸여 있었다는 기록이 있다. 그렇다면 어떤 것이 지질 역사시대에 형성된 '사막'이고 어떤 것이 역사시대에 형성된 '사막화 토지'인지 구분하기가 매우 어렵다.

천광팅(陳廣庭 2001a)은 풍식에 의한 황막화 토지를 사막, 역막(고비)과 야르당 등의 풍식지, 사지 그리고 '현대 사막화 토지'로 분류하면서, 중국의 풍식 황막화 토지면적을 165.4만km²로 추산했다. 그중 건조지역의 사막이 58.1만km², 동부 반건조지역의 사지가 10.3만km², 고비와 야르당 등의 풍식지가 59.9만km², '현대 사막화 토지'가 37.1만km²인 것으로 보았다. 이 수치는 유엔 협약의 기준에 의거하여 건조, 반건조, 아습윤 반건조지역에서의 풍식에 의한 황막화만을 사막화로 규정하고, 그 면적을 계산한 것이다. 따라서 극건조지역이나 반습윤지역에 나타나는 사막이나 사막화 면적은 제외되어 있다.

이 추산에서 주목할 것은 '현대 사막화 토지'라는 범주이다. 그는 '현대 사막화'를 최근의 건조·한랭시기에 자연변화에 인위적인 요인이 더해져 형성된 연속적인 사막화 과정이라고 정의했다. 구체적인 기간은 17세기 초의 소빙기로부터 지금까지 약 400년간으로 보았다.

그는 이 기간 이전에 형성된 사막과 사지의 사막화 과정은 몇 차례의

휴지기를 겪었으며, 어떤 경우에는 회복으로 역전되는 과정을 겪었다고 했다. 그러면서 17세기 초 이래의 '현대 사막화 과정'이 역대의 사막화 과정과 다른 것은 인위적 요인이 더욱 강해졌다는 점이라고 했다. 그는 그 근거로 다음과 같은 것들을 들었다. 첫째, 이 시기에 중국의 급격한 인구 증가가 있었다. 둘째, 정권의 통치 중심이 북방으로 이동하면서 초원지역이 개간으로 잠식되어 사막화가 진행되었다. 셋째, 사진폭은 일종의 극렬한 사막화 과정인데, 17세기 초부터 사료에 사진폭 관련 기록이 급증했으며, 그 발생 빈도 또한 오늘날보다 심했다.

그에 의하면, 풍식 황막화(=사막화) 총면적 165.4만km² 중 '지질 역사시대(17세기 초 이전)'에 형성된 면적은 128.3만km²이며, 17세기 초 이래 진행된 '현대 사막화 과정'에 의한 사막화 면적은 37.1만km²이고, 그중 26.3%인 9.75만km²가 1949~1999년 사이의 50년 동안 형성되었다. 따라서 그에게 있어서 사막화 방지 및 퇴치사업의 대상이 되는 것은 '현대 사막화 과정'에 의해 형성된 37.1만km²이다. 한편 왕타오 등(王濤 等 2004) 역시 역사적 관점에 입각하여 중국의 사막화 토지면적을 38.57만km²로 보았다.

중국에서 황막화 내지 사화현상에 대한 전국 규모의 공식적인 조사가 이루어진 것은 중국이 〈유엔사막화방지협약〉에 서명한 1994년부터이다. 이 협약의 중국측 주무부서인 국가임업국은 1994년 황막화 및 사화 실태를 조사하여 1996년 "중국 황막화 보고"(中國荒漠化報告)라는 제목으로 발표했다. 이후 다시 1998년부터 1999년까지 전국 황막화 및 사화 실태 조사를 실시하여, 2000년 "제2차 전국 황막화 감측 보고"(第二次全國荒漠化監測報告)라는 제목으로 발표했다. 2004년 다시 전국적인 관측조사를 실시하여 2005년 6월에 "중국 황막화 및 사화 공보"(中國荒漠化和沙化公報)를 발표했다.

1994년의 관측조사는 다음과 같이 이루어졌다. 우선 유엔의 기준에 따라 기후지역을 확정했다. 황막화 기후 유형도를 그리고 각각의 황막화 유

형별 주제도를 만들고 중첩하여, 1:100만의 황막화 분포도를 작성하고,[4] 최
종적으로 각종 황막화 토지면적을 구했다(石玉林 2004, 69).

  1999년의 황막화 및 사화 조사는 원격탐사와 지면조사가 결합되어 이
루어졌으며, 전국 30개 성급 지역을 1km²의 단위로 구획하고, 그간 판단이
불분명했던 30만km²의 윤곽을 파악했다(國家林業局 2000).

  2004년의 황막화 및 사화 조사는 지면조사를 위주로 하면서 원격탐사
를 결합하는 방식으로 이루어졌다. 관측기술인원 4,000여 명, 지면조사반
502만개 팀이 직접 참여했다. 그 결과로 전국 황막화 지리정보 관리 시스템
(全國荒漠化地理信息管理系統)을 수립했다(國家林業局 2005).

  조사결과 황막화 토지면적은 1994년, 1999년, 2004년 각각 262.2만
km², 267.4만km², 263.6만km²로, 그중 사막화 토지면적에 해당하는 풍식에
의한 황막화 토지면적은 해당연도 각각 160.7만km², 187.3만km², 183.9만
km²로 나타났다. 이러한 수치는 유엔 협약의 기후지역 범위 내에서 지질시
대나 역사시대에 관계없이 형성된 모든 황막화 및 사막화 토지를 포괄하고
있다. 따라서 이 조사는 기본적으로 '지질역사적 관점'에 기초하고 있다고
할 수 있다.

  이 조사는 통일적인 방법과 지표를 사용했다는 점에서는 의의를 부여
할 수 있다. 하지만 다음과 같은 점에 대해서는 여전히 논란이 있다. 첫째,
황막화 및 사막화의 범주에 습윤지수가 0.05에 미치지 못하는 중국의 극건
조지역(주로 사막) 25.3만km²가 제외되었으면서도, 그와 거의 유사한 무인
지경의 자연환경이 나타나는 건조, 반건조, 아습윤 건조지역의 사막과 역

---

4 축척 1:100만으로 중국을 그릴 경우 세로 50㎝, 가로 70㎝ 크기의 도폭이 총 73매이며, 이
중 해양 및 도서를 제외한 대륙부는 63매이다.

막(고비), 염류화 토지, 한막 등은 포함되었다. 따라서 황막화 및 사막화 면적이 과장되어 나타나는 측면이 있다. 둘째, 제외된 극건조지역 내에도 상당한 면적의 오아시스가 존재하고, 오아시스의 주변의 황막화 내지 사막화 현상 역시 심각함에도 불구하고 이러한 상황을 반영할 수 없다는 한계가 있다.

그러나 이러한 문제점에도 불구하고, 이 통계가 통일적 방법과 지표를 사용했고, 주기적인 조사를 하기 때문에, 국내적으로나 국제적으로 가장 많이 인용되고 있다.

한편으로 국가환경보호총국에 의한 조사가『중국 황막화(토지퇴화) 방지 및 퇴치 연구』(中國荒漠化(土地退化)防治研究)라는 이름으로 1998년에 발표되었다. 이 조사는 이전의 연구 성과들에 기초하면서도 원격탐사와 지면조사를 결합하여 보충적인 연구를 진행한 것이다. 황막화 토지의 현상과 분포, 발전 추세와 형성원인을 밝히면서, 황막화의 방지와 퇴치를 위한 실행 방안과 주요 조치에 대한 제안을 하고 있다.

이 조사는 황막화의 유형을 '풍력침식과 퇴적에 의한 황막화', '유수침식에 의한 황막화', '화학 및 물리작용에 의한 황막화'로 구분했다. 전자의 두 가지 유형은 각각 다른 조사에서의 풍식 황막화와 수식 황막화에 해당하며, 화학 및 물리작용에 의한 황막화는 다른 조사에서의 토양 염류화와 동융 황막화를 합한 것이다.

조사결과 전체 황막화 면적이 66.4만km²로 나타났는데, 이 수치는 국가임업국의 조사에서 나타난 수치에 비해 현저하게 낮다. 이는 지질 및 역사시대에 순수 자연요인에 의해 형성된 원생(原生)의 사막이나 역막(고비), 풍식지, 염류화 토지, 한막 등을 제외하고, 17세기 초~현재에 형성된 '현대 황막화 토지' 개념에 입각하여 얻은 것이기 때문이다. 황막화의 유형 중 풍력 침식과 퇴적에 의한 황막화를 사막화로 보았으며, 그 면적은 36.9만km²

인 것으로 나타났다.

이 조사는 앞서 언급한 역사적 관점에 입각하면서 '현대 황막화 토지' 내지 '현대 사막화' 개념을 수용하고 있다. 이러한 점은 실천적인 측면에서 의의를 지니며, 다른 조사와 달리 중국의 황막화 토지면적이 지나치게 과장되는 것을 방지한다는 실천적 측면의 의미를 지닌다.

그러나 이 조사는 사막화 면적을 구하면서 중국의 극건조지대에 위치한 오아시스 지역을 유엔 협약의 기후 범위를 벗어난다는 이유로 제외하고 있다. 반면 남방 습윤지대의 유수침식으로 인한 토지퇴화를 역시 황막화라고 칭하고 있다. 이는 유엔 협약의 황막화 기후지역 범위를 벗어나는 것으로 학계의 격렬한 논쟁을 일으켰다.

여기서는 〈유엔사막화방지협약〉의 중국측 주무부서인 국가임업국[5]이 3차(1994년, 1999년, 2004년)에 걸쳐 발표한 관측조사를 중심으로 황막화와 사화 실태를 살펴보면서, 국가환경보호총국의 조사자료들을 부수적으로 참고하고자 한다.

국가임업국의 조사자료는 1994~2004년까지 10년간의 동태를 파악할 수 있도록 해준다. 국가환경보호총국의 조사자료는 대략 17세기 이래의 사막화 면적 위주여서 사막화 퇴치 대상면적의 윤곽을 보여준다고 할 수 있다.

---

5 1994년 중국은 〈유엔사막화방지협약〉에 서명하면서, 중국 황막화 방지 및 퇴치 협조소조(中國防治荒漠化協調小組)와 국제 황막화 방지 및 퇴치 공약 중국집행위원회(國際防治荒漠化公約中國執行委員會)를 구성했다. 협조소조의 조장은 국가임업국 국장이, 조원은 중앙정부 관련 부처의 부부장급이 맡고 있다. 협조소조와 집행위원회는 국가임업국을 중심으로 연락과 조정 활동한다. 국가환경보호총국은 이 사안과 관련하여 부국장이 조원으로 활동하는 정도이다.

2) 황막화와 사막화 현상

〈유엔사막화방지협약〉의 'desertification'을 중국에서는 '황막화'로 번역한다는 것은 앞서 지적했다. 유엔의 황막화에 대한 정의는 건조, 반건조, 아습윤 건조지역이라는 기후지역 범위를 설정[6]하고 있다.

중국은 1994년 국가임업국을 통한 제1차 황막화 실태조사에서 이러한 기후지역의 범위를 지표면에 확정했고 이를 황막화 발생 가능지역으로 규정했다. 이에 따라, 중국 국토면적(957.3만km²)의 34.6%에 이르는 331.7만 km²가 황막화 발생 가능면적으로 확정되었다(〈표 2-2〉).

황막화 발생 가능면적 중 건조지역의 비율이 43.0%로 가장 높고, 다음으로 반건조지역이 34.3%, 아습윤건조지역이 22.6%를 차지하고 있다. 이러한 비율은 실제 황막화 발생면적에서도 비슷하게 관찰되어, 건조지역이 43% 내외, 반건조지역이 35% 내외, 아습윤건조지역이 20% 내외를 차지하고 있다.

실제 황막화 발생면적은 1994년 262.2만km², 1999년 267.4만km², 2004년 263.6만km²로 조사되었다. 이는 중국 국토면적의 27%를 상회하는 것이다. 기간별로 살펴보면 1994~1999년 사이에는 5.2만km²가 증가했다가 1999~2004년 사이에는 3.8만km²가 감소했다. 전체적으로는 1994~2004년의 10년 사이에 1.4만km²가 증가했다. 주로 건조지역과 반건조지역에서 증가가 나타났고, 아습윤 건조지역에서는 감소한 것으로 나타났다(〈표 2-2〉).

---

6 이 범위에는 습윤지역 및 극건조지역은 제외된다. 특히 극건조지역이 제외됨으로써 서북지역의 극건조지역에 존재하는 25.3만km²의 일부 사막, 역막(고비), 풍식잔구들이 이 면적에서 제외되었다.

<표 2-2> 기후지역별 황막화 발생 가능면적과 실제 발생면적(1994, 2004)

(단위: 만km², %)

| 기후지역 | 발생 가능 | | 실제 발생 | | | |
| | 1994년 | | 1994년 | | 2004년 | |
	면적	비율	면적	비율	면적	비율
건조	142.7	43.0	114.8	43.8	115.0	43.6
반건조	113.9	34.3	91.9	35.0	97.2	36.9
아습윤건조	75.1	22.6	55.5	21.2	51.4	19.5
합계	331.7	100(99.9)	262.2	100	263.6	100

출처 : 中國防治荒漠化協調小組辦公室(1997), 國家林業局(2000; 2005)에서 재구성.

황막화는 그 유형을 풍식 황막화, 수식 황막화, 토양 염류화, 동융 황막화로 구분한다. 이중 풍식 황막화 면적이 가장 큰 것으로 나타났다(<표 2-3>). 중국의 연구자들은 건조, 반건조, 아습윤 건조지역에서의 풍식 황막화를 사막화로 간주하는 경향이 있다. 따라서 황막화 유형 중 사막화 면적이 가장 크다고 할 수 있다.

전체적으로 보면 티베트 지역에서 나타나는 동융 황막화의 면적에는 변화가 거의 없으며, 주로 풍식, 수식, 토양염류화에 의한 황막화 유형에서 변화가 나타나고 있다. 1994~1999년 사이에 풍식 황막화 면적(사막화 면적)이 급증하게 된 것은 실제 증가가 반영된 것도 있지만, 집계방식의 변화로 기타 원인에 의한 황막화 면적의 많은 부분이 주로 풍식 황막화 면적(사막화 면적)에 합산되었기 때문이다.

<표 2-4>를 살펴보면, 1994~2004년 사이 10년간 경도 황막화 면적은 32만km²가 감소한 반면, 중도 황막화 면적은 34.4만km²가 증가했고, 강도 황막화 면적은 1.3만km²가 감소한 것을 알 수 있다.

<표 2-3> 황막화 유형별 면적 변화(1994, 1999, 2000)

(단위: 만km²)

유형	황막화 총면적	풍식 황막화 (사막화)	수식 황막화 (수토유실)	토양 염류화	동융 황막화	기타 원인
1994	262.2	160.7	20.5	23.3	36.3	21.4
1999	267.4	187.3	26.5	17.3	36.3	-
2004	263.6	183.9	25.9	17.4	36.4	-

출처 : 中國防治荒漠化協調小組辦公室(1997), 國家林業局(2000; 2005).

<표 2-4> 황막화의 정도별 면적과 비율의 변화(1994~2004)

(단위: 만km², %)

연도	경도		중도		강도		합계	
	면적	비율	면적	비율	면적	비율	면적	비율
1994	95.1	36.3	64.1	24.4	103.3	39.3	262.2	100
2004	63.1	23.9	98.5	37.4	102.0	38.7	263.6	100

출처 : 中國防治荒漠化協調小組辦公室(1997), 國家林業局(2005)에서 재구성.

<표 2-5> 황막화 현상의 지역별 분포 면적(2004)

지역	신장	칭하이	간쑤	닝샤	산시	네이멍구	허베이	시짱	기타	합계
면적 (만km²)	107.16	19.17	19.35	2.97	2.99	62.24	2.32	43.35	4.07	263.62

출처 : 國家林業局(2005)에서 재구성.

전체 황막화 면적에 큰 변화가 없음에도 이러한 현상이 나타난 것은 많은 면적의 경도 황막화 지역이 중도 황막화 지역으로 변화되었다는 것을 의미하며, 그만큼 황막화의 정도가 강해졌다는 것을 나타내는 것이다. 이러한 결과를 통하여 황막화 면적 중 가장 높은 비율을 차지하는 사막화 면적(풍식 황막화 면적) 역시 유사한 경향을 나타냈을 것으로 추정할 수 있다.

중국 정부는 1999~2004년 사이에 황막화 총면적이 3.8만km² 감소했다는 것을 강조하고 있다. 하지만 황막화 정도에 있어서 30만km² 이상의 경도 황막화 지역이 중도 황막화 지역으로 변화되었다는 것을 고려하면, 이 기간 동안의 황막화 퇴치조치가 그다지 성공적인 것은 아니었다고 할 수 있다.

〈표 2-5〉를 살펴보면, 황막화가 북방의 건조지대에 주로 분포하며, 그 중에서도 신장웨이우얼 자치구, 네이멍구 자치구, 시짱 자치구, 칭하이성, 간쑤성 등의 비중이 높은 것을 알 수 있다. 특히 신장웨이우얼 자치구와 네이멍구 자치구가 전체 황막화 면적의 64.3%를 차지하고 있다. 이 지역에 분포하는 황막화 면적의 거의 대부분이 사막화 면적에 해당한다.

이상에서 살펴본 국가임업국의 황막화 실태 조사결과는 유엔 협약의 기후지표에 따라 건조, 반건조, 아습윤 건조지역에 대해서만 면적을 구한 것일 뿐이다. 극건조지대의 오아시스 지역의 사막화는 기후지역을 벗어난다는 이유로 계산에 산입하지 않았다. 뿐만 아니라 어디까지가 본래의 황막인지, 어디까지가 황막화 면적인지, 어디까지가 퇴치 가능한 황막화 면적인지 알 수 없다는 문제점이 있다.

한편 국가환경보호총국이 주관하고 중국 황막화(토지퇴화) 방지 및 퇴치 연구과제조(中國荒漠化(土地退化)防治研究課題組 1998)가 '현대 황막화 토지' 개념에 입각하여 실시한 조사(〈표 2-6〉)에 의하면, 전체 황막화 면적은 66.4만km²이며, 그중 사막화 면적은 36.9만km², 수토 유실화 면적은 21.6만km², 토양 염류화 및 동융 황막화 면적은 7.9만km²이다. 이 조사를 주도한 연구자들은 대략 이 면적이 인위적 조치에 의해 회복이 가능한 것으로 보고 있다.

그러나 이 조사는 사막화 면적을 구하면서 중국의 극건조지대에 위치한 오아시스 지역들을 유엔 협약의 기후 범위를 벗어난다는 이유로 제외하고 있는 반면, 남방 습윤지대의 유수침식으로 인한 토지퇴화는 유엔 협약의 기후지역 범위를 벗어나는 것임에도 황막화의 범주에 포함시키고 있는 문제점이 있다.

〈표 2-6〉 중국 건조, 반건조, 아습윤건조 지대의 황막화 유형별 토지면적과 비율

유형	풍력에 의한 침식과 퇴적 (사막화)	유수에 의한 침식 (수토 유실화)	화학 및 물리작용 (토양 염류화+동융 황막화)	합계
면적(만km^2)	36.9	21.6	7.9	66.4
비율(%)	55.6	32.5	11.9	100

출처 : 中國荒漠化(土地退化)防治硏究課題組(1998).

3) 사화현상

앞서 언급한 대로 '사화'(沙化)는 중국에서 사용되는 독특한 개념으로서 학술적인 개념이라기보다는 토지퇴화 방지와 퇴치 실행 작업을 위해 고안된 개념이다. 기후지역 구분과 형성요인에 관계없이 지표상의 모래(자갈) 물질을 주요 특징으로 하는 토지퇴화를 가리킨다. 이 개념을 고안한 것은 토지퇴화의 예방과 퇴치 때문이기도 하지만, 사진폭 내지 모래바람에 의한 피해를 심각하게 여긴 결과이기도 하다.

관측조사 결과 전체 사화토지(沙化土地)면적(〈표 2-7〉)은 1994년 172.59만km^2, 1999년 174.31만km^2, 2004년 173.97만km^{2}로서 중국 전체면적의 18%를 상회하는 것으로 나타났다. 1994~1999년 사이에 17,180km^{2}가 증가했고, 1999~2004년 사이에 3,400km^{2}가 감소했다.[7] 전체적으로는 1994~2004년 사이의 10년 동안 13,800km^{2}가 증가했다.

<표 2-7> 사화토지면적의 변화(1994~2004)

연도	1994년	1999년	2004년
면적(만km²)	172.59	174.31	173.97

출처 : 中國防治荒漠化協調小組辦公室(1997), 國家林業局(2000; 2005)에서 재구성.

이 조사를 주도한 일부 연구자들은 1999년 통계를 기준으로 대략 110만km²의 사막과 역막(고비) 등이 지질시대에 형성된 것으로 추정하고 있다. 역사시대에 형성된 사화토지면적은 64.31만km²라고 추정하면서, 역사시대에 형성된 사화토지면적 중 대략 54만km² 정도가 인위적인 노력에 의해 회복 가능한 것으로 판단하고 있다(石玉林 主編 2004, 83-84).

중국정부는 1999~2004년 사이에 사화토지면적이 감소했다는 점을 강조하지만, 이 사화토지면적에 포함되지 않으면서 '뚜렷한 사화 추세를 가진 토지'(具有明顯沙化趨勢的土地)가 중국 국토면적의 3.3%인 31.86만km²나 존재하고 있다는 점을 고려하면, 이 기간 동안 실시된 사화 퇴치조치의 성공을 주장하기에는 무리가 있다.

'뚜렷한 사화 추세를 가진 토지'는 사화토지와 사화되지 않은 토지(非沙化土地)의 임계구간에 있는 토지로서, 통계적으로는 사화토지면적에 포함되지 않는다. 그러나 약간의 인위적 자연적 교란만 작용하여도 사화토지로 전환될 수 있어서 '잠재적 사화토지'라고 할 수 있다.

'뚜렷한 사화 추세를 가진 토지'(<표 2-8>)의 지역별 분포를 살펴보면,

---

7 2005년 발표된 "중국 황막화 및 사화 상황 공보"(中國荒漠化和沙化狀況公報)의 6페이지에는 1999~2004년 사이에 사화토지면적이 6,416km² 감소하여, 연평균 1,283km²가 감소한 것으로 쓰여 있다. 그러나 이것은 착오로 보인다. 1999년 사화토지면적이 174.31만km²이었고, 2004년의 그것이 173.97만km²으로 명기되어 있으므로, 0.34만km²가 감소한 것이며, 연평균 감소량은 680km²이다.

<표 2-8>   '뚜렷한 사화 추세를 가진 토지'의 지역별 분포(2004)

지역	신장	칭하이	간쑤	네이멍구	기타	합계
면적(만km²)	4.81	4.20	2.58	18.08	2.19	31.86

출처 : 國家林業局(2005)에서 재구성.

네이멍구가 18.08만km²로 가장 많고 신장, 칭하이, 간쑤 등이 그 뒤를 잇고 있다. '뚜렷한 사화 추세를 가진 토지' 31.86만km² 중 초지의 면적이 21.7만 km²로 68%를 차지하며, 경지의 면적이 7.3만km²로 23%를 차지하고 있다 (國家林業局 2005, 5).

지난 50여 년간의 사화토지면적의 증가 속도(<표 2-9>)를 살펴보면 문제는 더욱 심각하다. 중국의 연구자들은 1950년대 중반~1970년대 중반 사이에는 연평균 1,560km², 1970년대 중반~1980년대 중반 사이에는 연평균 2,100km², 1990년대 전반기에는 연평균 2,640km²가 증가된 것으로 추정하고 있다(景愛 1996, 3). 전면적인 실태조사가 이루어진 1994~1999년 사이에는 연평균 3,436km² 속도로 확대되었다가 1999~2004년 사이에만 연평균 680km²씩 감소한 것으로 나타났다. 1950~1999년 사이에 매년 중간 크기의 현(縣) 1~2개의 면적이 사화했다고 할 수 있다.

사화현상의 지역적 분포(<표 2-10>)를 살펴보면 신장웨이우얼 자치구, 네이멍구 자치구, 시짱 자치구, 칭하이성, 간쑤성 등의 지역이 높은 비중을 차지하고 있음을 알 수 있다. 특히 신장웨이우얼 자치구와 네이멍구 자치구가 전체 사화면적의 66.8%를 차지하고 있다.

<표 2-9> 시대별 매년 사화토지면적의 증가 속도

연대	1950년대 중반 ~1970년대 중반	1970년대 중반 ~1980년대 중반	1990년대 전반	1994 ~1999년	1999 ~2004년
연평균 증가면적 (km²)	1,560	2,100	2,640	3,436	-680

출처 : 景愛(1996), 中國防治荒漠化協調小組辦公室(1997), 國家林業局(2000; 2005)에서 재구성

<표 2-10> 사화현상의 지역별 분포 면적(2004)

지역	신장	칭하이	간쑤	닝샤	산시	네이멍구	허베이	시짱	기타	합계
면적 (만km²)	74.63	12.56	12.03	1.18	1.43	41.59	2.40	21.68	6.47	173.97

출처 : 國家林業局(2005)에서 재구성.

지난 50여 년간 사화 토지면적이 급속히 확대된 지역은 주로 북방 건조지대의 8개 사막과 4개 사지 주변지역이었다. 이 외에도 허베이성과 동북지방(쑹넌 사지)에서도 급속한 확대가 이루어졌다. 그중에서도 2000년대에 들어서까지 급속한 확대를 보인 지역은 신장웨이우얼 자치구의 타림강 중류지역, 간쑤성의 헤이허강 하류지역, 스양허강 하류지역, 네이멍구 자치구의 훈산다커 사지와 그 주변, 허베이성의 바상 지역, 네이멍구 자치구 동북의 후룬베이얼 초원지역, 쑹넌 사지 지역, 네이멍구 자치구와 산시성(陝西省)에 걸쳐 있는 마오우쑤 사지 중부, 네이멍구의 우란부허 사막 동부와 닝샤의 허타오 평원(河套平原), 인촨 평원(銀川平原) 일대 등이다.

2004년 현재 중국 사화토지의 유형별 면적은 <표 2-11>과 같다. 유동(이동), 반고정, 고정 사구 및 사지가 86.5만 km²로 전체 사화면적의 약 50%를 차지하고 있고, 역막(고비)가 66.23만km²로 전체 사화면적의 약 38%를 차지하고 있다. 한편, 모래가 노출된 땅(露沙地)이 10.11만km²에 이른다. 이

〈표 2-11〉 사화토지의 유형별 면적 (2004)

토지 유형	사구 및 사지			역막 (고비)	풍식열지/잔구의 사화지	사화경지	노사지 (露沙地)	비생물 구조물 처리지[※]	합계
	유동	반고정	고정						
면적 (만km²)	86.51			66.23	6.48	4.63	10.11	0.0098	173.97
	41.16	17.88	27.47						

출처 : 國家林業局(2005)에서 재구성.
주 : 비생물 구조물 처리지는 '非生物工程治沙地'로 불리며, 시멘트, 플라스틱 등 비생
물적인 재료로 유사 및 풍사활동을 억제 처리한 땅을 말한다.

는 건조, 반건조, 아습윤 건조지역의 일부 모래 노출지 외에도 단류로 인한
하천 바닥의 노출, 하천 연안의 모래땅, 해안의 고조선(高潮線) 이상에 위치
하는 모래땅 등을 포함한다.

특히 여기서 주목할 것은 작물을 파종하는 경지가 모래땅으로 변한 것
을 의미하는 사화경지(沙化耕地)가 4.63만km²에 이른다는 점이다. 이는 남
한 면적의 절반에 해당한다. 이 토지에서 퇴경(退耕)과 안정적인 식생의 확
보가 가장 시급한 문제로 인식되고 있다.

이상의 논의를 종합하면 다음과 같다. 중국에서는 황막화, 사막화, 사
화에 대하여 개념적 구분을 하고 있다. 또한, 그에 따라 황막, 사막, 사화토
지 역시 명확하게 구분하고 있다. 사막화 관련 용어를 명확하게 구분한 것
은 중국이 〈유엔사막화방지협약〉에 서명한 1994년 이후의 일이다. 이는
〈유엔사막화방지협약〉의 'desertification'에 대한 정의가 매우 포괄적임과
동시에 기후지역개념을 사용하고 있다는 점에서 비롯된다.

〈유엔사막화방지협약〉의 'desertification'에 대한 정의가 지닌 포괄성
은 중국에서 황막화, 사막화, 수토유실, 동융 황막화, 토양 염류화를 구분할
필요성을 제기했고, 여러 논란을 거쳐 각각에 대한 개념적 확정이 이루어

졌다. 한편, 〈유엔사막화방지협약〉의 'desertification'에 대한 정의가 지닌 기후지역개념 때문에 황막화 및 그 하위범주로서 사막화가 중국의 실정을 정확히 반영하는 데 문제가 있었다. 그에 따라 중국정부는 '사화'라는 개념을 고안하여 정책적 지표로 사용하게 되었다.

학계에서는 황막화 현상 중 사막화 면적을 두고 지질역사적 관점과 역사적 관점으로 대별되는 진영 간의 논쟁이 있었다. 지질역사적 관점에 따르면 사막화 토지면적은 지질시대 및 역사시대에 형성된 사막과 유사한 모든 토지를 포함하며, 역사적 관점에 따른다면 역사시대, 그중에서도 대략 17세기 이후에 형성된 사막과 유사한 토지만을 의미한다.

한편 지질역사적 관점에 따르는 것으로 보이는 국가임업국의 황막화 실태조사는 유엔 협약의 기후지표에 따라 건조, 반건조, 아습윤 건조지역에 대해서만 면적을 구한 것일 뿐 극건조지대의 오아시스 지역의 사막화는 기후지역을 벗어난다는 이유로 계산에 산입하지 않았다. 그에 더하여 어디까지가 본래의 황막인지, 어디까지가 황막화 면적인지, 어디까지가 퇴치 가능한 황막화 면적인지 알 수 없다는 문제점이 있다.

만약 우리가 '황막화'나 '사막화'라는 개념을 지질시대부터 존재했던 '황막'이나 '사막'과 구분하여 하나의 '과정'으로 이해한다면, 역사적 관점을 주장하는 학자들의 주장이 설득력 있는 것이라고 할 수 있다. 이 관점에 따른다면, 1998년 현재 중국의 '황막화 토지면적'은 66.40만km²이고, 그 하위범주를 이루는 '사막화 토지면적'은 36.9만km², '수토 유실화 토지면적'은 21.6만km², '토양 염류화 및 동융 황막화 토지면적'은 7.90km²라고 보는 것이 타당하다고 생각할 수 있다. 그러나 이 조사는 사막화 면적을 구하면서 중국의 극건조지대에 위치한 오아시스 지역을 유엔 협약의 기후범위를 벗어난다는 이유로 제외하고 있고, 반면에, 남방 습윤지대의 유수 침식으로 인한 토지퇴화는 유엔 협약의 기후지역 범위를 벗어나는 것임에도 황막화의 범주에 포함시키고 있다는 문제점이 있다.

　　이러한 개념과 통계의 우여곡절은 중국이 〈유엔사막화방지협약〉이라
는 국제적 표준과 중국 현실 사이의 상당한 괴리 때문에 고민하고 있다는
것을 보여준다. 우리나라에서는 향후 이러한 개념들과 그 개념들이 사용되
는 맥락을 고려하여 관련 통계를 인용하여야 할 필요성이 있다.

4) 사진일기(沙塵天氣) 현상

　　우리나라에서 '황사'(黃砂)라고 부르는 것을 중국에서는 일반적으로 '사
진[沙塵, 사천(shachen), 모래먼지]'이라고 부르며,[8] 우리나라에서 '황사 현상'
이라고 부르는 것을 중국에서는 '사진일기' 또는 '사진폭일기'라고 부른다.

　　'사진일기'는 그것이 발생할 때의 바람의 등급과 공중의 상태에 따라,
다시 '사진폭', '양사'(揚沙, 모래 바람), '부진'(浮塵, 먼지 부유)으로 나뉜다. 이
러한 것들은 일종의 강렬한 사막화 과정이라고 할 수 있다.

　　'사진폭'은 강한 바람이 지면의 모래와 분진을 끌어 올려 대기가 혼탁해
진 상태로 수평 가시거리가 1,000m 미만인 경우를 가리킨다. 발생시의 풍
속이 초속 20m 이상이고 수평 가시도가 200m 미만인 경우는 '강 사진폭'
(强沙塵暴)으로, 풍속이 초속 25m 이상이고 수평 가시거리가 50m 미만인
경우는 '특강 사진폭'(特强沙塵暴)으로 구분한다.[9]

---

8 중국의 민간에서는 '펑사'(風沙, 풍사), '황사'(黃沙: 황사), '황펑'(黃風, 황풍), '헤이펑바오'(黑
風暴, 흑풍폭)라고도 불린다. '사천톈치'(沙塵天氣, 사진천기, 사진일기)는 중국의 공식적인 기
상용어이다.
9 타클라마칸 사막의 남부에서는 발생시 풍속이 각각 초속 17.2m, 20.8m인 경우에도 강 사진

'양사'는 강한 바람이 지면의 모래와 먼지를 쓸어 올려 대기가 혼탁해진 상태에서 수평 가시거리가 1~10km 이내인 경우를 가리킨다.

'부진'이란 바람이 없거나 약한 바람이 부는 상황에서 흙먼지나 미세한 모래가 대기 중에 고르게 떠다니는 경우로, 수평 가시거리가 10km 이내인 상태를 말한다.

사진폭은 발생한 이후 시간과 거리가 경과함에 따라 양사나 부진으로 등급이 하강하며, 양사 역시 발생한 이후 시간과 거리가 경과함에 따라 부진급으로 등급이 하강한다. 우리나라의 '황사현상'은 일반적으로 중국의 '부진'급에 해당한다.

특정지역에서 '사진일기'가 한번 발생하면 시간에 따라 공간적 규모가 확대되는 경향이 있다. 이 과정 역시 등급으로 표현할 수 있다. 이것을 중국에서는 '사진일기 과정'이라고 하며, 등급에 따라 '부진일기 과정'(浮塵天氣過程), '양사일기 과정'(揚沙天氣過程), '사진폭일기 과정'(沙塵暴天氣過程)으로 나눈다.[10]

'부진일기 과정'은 한번 발생한 부진이 중국 기상예보구역 내 5개 이상 국가 기본기상관측소 및 국가 기준기후관측소에서 관측되었을 경우를 말한다. '양사일기 과정'은 한번 발생한 양사가 중국 기상예보구역 내 5개 이상 국가 기본기상관측소 및 국가 기준기후관측소에서 관측되었을 경우를 말한다. '사진폭일기 과정'은 한번 발생한 사진폭이 중국 기상예보구역 내 3개 이상 국가 기본기상관측소 및 국가 기준기후관측소에서 관측되었을 경우를 말한다. '강 사진폭일기 과정' 및 '특강 사진폭일기 과정' 역시 강 사진

폭, 특강 사진폭으로 발전한다(陳廣庭 2002, 12).
10 이것을 강우현상에 비유하자면, '사진일기'는 비가 내리는 날씨에 해당하고, 하나의 '사진일기 과정'은 하나의 태풍이 생성, 발전, 소멸하는 과정에 해당한다.

폭이나 특강 사진폭이 3개 이상 국가 기본기상관측소 및 국가 기준기후관 측소에서 관측되었을 경우를 말한다.[11]

중국 경내에서 '사진일기'가 자주 발생하는 지역은 다음과 같다. 첫째, 신장웨이우얼 자치구 타림 분지(塔里木盆地)의 타클라마칸 사막 주변지역 이다. 그중에서도 타클라마칸 사막의 남부 주변지역에서 자주 발생한다.

둘째, 네이멍구 자치구 서부, 치롄 산맥 동북면의 간쑤성 경내, 그리고 어얼둬쓰 고원 지역이다. 이 지역에 바단지린 사막, 텅거리 사막, 우란부허 사막, 쿠부치 사막, 마오우쑤 사지 등이 위치하며, 이들 사막과 사지의 주변 지역에서 사진일기가 자주 발생한다.

셋째, 네이멍구 자치구 중부, 산시성(山西省) 북부, 허베이성 북부지역 이다. 이 지역에 훈산다커 사지가 분포하며, 이 사지의 주변지역에서 사진 일기가 자주 발생한다. 훈산다커 사지는 1950년대 이래 매년 87km² 속도로 면적이 확대되어 왔다. 이 지역은 앞서 언급한 두 지역보다 사진일기의 발 생 빈도가 낮지만, 베이징과 비교적 거리가 가까워 베이징에 가하는 피해 는 비교적 크다.

사진일기는 일반적으로 3~5월 사이에 발생하며, 그중에서도 4월에 발 생 빈도가 가장 높다. 연중 7~9월 사이에 가장 발생빈도가 낮다. 타림 분지 와 네이멍구 자치구 서부 및 간쑤성의 허시저우랑(河西走廊)에서는 발생빈 도는 3~5월 사이가 가장 높지만, 발생빈도가 가장 낮은 시기는 차이가 있 어서, 타림 분지는 12월, 네이멍구 자치구와 허시저우랑에서는 9~10월에

---

11 기본기상관측소(基本氣象站)는 일반적으로 150km당 1곳에 설치하며, 2006년 현재 530개소 가 있고, 기준기후관측소(基準氣候站)는 일반적으로 300~400km당 1곳에 설치하며, 2006년 현 재 143개소가 있다. 이 외에도 50km마다 1곳에 설치하는 일반기상관측소(一般氣象站)이 1,736 개소가 있다.

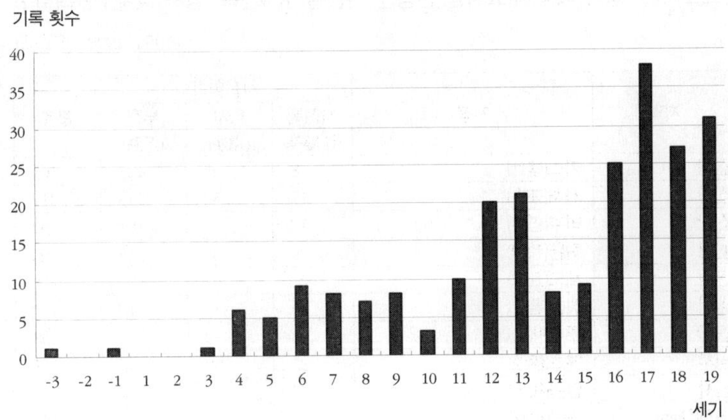

〈그림 2-2〉 중국의 세기별 사진일기 기록 횟수
자료 : 기원전 3~기원후 3세기 첸롱궈(2003, 56), 기원후 4~19세기 史培軍(2003, 172).
주 : 각 시기 수도(首都)에서 관찰된 것을 기록한 횟수이다.

가장 낮다. 신장웨이우얼 자치구의 준거얼 분지에서는 5월에 발생빈도가 가장 높고 1월에 가장 낮다. 최근 동북 지역(커얼친 사지, 쑹넌 사지 지역)에서 는 겨울철 사진일기의 발생빈도가 높아지고 있다.

기록으로 확인된 기원전 3세기~기원후 19세기 사이의 중국의 수도에 서 관찰기록된 사진일기의 횟수는 〈그림 2-2〉에 나타나 있다. 파동을 보이 기는 하지만, 전체적으로 보아 증가 추세에 있다. 4세기에는 6회, 6세기에 는 9회, 13세기에는 21회로 증가했다. 14세기와 15세기 잠시 감소를 보이 다가 16세기 16회, 17세기 38회, 18세기 27회, 19세기 31회로 관찰된 횟수 가 급증하고 있다. 특히 16~19세기 무렵의 기록 횟수가 높게 나타났는데, 이는 소빙기(小氷期)의 출현 및 앞서 언급한 '현대 사막화 과정'과 관련이 깊 은 것으로 보인다.

이것은 어디까지나 당시의 수도에서 관찰된 것을 정사에 기록한 것이 다. 실제로는 더 많이 발생했을 것으로 추정된다. 중국에서 사진일기 현상은

<표 2-12> 중국 북방 주요지점 연평균 사진일기(사진폭, 양사, 부진) 관측일수

(1954~1998 연평균)

지역	지점	사진일기			합계
		사진폭 (沙塵暴)	양사 (揚沙)	부진 (浮塵)	
신장	카스(喀什)	8	32	123	163
신장	사처(莎車)	17	52	143	212
신장	바추(巴楚)	17	71	104	192
신장	허톈(和田)	29	65	215	309
신장	체모(且末)	22	72	172	266
신장	뤄창(若羌)	16	39	112	167
신장	투루판(吐魯番)	5	19	84	108
닝샤	옌츠(鹽池)	21	88	42	151
닝샤	인촨(銀川)	7	35	36	78
산시(陝西)	위린(榆林)	10	53	28	91
산시(陝西)	옌안(延安)	2	12	32	46
네이멍구 중서부	우라터중기(烏拉特中旗)	6	19	6	31
네이멍구 중부	다얼한마오밍기(達爾罕茂明旗)	5	19	7	31
네이멍구 중부	후허하오터(呼和浩特)	6	19	8	33
네이멍구 중부	지닝(集寧)	3	13	5	21
네이멍구 중부	주르허(朱日和)	7	16	12	35
네이멍구 중부	화더(化德)	5	14	1	20
베이징	베이징(北京)	2	21	5	28
네이멍구 중동부	시린하오터(錫林浩特)	5	16	3	24
네이멍구 충동부	둬룬(多倫)	2	8	2	12
네이멍구 동부	퉁랴오(通遼)	5	23	1	29

출처 : 高慶先·任陣海(2002, 6), 베이징은 石玉林(2004, 351).
주 : 베이징의 수치는 1954~2000년 사이의 평균치임.

1936년에 이르러서야 비교적 상세하게 기록되기 시작했으며(첸룽귀 2003, 56), 체계적인 기록과 정리는 1950년대에야 이루어지기 시작했다.

1954~1998년 사이 중국 북방 주요지점의 연평균 사진일기(사진폭, 양사, 부진) 관측 일수(日數)를(<표 2-12>)를 살펴보면, 신장웨이우얼 자치구 타클라마칸 사막 남쪽의 허톈에서는 연평균 사진폭이 29일, 양사가 65일, 부진이 215일(도합 309일) 관측되고 있다. 전체적으로 보아 허톈으로부터 동쪽으로 갈수록 사진폭, 양사, 부진 모두 관측되는 일수는 감소하는 경향을 보

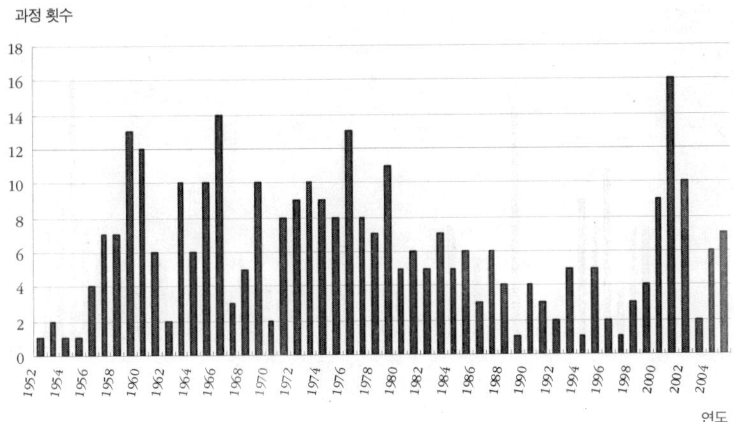

〈그림 2-3〉 중국의 사진폭 일기 과정 발생 횟수(1952~2005)

자료 : 中國沙塵暴網(中國氣象·甘肅, www.duststorm.com.cn).

이며, 베이징에 이르면 사진폭, 양사, 부진 관측 일수가 각각 2일, 21일, 5일로 줄어든다. 그러나 퉁랴오는 동쪽에 위치하면서도 사진폭 관측일수(5일)와 양사 관측일수(23일)가 비교적 높게 나타나는 데, 이는 퉁랴오가 커얼친 사지 지역에 위치하기 때문이다. 한편으로 신장웨이우얼 자치구 이외의 지역에서는 양사의 비중이 높게 나타나고 있다.

1952~2003년 사이 중국에서 관측된 양사와 부진을 제외한 '사진폭일기 과정'의 발생 횟수(次數)(〈그림 2-3〉)를 살펴보면, 1950년대 말과 1960년대 중반에 발생빈도가 높았고, 1970년대에도 전반적으로 높은 발생 빈도를 보였으며, 이후 발생빈도가 점차 감소하다가, 1990년대 중반 이후 다시 증가세를 보이고 있다. 2001년에는 지난 50년 중 최고치를 보였다.

이러한 사진폭일기 과정 중에서 강 사진폭 과정과 특강 사진폭 과정의 발생 횟수(〈그림 2-4〉)를 살펴보면, 사진폭일기 과정 발생 횟수와 대략 유사한 파동을 보이면서도, 1980년대에서 2000년대 초반에 이르는 시기에 그

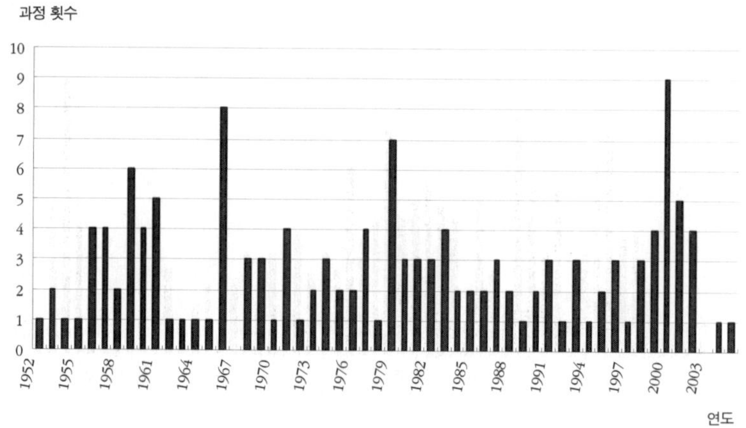

〈그림 2-4〉 중국의 강 사진폭 및 특강 사진폭 과정 발생 횟수(1952~2005)

자료 : 1952~2000년은 錢正安 等(2002, 109), 2001년 이후는 中國沙塵暴網(中國氣象·甘肅, www.duststorm.com.cn).

발생빈도가 사진폭일기 과정만큼 급격한 반전을 보이지는 않았다. 오히려 2000년을 전후하여 지난 50여 년 중 가장 높은 발생빈도를 보였다.

이러한 결과들은 사진폭 발생빈도가 감소하고 있다고 주장하기 어렵다는 것을 말해준다. 그러한 주장은 베이징에서의 감소추세를 중국 전체의 추세로 오인하고 있는 것이다.

중국에서 사막화 방지 및 퇴치의 문제가 중요한 과제로 떠오른 것은 사막화가 일어나는 지역의 토지퇴화 문제와 사진폭에 의한 피해 때문이기도 하지만, 직접적이고도 실제적인 이유는 베이징의 사진일기 때문이다. 베이징으로 유입되는 사진의 주요 경로는 다음과 같다.

첫째, 북로(北路)이다. 시작 지점은 몽골공화국 동남부이며, 이후 네이멍구 자치구 우란차부맹 —시린궈러맹 서부의 얼렌하오터 —훈산다커 사지 서부 —주르허 —쓰쯔왕기 —장자커우를 거쳐 베이징에 이른다.

<표 2-13> 시기별 베이징의 사진일기 관측 총일수(1951~2005)

시기 등급	51~ 55년	56~ 60년	61~ 65년	66~ 70년	71~ 75년	76~ 80년	81~ 85년	86~ 90년	91~ 95년	96~ 2000년	2001~ 5년	합계
부진	72	41	29	27	38	21	25	11	18	13	11	306
양사	285	158	79	90	89	128	70	48	19	24	28	1,018
사진폭	33	16	16	38	8	6	4	3	4	0	0	128
합계	390	215	124	155	135	155	99	62	41	37	39	1,452

자료 : 1951~2000년은 陳廣庭(2001b, 403), 이후는 北京氣象臺報道資料.

둘째, 서북로(西北路)이다. 시작 지점은 몽골공화국 중남부이며, 이후 네이멍구 자치구 아라산맹의 중국·몽골 국경지역 —우라터중기·우라터허우기 —허시저우랑(河西走廊) —허란산에 이르며, 여기서 다시 남과 북으로 나뉘어, 남으로는 마오우쑤 사지를 통과하고, 북으로는 우란부허 사막을 통과하여, 다시 후허하오터 —장자커우를거쳐 베이징에 이른다.

셋째, 서로(西路)로서, 시작 지점은 카자흐스탄, 준거얼 분지, 타림 분지이며, 하미 —둔황 —주취안 —장예 —민친 —옌츠 —어뭐커기 —다퉁을 거쳐 베이징에 이른다.

사진이 이러한 경로를 통과하여 베이징에 이르렀을 때는 대부분 양사급으로 세력이 약화된다. 우리나라에 이르렀을 때는 다시 부진급으로 약화된다. 그러나 베이징에 도달했을 때도 여전히 가시거리가 1,000m 미만인 사진폭도 종종 나타난다.

1951~2005년 사이에 베이징에서 관측된 사진일기 관측 총일수는 <표 2-13>에 나타나 있으며, 이것을 그래프로 나타낸 것이 <그림 2-5>이다. 베이징에서 사진일기가 관측된 일수는, 사진폭, 양사, 부진 모두에서 파동을 보이기는 하지만, 전체적인 사진일기 관측일수는 점차적으로 감소하는 경향을 보였다.

이것은 앞의 <그림 2-3>에 나타난 1952년 이후 사진폭일기 과정과 상

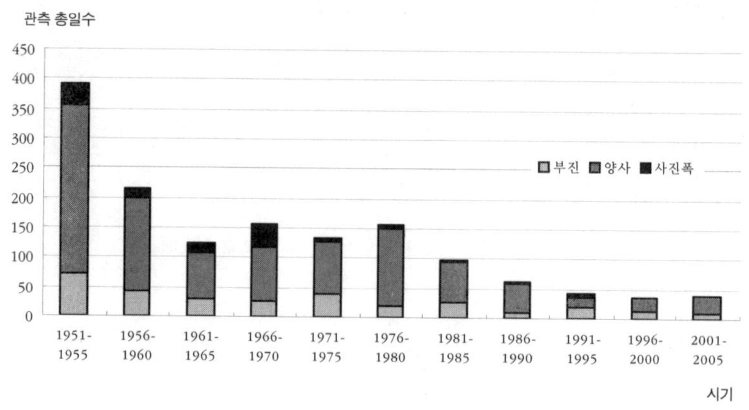

〈그림 2-5〉 시기별 베이징의 사진일기 관측 총일수(1951~2005)

자료 : 1951~2000년은 陳廣庭(2001b, 403), 이후는 北京氣象臺報道資料.
주 : 〈표 2-13〉을 그래프로 나타낸 것이다.

이한 패턴을 보여주는 것이다. 1950년대 초반 중국 전체의 사진폭 일기 과정 횟수는 매우 낮았는데, 베이징의 사진일기 관측 총일수는 매우 높게 나타났다. 1950년대 초반 베이징 사진일기 중 양사와 사진폭의 비중이 높은 것으로 보아, 주로 베이징 주변에서 사막화 현상이 활발하게 일어났다는 것을 의미한다. 다시 말하자면 사회주의 건설 초기에 베이징 북부와 서부의 초원지역에 대한 개간 사업이 활발하게 진행되었고, 이것이 사막화로 이어져 양사급과 사진폭급의 사진일기 과정이 여러 차례 나타났다는 것을 의미한다.

이후 1950년대 중반~1990년대 중반 사이에 베이징의 사진일기 관측일수는 중국 전체의 사진폭일기 과정과 대체적으로 연동하는 패턴을 보여준다. 그러나 1990년대 중반 이후에는 상이한 패턴을 보여주고 있다. 중국 전체의 사진폭일기 과정은 급격히 증가하고 있는 반면 베이징의 사진일기 관측일수는 큰 변동이 없다. 1996년 이래 베이징에서는 사진폭은 발생하지 않았고, 양사 일수는 약간 늘어났으며, 부진 일수에는 큰 변동이 없는 것으로 나타났다. 이것은 이 시기 중국의 동부지방이 몇 차례 홍수를 겪었다는 사실과 관련이 있으며, 베이징 주변에서 사막화 퇴치운동이 강력하게 시행되었다는 점을 일부 반영하는 것으로 보인다.

한편, 1951~2005년 사이에 베이징에서 사진일기가 관측된 횟수를 등급별로 살펴보면, 양사가 약 70%, 부진이 약 21%, 사진폭이 약 9%다. 따라서 베이징에서 관측된 사진현상은 양사급 위주라고 할 수 있다. 베이징의 양사 일기 관측일수는 1950년대 초반을 제외하고는 중국 전체의 사진폭일기 과정의 발생 횟수와 대체적으로 연동하는 경향을 보이고 있다.

제3장

중국 사막화 현상의 원인

많은 연구자들은 사막화의 원인으로 기후 변화와 생태적으로 불합리한 인간 행위를 지적하고 있다. 아마 이렇게 구분하는 것은 기후 변화는 순수한 자연적 과정이라는 의미가 담겨 있는 듯하다. 그러나 최근의 기후 변화가 순수한 자연적인 과정이 아니라, 오히려 인위적인 작용이 강하게 영향을 미치고 있다는 주장이 제기되고 있다. 기후변화협약과 같은 국제협약의 논거 중의 하나가 바로 이러한 주장이다.

중국의 사막화 문제를 다루는 이 책에서 그러한 주장에 대해 자세하게 검토하기는 어렵다. 그러나 지질시대 및 이른 역사시대의 기후 변화가 비교적 순수한 자연적 과정이었으며, 그에 따른 사막화 현상 역시 비교적 순수한 자연적 과정이었다고 판단할 수 있다고 본다.

중국의 연구자들은 최근의 사막화 현상의 원인으로 17세기 초 이래의 기후 변화와 생태적으로 불합리한 인위적 활동의 결합을 들고 있다. 바로 이러한 결합이 이전의 사막화와 최근의 사막화를 구분하는 특징이라고 한다.

이 장에서는 중국 사막화의 원인을 기후 변화와 생태적으로 불합리한 인위적 활동으로서 토지이용 변화로 구분해 살펴보고자 한다. 그중에서도 토지이용 변화를 벌목과 산지개간, 초지 및 사막의 개간, 불합리한 수자원 이용, 과도방목, 토지이용 변화에 수반된 인구 증가로 나눠 살펴보고자 한다.

1. 기후 변화

지리학자들과 지질학자들의 연구에 따르면, 신생대 제3기 말(3,000만 년 전) 이래 티베트 고원이 계속 융기하면서, 대략 100만 년 전에 중국 서북지역 건조 경관의 기본틀이 만들어졌다. 마지막 빙하기 최성기(2만 년 전~1만 4,000년 전)에 내륙지역의 건조화가 더욱 진행되어, 대략 지금의 사막과 사지의 기본적인 윤곽이 만들어졌다(石玉林 2004, 90). 신생대 제4기(약 200만 년 전~현재)에 수차의 빙하기와 간빙기를 거치면서 사막 경관은 수축과 확장을 거듭했다.

중국 북방 사막에 분포하는 사구들의 단면을 살펴보면, 검은색과 같은 짙은 색의 모래층(黑沙層)과 노란색과 같은 옅은 색의 모래층(黃沙層)이 교대로 나타난다. 검은 모래층은 비교적 습윤한 기후에서 형성된 것이고, 황색 모래층은 건조한 기후에서 형성된 것이다. 마오우쑤 사지와 후룬베이얼 사지에서 수습된 화분, 동물화석, 고인류화석 등을 통해 밝혀진 최후 빙기 이래의 환경 변화는 다음과 같다.

지금으로부터 7만 5,000년 전~1만 년 전 사이에는 최후 빙기의 영향으로 중국 북방지역이 한랭 건조하며 바람이 많았다. 당시의 연평균 기온은 0~2℃ 정도로 지금보다 4~6℃ 낮았고, 연평균 강수량은 100~200mm 정도로 지금보다 대략 200mm 정도 적었다. 이렇게 한랭 건조하고 바람이 많은 기후 조건은 제4기 최후의 대규모 사막화 과정을 초래해 지표에 대량의 풍사와 황토의 퇴적을 형성했다. 그것이 사구의 저면에 비교적 두꺼운 옅은 색의 모래층으로 나타나고 있다.

지금으로부터 1만 년 전~3,000년 전 사이에는 빙기 이후 전 지구적인 온난화로 중국의 북방지역에서도 한랭 건조한 기후에서 점차 온량 습윤한 기후와 온난 습윤한 기후로 변화가 일어났다. 이 시기 중국 북방지역의 연평균 강수량은 현재보다 100~200mm 많았다. 초원과 관목 식생이 보편적으로 나타났고, 사구가 고정되었으며, 대량의 식물 부패물질이 누적되어 이 시기의 모래층이 검은색에 가까운 짙은 색을 띠게 되었다. 후룬베이얼 사지와 마오우쑤 사지에서의 조사결과 대략 7,000년 전~6,000년 전 사이의 모래층이 짙은 색 모래층의 최저면을 이루고 있는 것으로 나타났다.

그 후 2~3층의 옅은 색 모래층(黃沙層)과 짙은 색 모래층(黑沙層)이 번갈아 나타났다. 이것은 그 사이 건조와 습윤의 반복이 있었다는 것을 말한다. 최후의 짙은 색 모래층은 춘추전국 시기(기원전 770~221년)에 형성된 것으로 측정되었다. 이로 보아 춘추전국 시기는 비록 당시까지의 중국 역사상 인간의 활동 정도와 범위가 가장 극성했던 시기였지만, 환경 변화와 사막화 현상의 확대 및 축소를 결정했던 것은 역시 기후적인 요인이었다는 것을 알 수 있다. 현재, 당시의 인간 활동이 사막화에 영향을 미쳤다는 흔적을 발견하기는 어렵다(石玉林 2004, 90-91).

역사시대 이래 각종 기록과 화분분석 등의 자료를 검토한 결과, 중국에는 기원전 11세기 경, 기원후 5세기 경, 13세기 경, 17~19세기 등 4차에 걸친 한랭 건조기가 있었다는 것이 확인되었다(〈그림 3-1〉). 이들 시기에는 기온이 현재보다 1~2℃ 낮았으며, 한랭 건조한 기후에서 고정사구 및 흑사층이 풍식작용을 받아 파괴되었고, 유사(流沙)가 일어나 사막과 사지가 확장되었다(劉南威 2000, 383).

특히 1550~1850년 사이의 300년 동안을 '소빙기'라고 부르는데, 중국 북방에서도 현재보다 기온이 1~2℃ 낮았고, 더 건조했던 것으로 알려지고 있다(陳廣庭 2001, 211). 중국 전체적으로 보아 1850년 이후 기온이 점차 상승하여 1940년에 정점을 이루었고, 1940년대 이후 점차 낮아졌다. 1970년대 이후 다시 온난화되는 추세에 있다(劉南威 2000, 227).

20세기 중국의 기후 변화를 살펴보면, 100년 동안 기온은 0.44℃ 상승

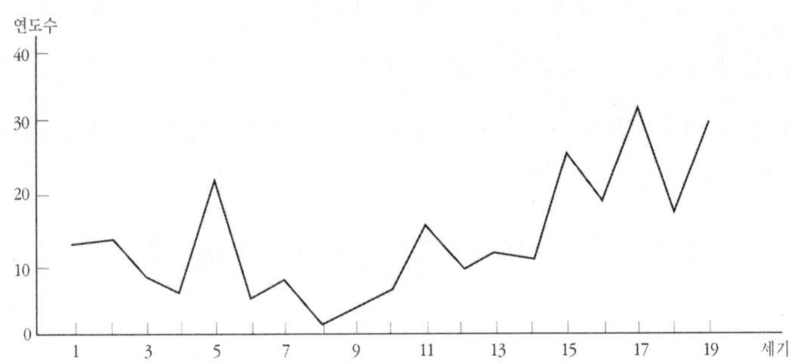

〈그림 3-1〉 중국 서북 및 네이멍구 지역의 세기별 한발 발생 연도수

출처 : 吳正(1987; 1999), 劉南威(2000, 383).

했다. 그중에서도 1970년대 이후 최근까지 뚜렷하고 빠른 상승을 보였다. 1998년은 지난 100년 중 평균기온이 가장 높았던 해였고 1990년대는 지난 100년 중 평균기온이 가장 높았던 10년이었다. 중국의 이러한 기온 변화는 전 지구적인 평균기온 변화 추세와 일치한다(王紹武 等 2002, 142).

사막화와 밀접한 관련을 가지는 건조도와 관련하여, 중국의 일부 연구자들은 중국 동부의 강수량 감소추세를 증거로 들면서 건조도가 높아지고 있다고 주장하고 있다. 관측자료가 비교적 완비된 1950년대 말 이후 중국 동부만을 놓고 본다면, 중국 동부의 강수량은 약간의 감소추세를 보였고, 따라서 건조도가 약간 높아졌다고 할 수도 있다. 그러나 이는 매우 부분적인 자료들을 통한 추정일 뿐이다(王紹武 1998, 170).[1]

---

1 중국 북방 건조지역의 수분수지나 열수지 및 그 변화에 대한 연구는 미진한 상태에 있다. 다른 변수를 제외한다면, 온도가 같은 상태에서 강수량이 증가하는 것은 건조도가 낮아지는 것이고, 강수량이 감소하는 것은 건조도가 높아지는 것으로 추정할 수 있다. 그러나 온도가 높아지고 강수량 역시 증가한 경우, 또는 온도가 낮아지고 강수량 역시 낮아진 경우 상황은 복잡해진다. 그에 더하여 중국 북방 건조지역 동부와 서부 사이에 존재하는 자연조건상 차이와

20세기 100년을 놓고 볼 때, 중국 동부지역의 강수량에는 뚜렷한 상승이나 하강 추세가 나타나지 않았으며, 약 20~30년 주기의 파동만이 관찰되었다. 1900년 전후가 매우 건조했다. 각각 1928년, 1945년, 1965년, 1978년을 전후한 시기에 강수량이 적어 건조도가 높았던 것으로 나타났다. 1940년대 말과 1950년대에는 강수량이 비교적 풍부했으며, 1970년대 전반기에는 약간의 증가를 보였다. 1980년대 중반 이후 강수량은 증가 추세를 보였으며 20세기 100년간의 평균을 상회한다(王紹武 1998, 170).

최근 50년 동안의 기온과 강수량을 지역별로 나누어 살펴보면, 기온은 지역에 관계없이 전체적으로 상승 추세를, 강수량은 동부지역에서는 감소 추세를, 서북 지역에서는 증가 추세를 보였다. 특히 대부분의 사막이 위치하는 서북지역은 전체적으로 온난·습윤화의 추세를 보인 것으로 나타났다(王紹武 等 2002, 142).

이상을 종합하면, 중국 북방에서 17~18세기를 전후한 소빙기의 한랭·건조한 기후는 현재에 이르면서 파동을 보이기는 했지만, 전체적으로 온난·습윤화 추세를 보인 것으로 추정된다(陳廣庭 2001; 王紹武 等 2002).

그러나 중국 북방지역에서는 사막화가 계속적으로 진행되었다. 특히 중국의 사막 및 사막화 총면적 165.4만km² 중 17세기 초 이래 400여 년 동안의 사막화 면적은 37.1만km²으로 추정되며, 그중 26.3%인 9.75만km²가 중화인민공화국이 성립된 1949년 이래 지난 50여 년 동안 형성되었다(陳廣庭 2001, 211).

계절별 상황을 고려한다면 상황은 더 복잡해진다. 한편, 사진폭 현상과 관련해서는 지난 50여 년간 동계 온도의 상승 추세와 동계 강수량의 감소추세(慈龍駿 1994)가 기후적인 요인으로 지적되고 있다. 그러나 이 역시 인위적 작용으로 지표가 사막화 현상을 띠게 된 것을 전제로 한다.

따라서 이 시기의 사막화는 기후적 요인 이외에도 인위적 요인이 크게
작용하는 것으로 판단할 수 있다. 대체로, 이 시기의 인구 증가[2]와 북방
건조지역에서 토지이용의 문제가 이러한 사막화를 더욱 가속화한 것으로
보인다.

2. 토지이용 변화

1) 벌목과 산지개간

산지에서 이루어지는 벌목과 개간은 사막화와 무관한 듯이 보이지만,
사실은 큰 영향을 미친다. 대부분의 산지는 하천의 상류와 중류에 있다.
이 지역에서의 벌목은 하류로 흐르는 하천수의 양을 감소시켜 하류의 사막
화를 조장한다. 개간은 해당지역의 사막화뿐만 아니라 하류지역에 토사를
퇴적시켜 홍수를 불러일으키고, 홍수의 영향으로 퇴적된 모래는 건조하고
바람이 강한 시기에 풍사활동이 일어나 사막화로 이어지는 경향이 있다.
중국은 1949년 사회주의 정권 수립 이후 사회주의 기본건설에 매달리

2 중국의 인구는 전한(前漢) 시기(기원전후)에 약 6,000만 명 정도였던 것으로 추정된다. 이후
감소와 증가를 반복하다가 명말(明末, 17세기 초)에 이르러 다시 6,000만 명을 회복했다. 이후
급속히 증가해 18세기 초에는 1억을 넘었으며, 1764년에는 2억, 19세기 초에는 3억, 1840년
경에는 4억을 돌파했고, 1849년 통계에 의하면 약 4억 1,300만에 이르게 된다. 이후 1953년에
5억 7,800만, 1982년에 10억 300만, 2000년에 12억 2,400만에 이르게 되었다. 역사시대 전체적
으로 보아 인구가 급증하기 시작한 시기는 17세기 초반부터이다(陳廣庭 2001a, 211).

게 된다. 특히 1958년부터 3년 동안 진행된 '대약진운동'(大躍進運動)은 벌목 수요량을 급속히 증가시켰다. 벌목의 수요는 대략 두 방향에서 나타났다. 하나는 건축 및 가구이고 다른 하나는 땔감이었다. 특히 이 시기 땔감을 위한 벌목이 큰 영향을 미쳤다.

중국 지도부는 사회주의가 자본주의보다 우월하고, 중국의 사회주의가 소련의 그것보다 정통의 길을 걷고 있다는 것을 보여주는 데 조급했다. 그래서 농촌의 마을마다 쇠를 녹이는 도가니를 만들어 소규모 제철소(토법제철, 土法製鐵) 노릇을 하도록 했다. 당시 국세(國勢) 비교에 있어서 철 생산량을 중요한 지표의 하나로 삼았던 분위기 때문이다. 철광석을 구할 수 있는 곳에서는 별문제가 없었겠으나, 철광석을 구할 수 없는 곳에서는 집안에 철제로 된 대부분의 것을 가져다가 도가니에 녹이는 진풍경이 벌어지기도 했다.

문제는 이러한 쇠를 녹이는 도가니 작업에 땔감이 필요했고, 그것을 나무로 충당했다는 데 있다. 이때부터 중국의 산야는 나무가 없는 모습으로 변해 갔다. 중국을 여행하다 보면 구릉과 산지에 의외로 나무가 없는 데 놀라는 경우가 많다. 대부분 이 시기에 나무가 사라졌다는 설명을 듣게 된다.

벌채는 땔감을 얻는 것 말고 또 다른 목적이 있었다. 벌채가 진행된 이후 벌채된 토지는 식량생산을 위한 경작지로 전환된 것이다. 여기서 악순환이 시작된다. 주민들은 대약진운동이 종결되고 난 후에도 벌채와 개간을 계속 했다. 중국 정부가 사태의 심각성을 자각한 1990년대 중반까지 벌채와 개간은 계속되었다.

그 결과, 습윤지역에 속하는 구이저우, 윈난 등지에서조차 토지가 사막과 유사한 형질로 변화되는 황막화 현상(수토유실, 水土流失)을 초래했다(〈그림 3-2〉). 건조, 반건조, 아습윤건조지역에 속하는 화북, 서북, 동북의 지역에서 이러한 사업은 상류의 벌채지역과 수계(水系)를 함께하는 하류

〈그림 3-2〉 구이저우 고원의 개간지

주 : 습윤지역이지만 해발 2,000m에 가까운 고원의 벌목과 개간으로 파종시기 이외에
　　는 사막과 유사한 경관을 보이며, 홍수기에는 토사유출이 일어난다. 수이청현(水
　　城縣) 2001년 3월.

지역의 사막화를 가속화시키는 결과를 가져왔다.

　벌목과 산지개간으로 인한 사막화의 대표적인 사례로 중국 동북부의 네이멍구 자치구와 헤이룽장성에 걸쳐 위치하는 다싱안링 산지(大興安嶺山地)와 넌장강(嫩江) 일대를 들 수 있다. 다싱안링 산지의 벌목과 개간은 쑹화강(松花江)과 넌장강의 합류지역에 쑹넌 사지(松嫩沙地)의 형성을 촉진시키는 한 원인이 되었다.

　다싱안링 산지 중 네이멍구 자치구 후룬베이얼맹 경내의 산지지역인 야크스시, 어얼구나시, 건허시, 어룬춘 자치기에서의 목재 생산량 변화(〈그림 3-3〉)를 살펴보면, 변화의 폭이 크고 불규칙하지만 전반적으로 빠른 증가추세를 보였다는 것을 알 수 있다. 1947년경에 목재 생산량이 전무한 상태에서 1950년대에 급증했고, 다시 문화대혁명 시기(1966~1976년)에 감소를 보이다가 다시 급증하는 것을 볼 수 있다. 목재 생산량은 1986년에 정점에 이르렀다가 이후 감소추세를 보이고 있다. 이 지역의 목재는 재질이 좋아 철 생산을 위한 도가니 땔감보다는 건축·건설용 자재로 사용되었다.

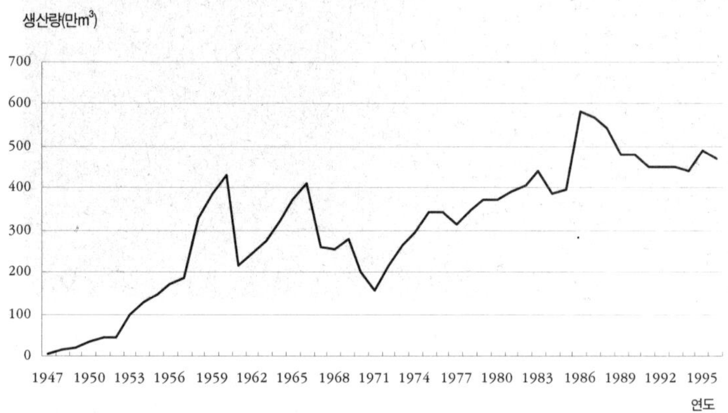

〈그림 3-3〉 네이멍구 후룬베이얼맹 산지 목재생산량 변화(1947~1996)

자료 : 呼倫貝爾盟統計局(1997).

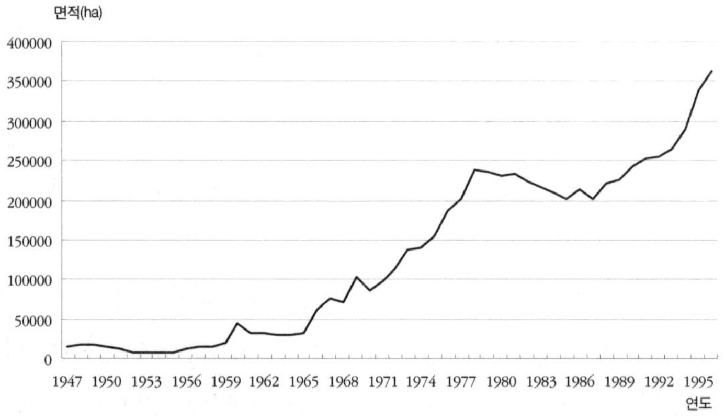

〈그림 3-4〉 네이멍구 후룬베이얼맹 산지에서의 경지면적 변화(1947~1996)

자료 : 呼倫貝爾盟統計局(1997).

주 : 후룬베이얼맹의 산지는 야크스시, 어얼구나시, 건허시, 어룬춘 자치기로 구성됨.

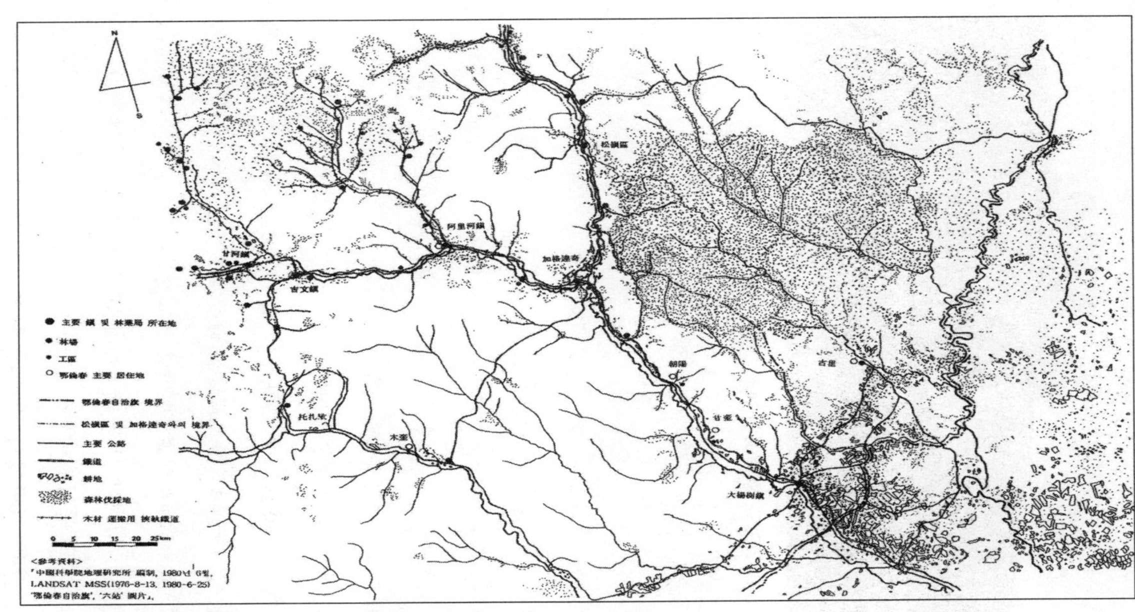

〈그림 3-5〉 후룬베이얼 다싱안링 산지 어룬춘 자치기의 개간 상황

자료: 中國科學院地理研究所(1980).

〈그림 3-6〉 네이멍구 후룬베이얼맹 다싱안링 산지 개간지에서의 파종

주: 벌목 후 산지를 경지로 개간하여 농업을 실행하지만, 사막화를 유발했고, 홍수기
   의 토사유출로 하천의 홍수부담을 가중시켰다. 1999년 5월.

〈그림 3-4〉는 네이멍구 자치구 후룬베이얼맹 산지지역에서 벌목 후 개간된 경지면적의 추이를 나타낸 것이다. 경지면적이 급격히 증가한 것을 알 수 있다. 특히 1958년경부터 증가를 보였고, 1960년대 중반부터 1970년대 중반까지 급속한 증가를 보였고, 1978~1987년 사이에 감소를 보이다가 이후 다시 급증하는 추세에 있다.

〈그림 3-5〉는 1980년 후룬베이얼맹 산지의 위성사진에서 벌채와 경지 개간이 이루어진 지역을 점으로 표시한 것이다. 만주국 시기에 일본에 의해 만들어진 지도(參謀本部陸地測量部 1933)와 1952년 중국에 의해 만들어진 지도(中國人民解放軍總參謀部測繪局 1952)를 확인한 결과 1940년대 초반까지 이 지역에는 경지가 거의 존재하지 않았다. 그러나 1980년의 상황은 급변하여 이 산지의 동남부지역에 대규모의 개간이 이루어지고 있으며, 동부와 북부의 많은 지역에서 벌목이 진행되었다는 것을 알 수 있다.

이 산지에서 하이라얼허강(海拉爾河)과 넌장강이 발원하며, 그 각각은

94

헤이룽장강(黑龍江)과 쑹화강(松花江)에 합류하고, 최후에는 싼장평원(三江平原)에서 만나 아무르강으로 나간다. 벌채와 개간이 이루어지고 난 후, 후룬베이얼 서부의 초원지대에서는 하이라얼허강의 유량 감소로 인한 초지퇴화와 사막화 현상이 전개되어 후룬베이얼 사지의 확대가 이루어졌고, 후룬베이얼 동부의 넌장강 유역에서는 토사유출로 인하여 홍수가 빈번하게 출현했다. 특히 1998년 대홍수에 넌장강 유역의 치치하얼 인근지역이 큰 피해를 보았다. 그러나 이 지역이 홍수만 입은 것으로 끝난 것은 아니다. 가을과 겨울 그리고 봄에는 사막과 가까운 황무지가 되었다. 결국 홍수와 사막화 현상이 연중 교차하는 지역으로 변질된 것이다.

2) 초지 및 사막(사지)의 개간

초지 및 사막의 개간을 통한 경지화는 사막화 현상이 발생하는 데 직접적이고도 큰 영향을 미친다. 중국 북방의 초지 및 사막(사지)은 건조지역에 위치하고, 겨울과 봄에는 강한 바람이 분다. 파종 후 작물이 어느 정도 자란 시기부터 수확기까지는 작물이 개간된 경지의 토양을 고정시키고 있기 때문에 큰 문제가 없다. 하지만 수확이 끝난 뒤부터 작물생장 초기까지는 개간된 경지가 거의 사막(사지)과 다를 바 없는 형질을 가지기 때문에 강한 바람에 의해 사막화 현상이 발생하는 경향이 있다. 특히 개간지는 지력이 매우 약해 개간 후 한두 번의 파종 이후에는 별다른 조치 없이 경지를 버려두는 토지방기(土地放棄) 경향마저 있기 때문에 사막화 현상이 더욱 강화된다.

한편, 작물생장에 필요한 물이 불충분한 상태에서 경작이 이루어지기 때문에 지하수의 개발이 활발할 수밖에 없었다. 이는 지하수위를 하강시키는 결과를 초래했다. 지하수위의 하강은 모세관현상에 의한 지표 토양의 고정 능력이 저하되는 결과를 초래했다. 따라서 강한 바람이 불 경우 지표에 유사활동(流沙活動)이 일어나 사막화 현상이 출현한다. 경지나 그 주변의 초지에서 흔히 버짐이 핀 것과 같은 모래땅이 생기는 것은 대부분 지하수위의 하강과 관련이 있다.

중국에서 초지 및 사막(사지)의 개간은 사회주의 정권 수립 이래 1990 년대 중반까지 지속적으로 진행되어 왔다. 농촌 출신이자 지식인이며 한족이 대부분이었던 지도부의 입장에서는 광활한 초원에서의 방목이 비효율적이고 한가로운 것으로 보였을 것이다. 특히 제반 여건이 불충분한 초기 상황에서 품종개량이나 화학비료의 사용과 같은 것은 무리였고, 경지의 양적 확대에 의한 식량생산 증대가 중요한 과제로 떠올랐다. 그에 따라 초원은 개간의 주요 대상이 되었고, '이량위강'(以糧爲綱, 식량을 근간으로 삼자)과 '생산량 배가'(翻一番)가 구호가 되어, 초지 및 사막(사지)의 개간이 활발하게 이루어졌다.

초지 및 사막(사지) 개간을 위한 대표적인 조직으로 네이멍구 생산건설병단(內蒙古生産建設兵團)과 신장 생산건설병단(新疆生産建設兵團) 등 각 지역의 생산건설병단을 들 수 있다. 이러한 조직들은 오랜 내전에서 성장한 군대를 정착시키는 일종의 '현대판 둔전병 제도'라고 할 수 있다. 이들 조직의 정착과 더불어 많은 인구가 초원과 사막이 위치한 신장웨이우얼자치구와 간쑤성, 네이멍구 자치구, 헤이룽장성 등의 변경지역으로 이주했으며, 식량을 생산하는 경지의 면적은 급속도로 증가하게 되었다. 이러한 초지 및 사막의 개간과 경지화는 '사람이 전진하면, 사막은 물러간다'(人進沙退)는 사고에 입각한 것으로, 소련에서 진행된 자연개조사업에 상당한 자극과 영향을 받았다.

96

1949~1998년 사이 대표적인 사막화 출현지역인 네이멍구 자치구와 신장웨이우얼 자치구, 간쑤성의 파종면적 변화(〈그림 3-7〉)를 살펴보면, 사회주의 건설 초기인 1950년대에 급속한 증가를 보이며, 1950년대 말과 1960년대 초를 정점으로 감소하다가, 1980년대 중반 이후 다시 증가하고 있음을 알 수 있다.

다른 지역에 비해 네이멍구 자치구의 파종면적과 그 변동폭이 크게 나타나 있다. 이 지역에 개간할 수 있었던 초지 면적이 컸기 때문이다. 1950년대 후반과 1960년대 초반 파종면적이 정점을 보이다가 다시 장기간의 감소를 보이는 것은 대약진운동으로 인한 초지 및 사막(사지)의 개간이 경제적으로나 생태적으로 성공적이지 못했다는 것을 의미한다. 1980년대 중반 이후의 파종면적 증가는 개혁개방정책의 일환으로 승포제(承包制)라는 일종의 청부책임제가 실시되어, 이 지역에 거주하는 농민과 목축민들이 토지확보에 열을 올렸고, 기존에 버려두었던 개간지에 새로이 파종을 했기 때문이다.

1949년 이후 초원지역의 급격한 개간 및 토지방기와 관련하여 네이멍구 자치구 동북부의 후룬베이얼맹 초원지대(하이라얼시, 만저우리시, 어윈커기, 신바얼요우기, 신바얼줘기, 천바얼후기)를 대표적인 예로 들 수 있다(〈그림 3-8〉). 1950년대 말에서 1960년대 초에 이르는 기간 사이에 매우 급격한 초지의 경지화가 진행되었다. 이후 다시 경지의 급격한 감소가 이루어졌다가, 1980년대 후반을 기점으로 다시 급증하고 있음을 알 수 있다.

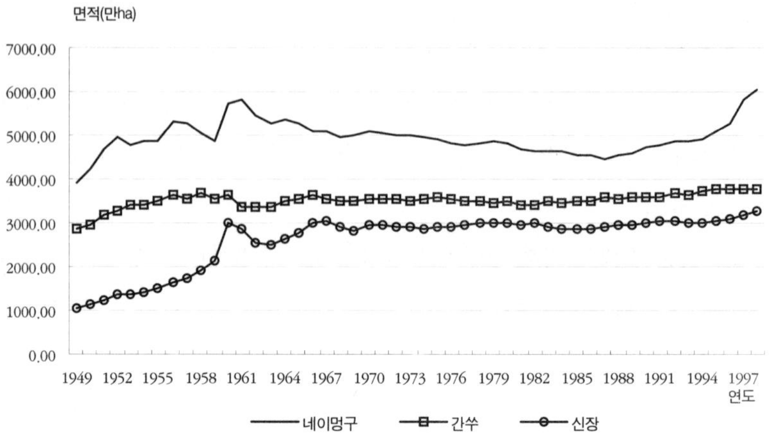

〈그림 3-7〉 네이멍구 자치구, 신장웨이우얼 자치구, 간쑤성의 파종면적 변화(1949~1998)

자료 : 國家統計局國民經濟綜合統計司(1999).

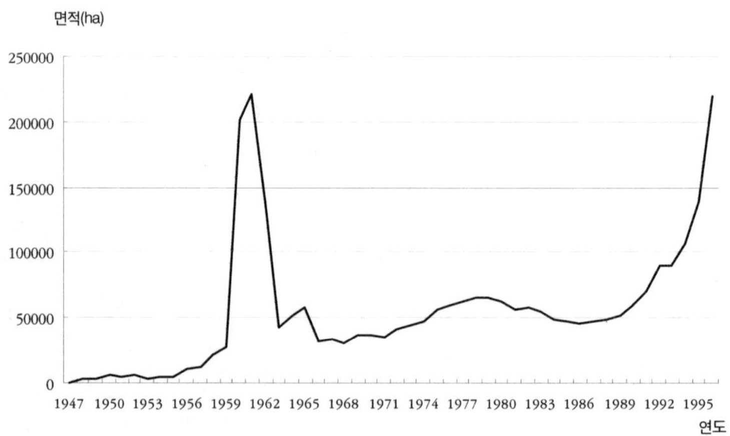

〈그림 3-8〉 후룬베이얼 초원지역 경지면적 변화(1947~1996)

자료 : 呼倫貝爾盟統計局(1997), 출처 : 李康源(2000, 147).

〈그림 3-9〉 네이멍구 후룬베이얼 초원의 사막화 과정

주 : 초지의 사막화 과정. 지하수 이용의 실패로 초지가 시들어가고 있다. 2000년 8월.

1950년대와 1960년대 초의 경지면적의 급격한 증가와 이후의 장기적인 감소는 당시 초지의 경지화가 이 지역의 사회적 상황과 생태적 조건을 정확히 이해하지 못한 상태에서 진행되었다는 것을 의미한다. 또한 1980년대 말 이래 경지면적의 증가는 농업에 비한 목축의 상대적인 저채산성과 청부책임제 실시에 따른 농민과 목축민들의 토지 확보 열기를 반영한다. 특히 문제가 되는 것은 개간된 경지면적에 비해 파종면적이 적고 파종과 토지 방기를 거듭하면서 경지면적만을 늘리고 있다는 점이다. 방기된 토지는 식생이 제거된 상태이기 때문에 초지로도 기능하기 어렵다(李康源 2004a).

1998~1999년 사이 그리고 2000년에 이 지역을 답사한 결과 '퇴경환초' (退耕還草: 경지를 초지로 되돌린다) 운동으로 이러한 상황에 제동이 걸리기 시작했지만, 1950년대 말 개간된 초지는 현재 심각한 사막화 상태를 겪고 있었고, 1980년대 후반 이후 개간된 경지는 상당 면적이 지하수위의 하강으로 인한 초기 사막화 현상을 겪고 있었다.

3) 불합리한 수자원 이용

1950년대 이래 중국의 북방 건조지역에서는 대규모의 개간과 그에 따른 촌락 및 도시의 건설이 이루어졌다. 개간된 경지와 건설된 촌락 및 도시는 건조 기후로 인하여 항상 물 문제를 안고 있었다. 따라서 관개사업이 중요한 과제로 대두되었으며, 하천의 중상류에 저수시설(댐) 건설을 통한 물의 확보와 지하수의 개발이 활발하게 이루어졌다. 이러한 관개시설의 확충은 건조지역 하천의 중하류에 물 부족을 가져와 식생을 파괴했고, 토양 염류화를 촉진했다.

건조지역에서는 작물의 성장에 필요한 강수량이 절대 부족해 관개에 의존해야만 한다. 특히 중국의 서북지역에서 관개는 대부분 인접한 고산지대의 융설수(融雪水: 눈 녹은 물)에 의해 물이 공급되는 내륙하천에 의존하게 된다. 고산지대에서 흘러내리는 융설수를 가만히 놓아둘 경우에는 내륙하천으로 흘러들어 사막 한가운데서 호수를 형성하거나, 건조지대 한가운데서 물길을 잃고 사라지게 된다. 겉으로 보기에는 하찮은 물길로 보이지만, 이것이 사막의 모래가 흩날리지 않도록 안정화하는 데 작용하는 역할은 매우 크다. 이러한 융설수를 중간에서 댐이나 인공수로를 통하여 차단하고 관개지로 흘러들게 할 경우, 기존에 물길이 지나던 지역은 식생이 사라지고, 사막으로 변하며, 모래는 쉽게 흩날리게 된다. 특히 지하수위의 하강은 모래의 안정화 정도를 심각하게 위협하여 사진폭(沙塵暴, 모래먼지 폭풍)의 발생 가능성을 높인다.

하천수와 지하수의 불합리한 이용 과정은 순차적인 측면이 있다. 먼저 개간을 실시하고, 개간된 경지의 관개를 위해 하천의 중상류에 댐을 건설하게 된다. 댐을 건설하자 하류지역은 물의 양이 감소하여 물 부족에 시달리게 된다. 하류지역에 거주하는 주민들은 물 부족을 해결하기 위해 지하수를 개발하게 된다. 하류로 흘러내려오는 물의 양이 감소하면서 지하수위는 하강하고, 그에 더하여 지하수 개발로 인해 지하수위는 더욱 하강하게 된다. 이러한 과정을 통하여 결국 관개면적의 확대가 사막화로 귀결된다.

1949~1998년 사이에 대표적인 건조지역이자 사막화 지역인 네이멍구 자치구와 간쑤성 그리고 신장웨이우얼 자치구의 관개면적 변화(〈표 3-1〉)를 살펴보면, 50년간 네이멍구 자치구는 626%, 간쑤성은 207%, 신장웨이우얼 자치구는 2,667% 증가한 것을 알 수 있다.

〈표 3-1〉 중국 주요 건조지역의 관개면적 면적 변화(1949~1998)

지역	관개면적(ha)		증가율(%)
	1949년	1998년	
네이멍구 자치구	284,700	2,067,900	626
간쑤성	314,100	963,910	207
신장웨이우얼 자치구	107,830	2,983,630	2,667

자료 : 각 省·區 통계연감

1949~1998년 사이의 네이멍구 자치구, 간쑤성, 신장웨이우얼 자치구의 관개면적 변화를 파종면적과 대비하여 좀더 구체적으로 나타낸 것이 〈그림 3-10〉, 〈그림 3-11〉, 〈그림 3-12〉이다. 파종면적 중 관개면적의 비율을 살펴보면, 네이멍구 자치구나 간쑤성에 비하여 신장웨이우얼 자치구의 비율이 높은 것을 알 수 있다. 이는 1949년 이후 1960년대 초까지 신장웨이우얼 자치구에서 급속히 증가한 경지가 관개시설 확충을 동반한 대규모 개간에 의한 것이었음을 짐작케 한다. 이 지역의 관개는 주로 하천 중상류에 저수시설을 건설하는 방식으로 이루어졌다.

한편 네이멍구 자치구와 간쑤성은 파종면적 중 관개면적 비율이 낮다.

이유는 이 지역이 신장웨이우얼 자치구에 비해 비교적 강수량이 많고, 1949년 이전의 비조직적인 개간면적이 비교적 크다는 것에서 찾을 수 있다. 이러한 두 지역의 특성을 통해 비조직적인 개간지역에서 하천수에 의한 대규모 관개보다는 강수에 의지하거나 소규모 지하수 개발에 의한 관개가 선호되었을 가능성이 있다고 추측할 수 있다. 이러한 지하수 개발 역시 지하수위를 하강시켜 사막화 현상을 가속화시켰다.

　물론 네이멍구 자치구와 간쑤성에서도 하천 중상류에 저수시설을 건설하여 관개를 시행하고 있으며, 그 면적 역시 적지 않다. 네이멍구 자치구에서 1950년대 말의 급속한 관개면적 증가와 간쑤성의 1950년대 말~1970년대 중반에 이르는 관개면적의 증가는 하천 중상류의 댐건설을 통한 저수시설의 확충에서 기인하는 바가 크다. 이 역시 하류로 내려 보내는 물의 양을 감소시켜 심각한 사막화 현상을 초래했다.

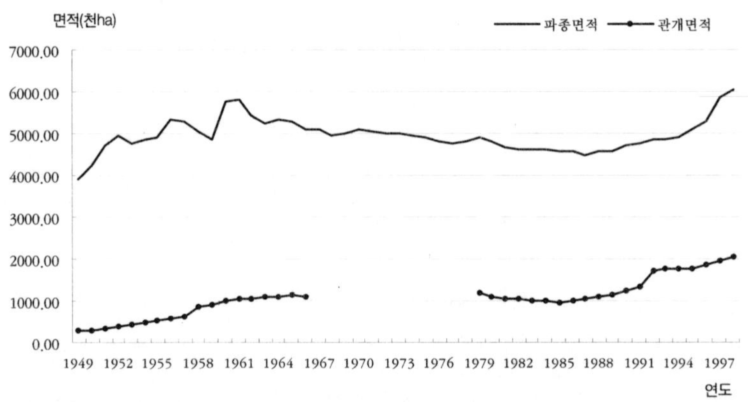

〈그림 3-10〉 네이멍구 자치구 파종면적과 파종면적 중 관개면적 변화(1949~1998)

자료 : 國家統計局國民經濟綜合統計司(1999).

주 : 1967~1978년의 관개면적은 네이멍구 자치구 행정구역의 일부가 간쑤성, 닝샤후이족 자치구, 랴오닝성, 헤이룽장성 등으로 분할되어 자료가 누락되었다.

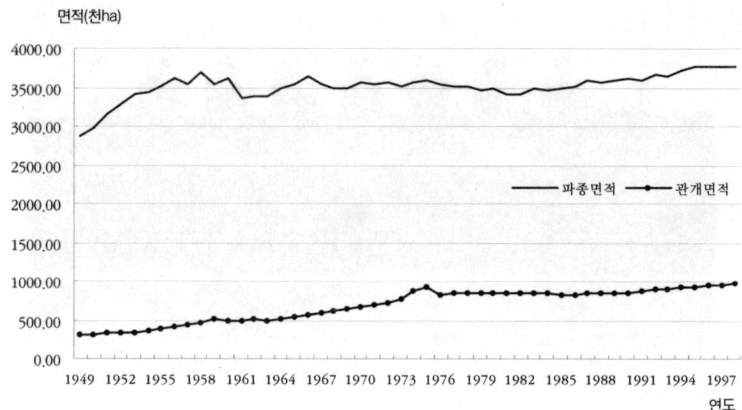

〈그림 3-11〉 간쑤성 파종면적과 파종면적 중 관개면적 변화(1949~1998)

자료: 國家統計局國民經濟綜合統計司(1999).

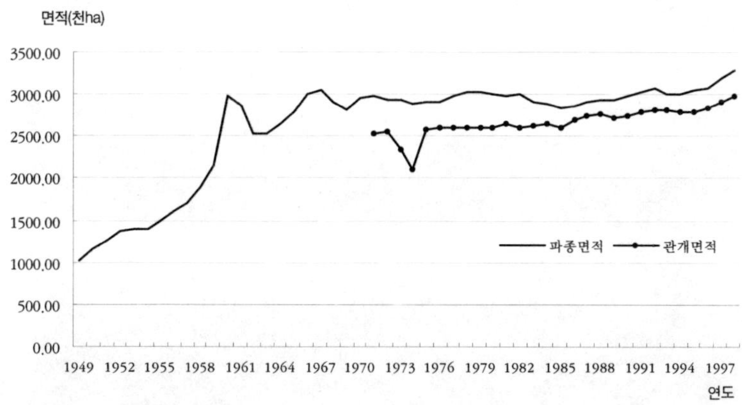

〈그림 3-12〉 신장웨이우얼 자치구 파종면적과 파종면적 중 관개면적 변화(1949~1998)

자료: 國家統計局國民經濟綜合統計司(1999).
주: 1949~1970년의 관개면적은 통계에 자료가 기재되어 있지 않다.

〈그림 3-13〉 간쑤성 민친현 부근의 훙야산 저수시설(紅崖山水庫)

주 : '아시아 사막의 으뜸 저수지'라고 써 있다. 치롄 산맥의 눈 녹은 물을 가두어 관
　　개농업에 이용한다. 이러한 저수지의 건설은 하류부의 사막화를 촉진시켰다.
　　2003년 3월.

〈그림 3-14〉 텅거리 사막 부근의 모래로 뒤덮인 관개시설

주 : 황하로부터 물을 끌어들이는 관개수로가 사구의 이동으로 매몰되고 있다. 간쑤성
　　징타이현(景泰縣), 2003년 3월.

하천수의 불합리한 이용으로 인한 사막화의 대표적인 예로 신장웨이우얼 자치구의 타림강(塔里木河)과 간쑤성의 헤이허강(黑河)를 들 수 있다.

신장웨이우얼 자치구 타림 분지의 타림강은 중상류에서 대량의 관개 농업용수 사용으로 인해 하류에서는 1970년대 이후 단류에 가까운 수량의 급감이 나타났다. 그에 따라 타림강 하류 연안의 식생이 대규모로 파괴되어, 이 지역에 존재하는 오아시스가 사막화 현상을 겪게 되었다. 1973년 타림강 하류의 아라간(阿拉干) 지역의 지하수위는 7.0m였으나 1989년 10.4m, 1997년 12.5m로 하강했다(石玉林 2004, 50).

간쑤성 허시저우랑(河西走廊)의 헤이허강은 발원지 치롄 산맥의 융설수를 하천수의 주요 공급원으로 하면서, 1950년대에는 하류지역인 네이멍구 자치구의 아라산 지역으로 연간 13억m³를, 1960년대에는 12억m³를 흘려보냈다. 그 과정에서 중간에 10여 조의 지류를 형성했다. 동쪽과 서쪽의 두 개의 쌍둥이 사막호수인 쥐옌하이(居延海) 호수에 이르면서 주변에 쥐옌 오아시스(居延綠洲)를 이루었다. 그러나 이후 상류와 중류에 3개의 물막이 취수공사와 수십 개의 저수지를 건설하면서, 하류 위치한 네이멍구 자치구의 아라산 지역에 도달한 물은 1980년대에는 연간 5억m³로, 1995년에는 1억m³로 감소했다(劉珍 2000).

이 지역의 건조도와 지표상태를 고려할 때, 증발과 침투를 제외하면 사실상 흘러내려온 물이 없는 것과 같다. 이로 인해 1961년 서쪽의 쥐옌하이 호수가 말라버렸고, 1990년 동쪽의 쥐옌하이 호수마저 고갈되어 사라졌다. 1920~1940년대 쥐옌 오아시스 지역의 지하수위는 1m 내외였다. 그러나 1970년대 2~3m, 1990년대 3~4m, 현재는 5m 이하로 하강했다(石玉林 2004, 52). 결국 헤이허강의 중상류에 위치한 간쑤성의 관개농업으로 인하여 하류에 위치한 네이멍구 자치구 아라산 지역은 물 부족과 그로 인한 사막화 현상을 겪게 되었다.

이러한 물문제가 간쑤성과 네이멍구 자치구의 갈등으로 비화하자, 국가계획위원회는 1980년대에 연간 8.6억m³의 물을 하류로 흘려보내도록 지시한 적이 있다. 그러나 그것은 지켜지지 않았다. 특히 흘려보낸 1억m³의 물도 건조지역의 하천의 특성상 옅은 깊이(布狀流)로 그물처럼 얽혀 흐르는(網流) 경향을 보였고, 증발산으로 인한 토양 염류화가 강하게 나타났다.

이 지역은 1993년과 1994년 두 차례의 대형 사진폭이 발생하여 24만 km²의 토지가 피해를 입었다. 초지의 표토가 10여cm나 깎여 나갔고, 호양림(胡楊林) 20만 주가 쓰러졌으며, 276km의 도로가 파손되었고, 실종자가 111명, 사망자가 49명이었다.

4) 과도방목

'사진일기' 및 중국의 사막화와 관련하여, 언론에 가장 자주 오르내리는 단어가 '과도방목'(過度放牧, 超載過牧)이다. 초지의 단위 면적당 수용 가능한 목축두수를 초과하여 방목하기 때문에, 초지가 파괴되고 사막화 면적이 증가되었다는 맥락에서 사용된다.

사회주의 성립 이전 중국의 초원지대에서는 유목과 방목이 성행했다. 물론 초원을 마음대로 돌아다니는 유목과 방목은 아니었다. 어디까지나 부족 단위의 경계를 존중하는 테두리 내에서 유목과 방목이 실행되었다. 사회주의 성립 이후 대다수의 유목민은 정착 목축민으로 개조되었다. 일정한 장소에 거처를 마련해 두고, 그곳에서 아이들을 학교에 보내는 등의 일상생활의 근거를 삼으면서 계절에 따라 초원을 이동하거나 방목하는 방식을 취했다(馬戎·李鷗 1995; 色音 1998 참조).

사회주의 건설 초기 생산량이 강조되던 시기, 초원에서도 목축 생산량을 늘려야 했다. 1949~1998년 사이의 네이멍구 자치구, 간쑤성, 신장웨이우얼 자치구의 목축두수 변화(〈그림 3-15〉)를 살펴보면, 세 지역 모두에서 1950년대에 급속한 목축두수의 증가가 나타난다. 이후 1960년대 초 잠시 감소를 보이다가 1960년대 전반에 걸쳐 증가를 보이고 있다.

1970년대 중반 이후 세 지역은 각각 다른 양상을 보인다. 네이멍구 자치구는 1970년대 중반을 기점으로 전반적으로 정체국면을 보이며, 간쑤성과 신장웨이우얼 자치구는 1980년대 중반을 기점으로 정체 혹은 증가세 둔화를 보이고 있다. 이는 각각 이 지역들에서 이 시기를 기점으로 초지의 수용량을 초과한 과도방목이 나타났기 때문이다.

그럼에도 불구하고 목축민들은 계속해서 단위 면적당 생산량을 늘리기 위해 노력했다. 초원 곳곳에 성립된 국영 집체 목장지가 개인들에게 하청의 형태로 분배되면서, 자신들의 자유 처분량을 늘리려는 목축민들의 욕구도 커져갔다. 그러나 새로운 초지가 확보되지 않는 상태에서 계속 목축두수를 늘리는 것은 어려웠으며, 목축두수의 증가는 오히려 초지의 퇴화를 가져왔다.

네이멍구 자치구의 경우, 양(羊)을 기준으로 할 때 천연 초지의 적정 사육량은 약 4,429.8만 마리이며, 여기에 옥수수단이나 밀집을 포함시킬 경우 5,475.1만 마리이다. 하지만, 1985년에 실제 목축두수는 5,475.1만 마리로서 이미 적정량을 초과했고, 1997년에는 7,000만 두를 돌파했다. 이를 양으로 환산하면 약 1억 마리에 버금가는 수준이다. 양 한 마리 당 초지면적은 1950년대에 3.3ha, 1980년대에는 0.87ha, 2001년에는 0.42ha에도 미치지 못하는 것으로 나타났다. 이와 같은 과도한 방목으로 네이멍구 자치구, 간쑤성, 신장웨이우얼 자치구에서는 각각 초지 총면적의 51.8%, 87.99%, 63.3%가 퇴화되었다(王靑云·何開麗 2003, 25).

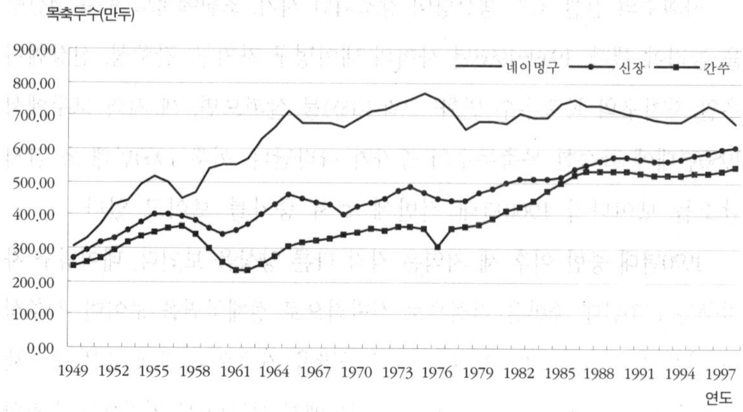

〈그림 3-15〉 네이멍구 자치구, 간쑤성, 신장웨이우얼 자치구의 목축두수 변화(1949~1998)
자료 : 國家統計局國民經濟綜合統計司(1999).

　　그중에서도 면양보다 양모를 비싸게 팔 수 있는 산양의 사육이 늘어났
다. 산양들은 지표에 풀이 없을 경우에 풀뿌리와 나무뿌리까지 파먹기 때
문에 사막화의 강도를 높이는 존재로 지목받게 되었다. 2001년 봄 중국의
주룽지 총리가 화북지역의 사막화 현장 시찰 중에 "산양을 사살하라"는
명령을 내렸다는 홍콩발 기사로 인하여, '과도방목'은 사막화의 원인으로
인구에 회자되고 있다.

　　과도방목으로 인한 목축두수 증가는 초지의 감소 이외에도 초원의 지
하수위 하강문제를 야기한다. 가축 역시 물을 마셔야 하고 인간 역시 정착
하는 데 물이 필요하기 때문에, 곳곳에 지하수 관정을 파게 되었다. 이러
한 관정의 굴착은 건조지역에서 지하수위의 하강을 불러오게 되고, 지하
수위의 하강은 지표 식생의 퇴화를 초래했다.

　　한편 '과도방목'이 사막화 및 사진폭의 주범이라는 주장들은 논리가 확
대되면서, 예기치 못한 사회적 부작용을 낳고 있다. 곧 '과도방목을 하는

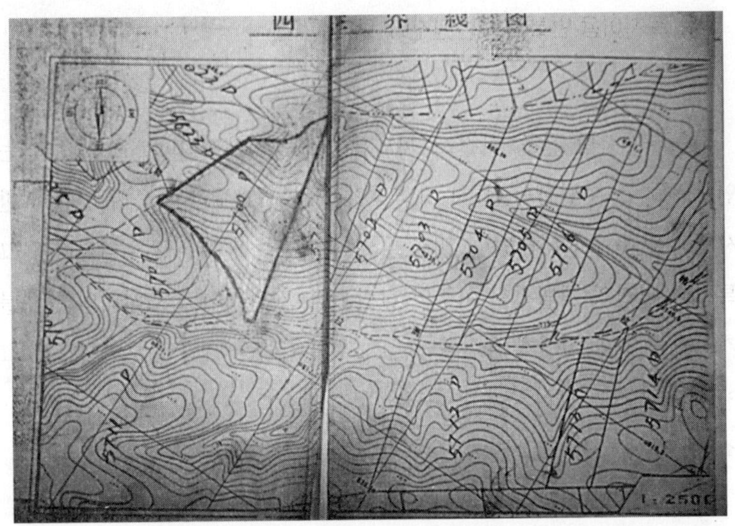

〈그림 3-16〉 네이멍구 자치구 후룬베이얼맹의 초원 사용 증명서 중 지적도

주: 좌측 상단의 굵은 선으로 표시된 지역이 이 사용증명서 소유자에게 할당된 초지이
다. 초지의 책임청부제가 실시되면서, 초원 역시 개인에게 분배되었다. 최근 이렇게
개인에게 할당된 초지에서도 목축두수는 제한을 받게 되었다. 어원커족 자치기,
2000년 11월.

사람 = 변경지역에 사는 목축민 = 소수민족(몽골족)'이라는 등식이 성립되었다. 사막화 내지 베이징의 모래먼지폭풍이 곧 초원의 몽골족으로 인해 나타난 것이라는 논리에 이른 것이다. 여기에 이르면 '배포가 큰 몽골족'은 '탐욕스러운 존재'로 변화된다. 땅의 형질 변화가 민족적인 비하와 멸시를 가져왔다.

현재 초지 역시 개인에게 책임청부제 형태로 분배되고 있다. 단위 면적당 사육두수도 제한되기 때문에 과도방목에 의한 사막화의 진전은 어느 정도 완화되어 가는 것으로 보인다. 그러나 그 배후에는 목축민들의 경제적인 빈곤의 문제가 자리 잡고 있다는 점 또한 문제로 대두하고 있다.

5) 토지이용 변화에 수반된 인구 증가

중국의 북방 건조, 반건조, 아습윤 건조지역에서의 토지이용 변화는 인구 증가를 수반했다. 특히 자연적인 인구 증가보다 인구 유입에 의한 사회적인 증가가 나타났다. 비록 유입된 인구수가 작은 경우일지라도 그 특성은 이전의 개별적인 이주와 달랐으며, 집단적이고 조직적인 형태를 가지고 있었다. 이렇게 유입된 인구는 주로 대규모 개간에 투입되었고, 그에 따라 촌락과 도시의 수를 증가시켰다. 특히 생산건설병단(生産建設兵團) 조직을 통한 인구 유입이 강력한 역할을 하게 된다.

기존의 인구에 유입된 인구가 가진 토지확보의 욕구와 그로 인한 지속적인 개간 그리고 촌락과 도시의 건설에 따른 물 사용량의 급증은 북방 건조지역에서 사막화를 가속화시키는 역할을 하게 되었다. 농촌과 도시 간 그리고 농촌과 대도시 간의 이주를 제한하는 호구제도(戶口制度)로 인하여, 이 지역에서 개혁개방 이전 인구 유입으로 인해 형성된 인구 구조는 개혁개방 이후에도 쉽게 변화되지 않은 상태다. 따라서 이러한 인구 구조를 변화시킬 수 있는 대책이 없는 한 근본적인 사막화 퇴치 역시 어렵다고 할 수 있다.

1949~1998년 사이 네이멍구 자치구, 간쑤성, 신장웨이우얼 자치구의 인구 변화는 〈그림 3-17〉과 같다. 세 지역 모두에서 1950년대 말에 급속한 증가를 보이다가 1960년대 초에 잠시 감소를 나타내며, 이후 전반적인 증가를 보이고 있음을 알 수 있다. 일견 중국 총인구의 변화(〈그림 3-18〉)와 큰 차이가 없는 패턴을 보인다. 그러나 세부지역의 상황을 살펴보면 인구 증가가 어떤 집단에 의해 주도되었으며, 유입과 유출은 어떠했는지 추정할 수 있다.

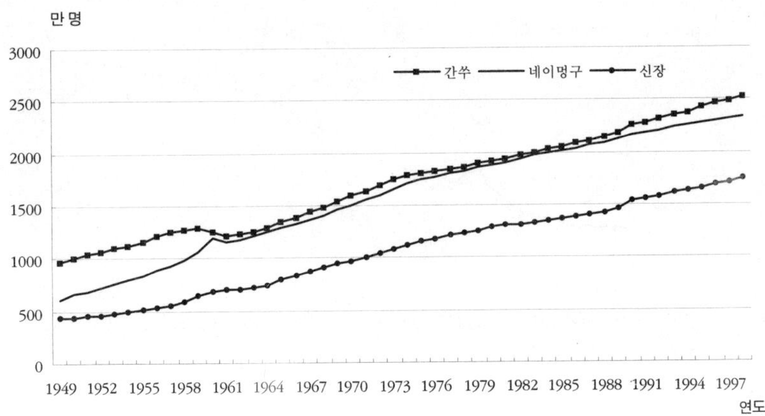

〈그림 3-17〉 네이멍구 자치구, 간쑤성, 신장웨이우얼 자치구의 인구 변화(1949~1998)

자료 : 國家統計局國民經濟綜合統計司(1999).

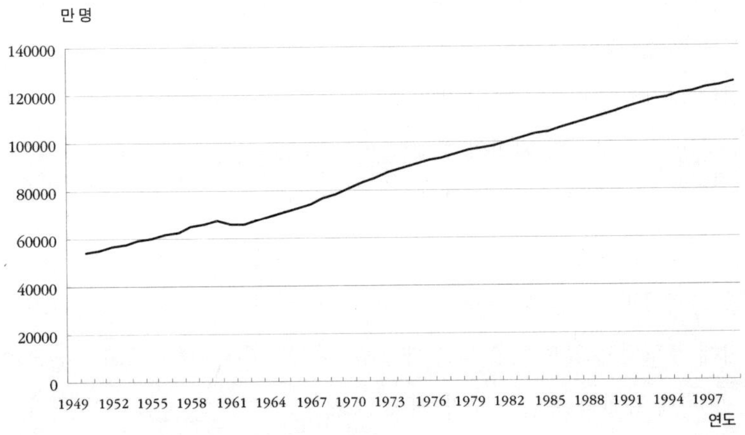

〈그림 3-18〉 중국 총인구수의 변화(1949~1998)

자료 : 國家統計局國民經濟綜合統計司(1999).

〈그림 3-19〉 네이멍구 자치구 후룬베이얼맹의 민족 인구 변화(1947~1997)

자료 : 呼倫貝爾盟統計局(1997).

1947~1997년 사이 네이멍구 자치구 후룬베이얼맹의 민족 인구 변화를
나타내면 〈그림 3-19〉와 같다. 이 지역에는 한족, 몽골족, 후이족, 만주족,
조선족, 다워얼족, 어원커족, 어룬춘족, 시보족 등 여러 민족들이 거주한다.

1950년대에 급격한 인구 증가가 나타난다. 그 증가는 한족에 의해 주
도되고 있다는 것을 알 수 있다. 전체 증가분 중 몽골족이나 기타 소수민
족이 차지하는 비중은 매우 작다. 앞서의 전국적인 인구 증가 패턴을 고려
한다면, 후룬베이얼 지역의 현재의 인구 구조는 1950년대에 급속한 한족
인구의 증가를 통하여 확립되었다고 할 수 있다.

후룬베이얼맹 내의 한 행정구역인 어룬춘 자치기의 인구 유입과 유출
을 살펴보면 〈그림 3-20〉과 같다. 이 지역에서도 인구의 증가는 한족에
의해 주도되고 있으며, 그들은 대부분 유입된 인구이다.[3] 1950년대 말과
1970년대 중반의 유입 인구가 매우 많았고, 그 각각의 시점 뒤에 상당한

---

[3] 1951년 후룬베이얼맹 어룬춘 자치기가 성립되었을 때, 그 경내에는 778명의 인구가 거주했
고, 그중 774명은 어룬춘족, 3명이 다워얼족, 1명이 어원커족이었으며, 한족은 1명도 없었다(李
康源 2000, 133).

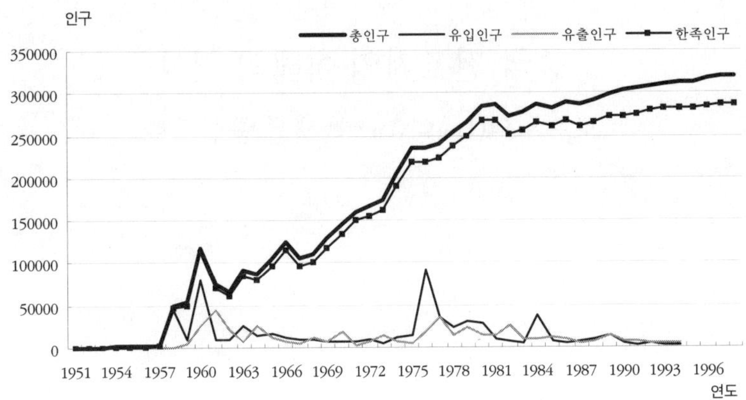

〈그림 3-20〉 네이멍구 자치구 후룬베이얼맹 어룬춘 자치기 인구의 유입과 유출(1947~1997)

출처 : 呼倫貝爾盟統計局(1997).

유출 인구가 동시에 뒤따르고 있다.

1998~1999년 사이 이 지역을 답사한 결과 유입된 인구는 1950년대에 한국전에 참전한 군대가 집단적으로 이주한 경우, 다른 지역에서 집체조직이 이주한 경우, 새로운 토지를 찾아 개인별로 무작정 이주한 경우로 구분할 수 있었다. 그럼에도 불구하고 이들은 바로 한족이자 농민 출신이라는 공통점을 갖고 있다. 유입과 유출이 큰 폭으로 일어나고 빈번했던 것은 상당 부분 정치적인 요인에 기인한 바이지만, 다른 한편으로 그만큼 이 지역의 자연조건이 경작에 유리한 것이 아니었음을 보여준다.

네이멍구 자치구와 신장웨이우얼 자치구의 많은 지역이 위에서 언급한 인구 구조 및 인구 변화와 유사한 양상을 보이고 있다. 전체적으로 보아 한족 농민 출신의 이주에 의해 인구 증가가 주도되었으며, 한번 확립된 인구 구조에 아직까지 큰 변화가 일어나지 않고 있다.

제4장

중국 건조지역 이해의 역사
로프노르(Lop-Nor) 논쟁을 중심으로

중국의 대표적인 건조지역인 신장웨이우얼 자치구의 타림 분지는 19세기 후반 서구 열강의 각축전 속에서 지정학적 관심과 탐험가적 열정의 대상으로 부상했다. 이러한 와중에서 서방 지리학자들은 이 지역을 수차례 탐험했다. 탐험 이후, 타클라마칸 사막의 동단에 위치한 로프노르(Lop-Nor, 羅布泊) 호수의 위치와 성격에 대하여 러시아와 독일 및 영국, 미국 등의 학자들이 각각 상이한 의견을 제출했다. 이후 이 문제를 둘러싸고 각국 지리학계의 자존심을 건 탐험과 논쟁이 이어졌다. 이 장에서는 '로프노르 논쟁'을 중심으로 서방 및 중국 지리학계의 중국 건조지역에 대한 이해의 과정에 대해 살펴보고자 한다.

결론부터 말하자면 로프노르 호수는 변함없이 그 자리에 있었고, 그 성격 역시 변함없이 염호(鹽湖)였지만, 그간 위치와 성격에 대하여 논란이 있었던 것은 하천수의 유입방향과 수량에 변화가 있었던 것에서 기인한다. 이러한 하천의 변화는 역사시대와 현재 모두에 있어서 로프노르 호수에 물을 공급하는 하천 상류부의 물 사용 변화에 따른 것이었다. 특히 상류부의 물 사용이 급격히 증가한 1950~1960년대를 거치면서 로프노르 호수에 물을 공급하는 하천들의 수량이 감소하여 로프노르 호수가 고갈되었고,

호수에 물을 공급하는 하천의 길이마저 축소되고 말았다.

광대한 중국 북방 건조지역의 사막화 현상에 관해 다루는 이 책에서 로프노르 논쟁을 다루는 이유는 로프노르 논쟁 자체가 중국 건조지역에 대한 이해의 역사를 대변하고 있다고 보기 때문이다. 더불어 다음 장에서 다루게 될 로프노르 호수 고갈 및 사막화 현상과 관련하여, 이 지역의 특성과 그에 대한 연구사적 고찰이 필요하다고 생각했기 때문이다.

1. 로프노르의 개념과 신화적 성격

1) 로프노르의 개념과 현상태

한자로 '羅布泊'(라포박, luobubo, 뤄부보) 또는 '羅布淖爾'(라포뇨이, luobunaoer, 뤄부나오얼) 등으로 옮겨 적는 로프노르는 알파벳으로는 'Lop-Nor', 'Lob-Nor' 혹은 'Lop-Nur'라 표기된다. '로프'(Lop)는 위구르어로 '여러 갈래의 물이 합쳐지는 곳(衆水匯聚之處)'이란 뜻이고 '노르'(Nor)는 몽골어로서 '호수'의 의미를 지니고 있다. 따라서 로프노르의 어원적 의미는 '여러 갈래의 물이 흘러들어 모이는 호수'라고 할 수 있다[中國大百科全書(中國地理) 1992, 319].[1] 쿤룬 산맥과 톈산 산맥에서 발원하여 건조지역을 흐르는 타림강을 포

---

1 로프노르가 범어(梵語)에서 유래하여 '새롭다'(新)는 의미 또는 '아홉'(九)이라는 의미를 지닌다는 설(牛汝辰 1995, 261), 티베트어의 '학자', 인도어의 '존경하는 사람의 발밑에 머리를 대는

함한 여러 하천들이 망류(網流)하다가 종국에는 로프노르에서 사막호수를 형성하는 내륙하천의 형태를 지닌다는 것을 묘사하고 있다.

결국 '로프노르'는 어의상 '타림 분지 내 특정 내륙하천들의 종점 호수'로 정의할 수 있다. 어의적 정의를 따져보는 이유는 로프노르 수체(水體)의 위치가 변화하여 왔다는 주장들 때문이다. 그런 주장들처럼 특정한 곳에 있던 수체가 다른 곳으로 이동했다면 호수의 명칭이 달라져야 당연하다. 하지만 로프노르는 여전히 어의적 정의에 따른 로프노르였다. 여기서 혼동이 발생했다.

로프노르는 기록이 남아 있는 지난 2,000여 년간 대략 북위 39~41°사이, 동경 88~91°사이에 위치했던 것으로 알려지고 있다. 오늘날의 지도상에 로프노르로 표시되는 곳은 북위 40°03'~40°40', 동경 90°05'~90°25'이나, 호수는 이미 사라졌다. 1952년 타림강이 하도를 변경하여 타이터마호(台特馬湖)로 유입된 이후 콩췌강(孔雀河)이 일정량의 물을 로프노르에 공급했지만, 1960년 콩췌강마저 단류되었고, 1972년 호수는 완전히 사라졌다.

2) 근대 이전의 탐험과 로프노르의 신화적 성격

로프노르에 대한 기록은 "유택"(泑澤: 갯물 호수)(『山海經』), "염택"(鹽澤, 짠물 호수)(『史記』, 「大宛列傳」), "포창해"(蒲昌海, 부들이 우거진 호수)(『漢書』, 「西

인사'(頂禮), 이란어의 '흰'(白), 범어의 '새 물'(新水) 등과 연결된다는 설(史爲樂 1995, 669)이 있다. 이 연구에서는 '여러 갈래의 물이 모이는 호수'라는 설을 채택하고 있는데, 이는 위구르족과 몽골족이 이 지역에서 오랫동안 거주해 왔다는 점에서 그들의 언어로 지명을 해석하는 것이 비교적 타당하다고 보았기 때문이다.

域傳」), "뇌란해"(牢蘭海, laolan)(『水經注』), "납박파"(納縛波, nafubo)(『大唐西域記』), "나포"(羅布, luobu)(『河源紀略』) 등으로 사서에 나타난다. 현재와 같은 명칭은 당나라의 승려 현장(玄奘)이 이 지역을 경유한 다음부터 보편화되었다.[2] 이후 청대에 아미달(阿彌達)과 서송(徐松) 등의 탐험으로 로프노르에 대한 이해가 심화되었다(胡文康·王炳華 2000, 16-20). 이는 1755년 신장이 청나라 영토로 완전 편입된 것과 관련이 있다. 이후 제작된 지도들에서 로프노르는 북위 40° 이북에 있는 것으로 표시되었다.

중국에서 로프노르는 각별한 의미를 지니고 있다. 특히 장건(張騫)이 서역을 탐험한 이후, 황하가 쿤룬 산맥에서 시작하여 타림강을 이루며 흐르다가 로프노르에서 잠류한 다음, 지하로 수천 리를 흘러 티베트-칭하이 고원 동사면에 있는 적석(積石)의 서쪽에서 다시 분출하여 바다로 흘러 들어간다는 믿음 ─황하중원설(黃河重源說) 또는 황하잠류설(黃河潛流說)─ 이 한무제(漢武帝) 이래 계속되었다.

황하중원설은 황하가 거듭된 근원을 갖는다는 설이다. 다른 말로, 황하잠류설이라고도 한다. 『사기』(史記) 「대원열전」(大宛列傳)에 나오는 장건이 한무제에게 한 보고 내용 중 "우전의 서쪽은 물이 모두 서쪽으로 흘러 서해로 들어가고, 동쪽은 물이 동쪽으로 흘러 염택(鹽澤)으로 들어갑니

---

2 이상의 지명들 중 앞의 것들과는 달리 '納縛波'(납박파)는 '나푸보'(nafubo)로 '羅布'(나포)는 '뤄부'(luobu)로서 서로 유사하게 발음된다. 따라서 『大唐西域記』 이후에 이러한 지명이 외부에 보편화된 것으로 판단할 수 있다. 이는 이 시기에 위구르족이 이곳에 거주하고 있었음을 말해 준다. 로프노르 주변에 살고 있는 위구르 계열의 소수 종족들에 대하여 20세기 전반기까지도 자칭 타칭으로 '롭릭'(Loplik)이라 불렀는데(Lattimore 1950, 127), 여기서 어미의 '-lik'은 종족 혹은 사람을 지칭하는 것이다. 이 '로프'(Lop)의 발음이 '納縛波'와 '羅布' 등과 유사한 것으로 보아, 승려 현장이 이 지역을 통과한 이후에야 이 지역에 대한 보다 정확한 이해가 가능해졌다고 할 수 있다. '뇌란해'(牢蘭海, laolan)라는 지명은 로프노르 호수 근처의 고성 '로우란'(樓蘭, loulan)을 지칭한다.

다. 염택의 물은 지하로 흘러들고, 그 남쪽은 바로 황하가 발원하는 곳입니다. …… 염택은 장안에서 약 5,000리쯤 떨어져 있습니다"[3]라는 기록에서 시작된다.

중국 신화에서, '곤륜산'(崑崙山, 쿤룬산)은 세계의 중심에 위치한 가장 높은 산이고 황하는 가장 중요하며 가장 긴 강이다. 가장 긴 강은 논리상 가장 높은 산에서 나와야만 한다. 따라서 신화 속의 논리로는 황하는 곤륜산에서 발원해야만 한다. 그런데 장건이 서역을 탐험하면서 당시까지 황하의 현실적 발원지로 알려진 티베트-칭하이 고원 동사면의 적석 지방보다 더 높은 산을 만났다. 그것이 오늘날의 쿤룬 산맥이다. 따라서 한무제는 장건이 발견한 그 산에 가장 높다는 의미에서 '곤륜'(崑崙, 쿤룬)이라는 이름을 부여했다. 이제 남은 것은 그 산에서 흘러나오는 물이 황하여야 한다는 논리를 만드는 것이었다. 쿤룬산에서 흘러나오는 물이 로프노르에서 호수를 이루며 멈춘다는 사실과 현실적으로 황하는 적석 서쪽 지방에서 흘러나온다는 사실 사이의 모순을 해결하는 방법으로 고안된 것이, 로프노르에서부터 적석의 서쪽까지의 구간에서 황하가 지하로 잠류한다는 논리이다.[4]

이렇게 잠류하게 되면 황하는 현실의 쿤룬산과 현실의 적석 서쪽이라는 두 개의 발원지를 갖게 된다. 황하가 거듭된 근원을 갖는다는 의미에서 황하중원설의 논리가 만들어지는 것이다. 물론 이러한 믿음은 신화에 기초한 것이었지만, 변형된 설들이 만들어질 정도로 광범위하게 유포되었다.

이러한 논리를 생각해낸 사람들은 타림강의 물이 계속 유입됨에도 로

---

3 于窴之西, 則水皆西流, 注西海, 其東水東流, 注鹽澤, 鹽澤潛行地下, 其南則河源出焉.……鹽澤去長安可五千里……(『史記』「大宛列傳」).
4 여기서 적석(積石)이 언급되는 것은 우공(禹貢)의 '도하적석'(導河積石) 고사와 관련된다.

프노르는 넘쳐나지 않고, 항상 일정한 수위를 유지한다고 보았다. 그리고 이는 틀림없이 지하로 물이 빠져나가기 때문일 것이라고 생각했다(『漢書』, 「西域傳」 참조). 사실 수위가 일정한 듯이 보인 것은 건조지역의 특성에 의한 침투나 증발산의 영향 때문이었을 것이다. 현재 황하는 적석의 서쪽, 곧 티베트-칭하이 고원의 파얀커라산 북록의 구쭝례 분지의 커즈커야산에서 나온다고 1978년 공인되었다.

한편 1970년대에 미국에서 사람 귀(耳) 형상을 가진 로프노르 지역의 위성사진(〈그림 4-2〉)이 공개되었다. 그러면서 다시 한 번 그 신비로운 형상 때문에 논란이 일었다. 당시 미국은 중국의 핵실험 장소로 로프노르를 주시하고 있었다. 1964년 10월 제1차 핵실험 이래 이 지역에서 계속된 핵실험으로 지표의 모습이 그렇게 변화되었을 것이라는 서방의 추측은 물론 오해였다. 하지만 로프노르가 문제적이고 신비로운 존재라는 인식을 하게 했다.

로프노르는 팽창과 수축을 반복했고, 최후에는 시간차를 둔 수면의 축소가 이루어졌다. 호수의 물이 마르는 시간의 장단이 다름에 따라 염분이 쌓이는 과정 역시 강약을 달리하게 되었다. 귀 형상은 이런 과정을 통해 형성된 것이다. 물질 조성과 색조상 서로 다른 동심원상의 침식·퇴적 지형과 염적지대(鹽積地帶) 및 염각(鹽殼)이 그렇게 위성 사진으로 나타난 것이었다(樊自立 等 1987, 141-156).

이외에도 1980년 6월 중국의 저명한 생물학자이자 노동영웅인 펑쟈무(彭加木)가 타클라마칸 사막 답사 중에 실종된 사건이 '미국 스파이의 납치', '외국 망명', '우주인의 납치' 등으로 대중지에 과장 보도되면서, 로프노르는 신비적 속성을 더해왔다(夏訓誠·胡文康 1999).

사람들은 로프노르를 신비로운 대상으로 생각했다. 그 생각은 정도 차이가 있었지만, 19세기 후반 서방의 탐험가들에게 일종의 도전정신을 불러일으켰다. 이제 논쟁 과정을 살펴보기로 한다.

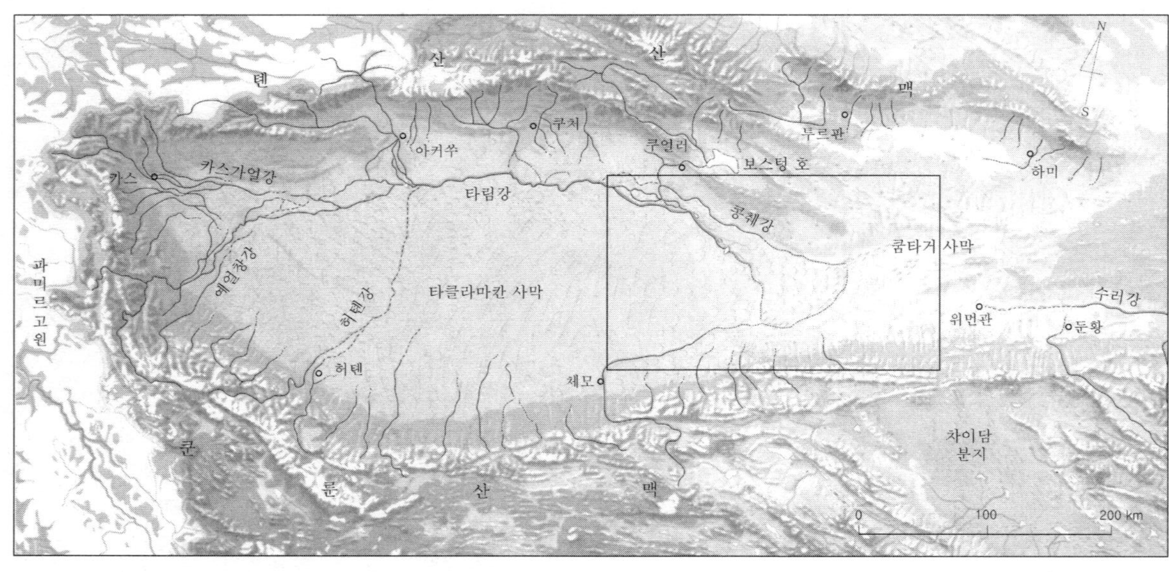

〈그림 4-1〉 타림 분지와 로프노르 논쟁의 주요 구간

주: 우측 사각형 지역이 논쟁의 주요 구간임.

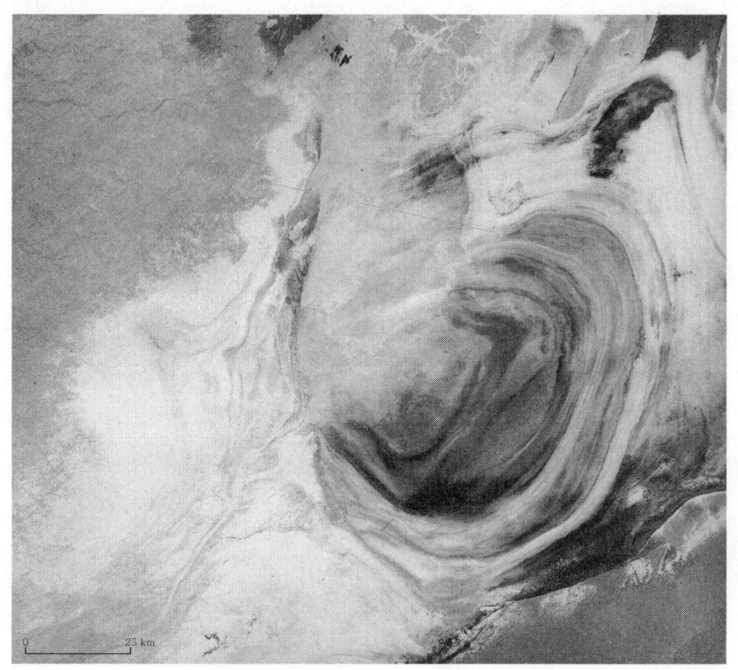

〈그림 4-2〉 로프노르 지역의 사람 귀 형상 위성사진

출처 : 中國科學院地理硏究所(1982).

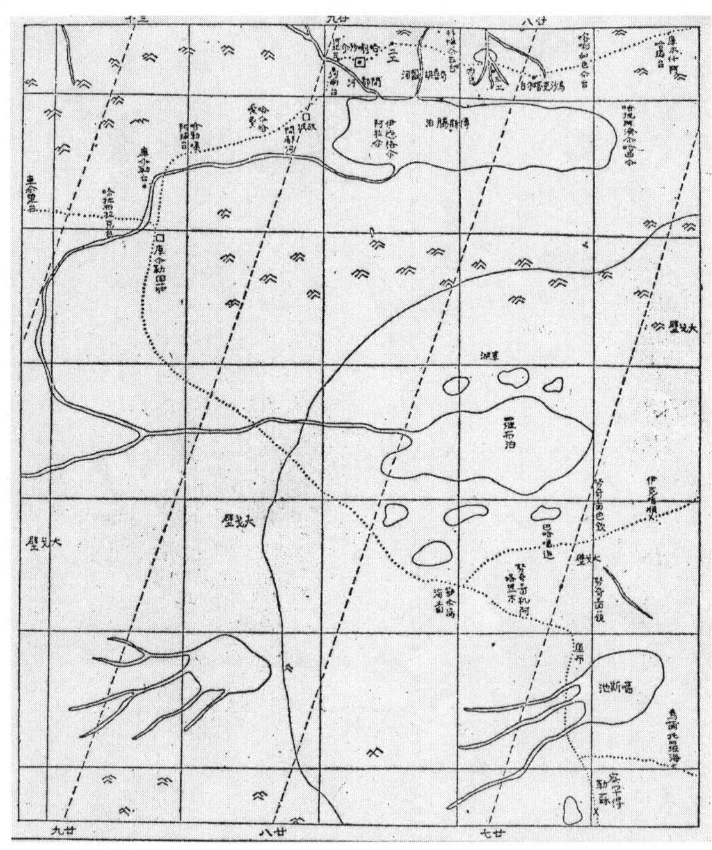

〈그림 4-3〉「대청일통여도」(大淸壹統輿圖)의 로프노르 부분

주 : 우측 중단의 큰 원이 로프노르 호수를 표시한 것임. 출처 : 奚國金(1987, 49).

2. 로프노르 논쟁의 전개

1) 프르제발스키의 '발견'과 리히트호펜의 반론

19세기 중반 이후 중국령 내륙 아시아는 제국주의의 각축장이었고, 예외 없이 지리학자들이 동원되고 있었다. 특히 1864~1877년 사이에 일어난 야쿱 벡의 무슬림 혁명운동(김호동 1999 참조) 이후 신장 지역은 열강들의 관심을 끌게 되었고, 많은 지리학자들이 이 지역을 탐험하게 되었다. 이러한 배경에서 육군 대령이자 지리학자인 프르제발스키[Prejevalsky(또는 Przheval'skii), 1839~1888]는 러시아 왕립지리학회의 지원을 받아 1870~1885년 사이에 4회에 걸쳐 내륙 아시아를 탐험했다. 그가 로프노르와 관계를 맺은 것은 그의 제2차 내륙 아시아 탐험(1876~1877년)에서였다(杜勃羅 1978).

그는 이 탐험에서 타림강이 처음에는 동류하다가, 나중에 동남류한다는 것을 알게 되었다. 그는 로프 사막(Lop desert)의 남부에 서쪽의 카라부랑(喀拉布朗)과 동쪽의 카라쿠쉰(喀拉庫順)이라는 두 개의 호수가 있으며, 후자가 타림강의 종점 호수, 곧 '로프노르'이고, 이 호수는 담수호(淡水湖)이며, 주위에 염소택(鹽沼澤)이 있다고 주장했다.

로프노르, 이 호수, 아니 더 정확하게 말해서 이 갈대 소택(沼澤)은 서남으로부터 동북으로 매우 멀리 뻗어나간 타원형을 하고 있으며, 그리 깊지 않아서 평균 수심이 1~1.5m를 넘지 않으나, 물의 맑기는 타림강과 같다. 로프노르는 하수가 범람하여 형성된 것으로, 내륙 아시아의 다른 호수와는 달리 담수호이며, 단지 그 동부의 물이 약간 짠맛을 낼 뿐이다. 광활하고 평탄한 염류토 지대가 남쪽으로부터 카라부랑호와 카라쿠쉰(곧, 프르제발스키가 로프노르로 비정한 호수필자)의 연안을 둘러싸고 있어서, 이로부터 고대에 이 두 호수가 하나였다는 것과 그 점유 면적이 현재보다 매우 컸다는 것을 증명할 수 있다(Prejevalsky 1879).

나아가 그는 청나라 건륭 연간에 제작된 「건륭황여전도」(乾隆皇輿全圖)의 '로프노르'(羅布淖爾)와 동치(同治) 2년(1863년)에 간행되었고, 자신이 탐험의 기초자료로 사용한 「대청일통여도」[5]의 '로프노르'(羅布泊)(〈그림 43〉)는 그 위치가 잘못 표시된 것이며, 그 지도에 표시된 것보다 위도 1° 아래에 있다고 주장했다.

그의 탐험은 내륙 아시아, 특히 당시까지도 지리적 인식의 공백으로 남아 있던 타림 분지 일대에 대한 지리학적 윤곽을 제공하는 의의를 지닌 것으로 높이 평가되었다. 이후에 연속적으로 프르제발스키의 '로프노르 발견'에 대해 반론을 제기한 리히트호펜(von Richthofen)마저도 처음에는 "프

---

5 청나라 시기에 활발한 지도 제작사업이 이루어졌는데, 강희(康熙) 57년(1718)에 완성된 「황여전람도」(皇輿全覽圖)가 초기의 성과를 대변한다. 그러나 이 지도는 상당한 정확성을 보여주고 있음에도 궁중에만 소장되어 있어서, 소수의 특권층을 제외하고는 외부의 접근이 어려웠다[이 지도는 후에 선양(瀋陽) 고궁박물관에서 발견되어, 「청내부일통여지비도」(清內府一統輿地秘圖)라는 이름으로 석판 인쇄되었다]. 건륭(乾隆)에 이르러서도 「건륭황여전도」(乾隆皇輿全圖: 乾隆十三排圖, 乾隆內府輿圖라고도 칭함)와 「대청일통여도」(大清壹統輿圖: 1744년, 1756년, 1761년)가 연속으로 간행되었지만, 역시 일반의 접근은 어려웠다. 이후 이조락(李兆洛)과 동우성(董祐誠)이 궁중에 소장된 지도들을 근거로 황여일통여지전도(皇朝壹統輿地全圖: 1832년)를 만들었으나 널리 퍼지지 않았다. 비교적 널리 퍼지고, 외국에까지 전해진 것으로는 동치(同治) 2년(1863년) 무창(武昌)에서 간행된 「대청일통여도」(大清壹統輿圖)이다. 이 지도는 「황조중외일통여도」(皇朝中外壹統輿圖) 또는 「대청중외일통여도」(大清中外一統輿圖)라고도 칭한다. 원래 호림익(胡林翼)이 호북순무(湖北巡撫)로 재임하는 동안 추세치(鄒世治)와 안계진(晏啓鎭)에게 부탁하여 그리기 시작한 것이나, 호림익이 지도의 완성을 보지 못하고 사망하자, 뒤를 이은 엄수삼(嚴樹森)이 이연소(李延簫)와 왕사택(汪士鐸)에게 교정을 부탁하여 완성, 발간했다. 발간지의 지명을 따라서 일반적으로 「무창부지도」(武昌府地圖)라고 불린다(陳正祥 1973, 40-43; 盧良志 1984, 177-190). 이 지도는 경위도와 격자방안(畵方) 두 가지 모두 사용하고 있다. 프르제발스키가 답사에 참고한 것은 바로 이 지도였다.

르제발스키의 이번 여행은 근년의 가장 중요한 사건 중의 하나"(Hedin 1904; 江紅 譯 2000, 223)라고 평가했다.

그러나 이러한 의미부여와 상찬을 뒤로하고, 프르제발스키의 '발견'은 당시 베를린 지리학회 회장이자 세계 지리학계의 권위였던 리히트호펜[6]의 반박에 직면하게 되었다. 1878년 4월 6일 베를린 지리학회에서 리히트호펜은 프르제발스키의 탐험에 대한 비판적인 분석을 발표했다. 발표의 요지는 다음과 같다.

프르제발스키가 로프노르라고 지적한 것은 청나라 지도 「대청일통여도」에 나타난 것보다 위도가 남쪽으로 1° 치우쳐 있으며, 경도도 서쪽으로 치우쳐 있다. …… 청나라의 지도는 조사를 통하여 만들어진 것이지 억지를 부린 것이 아니다. …… 중국 고대문헌의 로프노르는 '염택'(鹽澤, 짠물호수)인데, 그가 발견한 것은 담수호이다. …… 현지 주민은 로프노르라는 명칭을 알지도 못한다. 단지 '쫭거얼'호라 부를 뿐이다. …… 따라서, 그가 발견한 것은 진정한 로프노르가 아니라, 로프노르라는 이름으로 다른 호수를 묘사한 것일 뿐이다. …… 타림강은 동류하는 하천이며, 아마도 그리 오래되지 않은 시기에 유로가 남류로 변경되었을 것이다. 그런데 그는 동류하여 진정한 로프노르를 형성하는 지류에 주의하지 않았다(Hedin 1905; 王安洪·崔延虎 譯 1997에서 요약).

---

6 리히트호펜(Richthofen, Ferdinand Freiherr von, 1833~1905)은 7차의 답사를 통하여 "China: Ergebnisse eigener Reisen und darauf gegründeter Studien" Vol. 1.(1877)를 출간하면서, 중국에 관한 유럽학계의 권위로 군림하고 있었다. '실크로드'(Seidenstrassen)라는 용어를 창안했으며, 자부심도 대단하여 간쑤성의 그저 '난산'(南山)이라는 평범한 이름으로 불리던 산계를 자신의 이름을 붙여 '리히트호펜 산맥'이라 명명할 정도였대[현재는 치롄산맥(祁連山脈)으로 불린다]. 산둥(山東) 쟈오저우만(膠州灣) 칭다오(靑島)의 항구로서의 중요성을 최초로 인식한 사람이기도 하다. 독일이 후에 이 지역을 조차한 데에는 바로 그의 연구가 큰 작용을 했다.

이에 대하여 프르제발스키는 로프노르는 청나라 지도에 표시된 것보다 남서쪽으로 치우쳐 있으며, 이는 현지 주민들이 물고기를 잡기 위하여 물을 지속적으로 도랑에 끌어들인 결과 물길이 변하여 만들어진 것이라고 하면서, 로프노르는 본래적 의미의 호수가 아니라 타림강이 넘쳐흘러 이루어진 것이기 때문에 담수호이고, 현지의 주민들은 호수를 로프노르라고 부르는 것이 아니라, 타림강 하류 전체의 행정구역을 로프노르라고 부른다(Prejevalsky 1879, 88-92)고 반박했다.

그는 이러한 자신의 주장을 재차 증명하기 위하여, 1883~1885년 사이에 제4차 중앙아시아 탐험을 수행했으며, 리히트호펜의 주장이 잘못되었다는 것을 다시 한 번 강조했다. 그의 탐험에 뒤이어 1885~1894년 사이에 유럽 각국의 탐험가들이 속속 타림 분지에 들어와 조사를 했고, 이들은 그의 주장이 옳다는 것을 인정했다. 이로써 관련 학자들은 이 논쟁이 프르제발스키의 승리와 리히트호펜의 패배로 종결되었다고 생각했다.

이들이 로프노르에 대해서 논쟁을 벌인 것은 앞서 언급한 『사기』의 로프노르에 대한 기록과 무관하지 않았고, 청나라의 지도에서 로프노르가 표시되는 것 역시 이 기록을 다분히 의식한 행위였다. 후에 밝혀진 것이지만, 당시에 프르제발스키나 리히트호펜 모두 부분적으로는 사실을 말하고 있었다. 다만 이들에게 부족했던 것은 건조지역, 특히 타림 분지와 타클라마칸 사막이 지닌 지리적 특성에 대한 체계적인 이해였다. 그들로부터 촉발된 이래 로프노르 관련 논쟁은 내륙 아시아 건조지형에 대한 이해의 축적과정이면서, 동시에 지정학적 이익을 배경으로 조성된 유럽 각국(특히 독일과 러시아) 지리학계의 자존심을 건 논쟁으로 발전하게 되었다.

2) 코즐로프의 '부동설'과 스벤 헤딘의 '1500년 주기의 방황하는 호수설'

제5차 탐험 중 프르제발스키가 사망했다. 그래서 그의 제자이자 탐험대의 구성원이었던 코즐로프(Kozlov, P. K., 1863~1935)가 1889년 뒤를 이어 탐험을 진행했으나, 그다지 큰 성과를 얻지는 못했다. 1893년 그는 다시 타림 분지에 대한 탐험을 시작했다. 이때 그는 타림 분지 동부를 조사해, 프르제발스키가 발견한 '로프노르'의 북쪽에서 호수 모양의 광대한 침적지형(沈積地形)을 발견했다. 하지만 그것을 콩췌강이 범람한 것일 뿐, 로프노르와는 아무런 관계가 없는 것으로 보았다(Hedin 1905; 王安洪·崔延虎 譯 1997, 339-358 참조). 그는 프르제발스키의 관점을 따르면서 1917년 10월 혁명 이후까지도 내륙 아시아에 대한 탐험을 계속했다.

한편 리히트호펜은 탐험에 직접 나서지는 못했지만, 여전히 프르제발스키의 주장이 잘못되었다는 입장을 고수하고 있었다. 그는 자신의 주장을 증명하기 위해, 스웨덴 출신의 제자 스벤 헤딘(Sven Hedin, 1865~1952[7])에게 타림 분지에 대해 조사할 것을 권유했다. 이후 헤딘은 6차례나 내륙 아시아 탐험에 나서게 되었고, 그중 세 차례(1895~1896년, 1899~1901년, 1934년)에 걸쳐 로프노르 지역에 진입했다.

1895년 탐험에 나선 그는 1896년 4월 콩췌강을 따라 동남진하다가, 콩췌강이 두 개의 물길로 나뉘어 흐르는 것을 목격했다. 또한 그중 수량이

---

7 스벤 헤딘은 스웨덴 출신이었지만, 독일의 자기주장에 대한 열정적인 지지자였다. 중앙아시아를 수차에 걸쳐 탐험했으며, 1920~30년대에는 '움직이는 대학'이라고 불린 서북과학고찰단을 이끌었다. 유럽과 동아시아를 연결하는 중앙아시아에 대한 연구와 명성으로 인해, 1936년 베를린 올림픽의 기념연사로 히틀러에 의해 추천되었으며, 이 때문에 말년에는 비판을 받기도 했다. 건조지형학에서 언급되는 'yardang'(雅丹, 白龍堆)은 그가 소개한 개념이며, 본래 위구르어로서 '가파른 절벽의 작은 산'이라는 뜻이다. ·

비교적 많은 이례커강(伊列克河)의 좌안, 잉쑤(英蘇)와 아얼간(阿爾干, 또는 아라간) 구간에서 좁고 긴 호수들로 물길이 유입되는 것을 발견했다. 현지의 주민들은 이 지역에 4개의 호수들에 대해 각각 아울루쿨(Avllu-köl), 카라쿨(Kara-köl), 타옉쿨(Tayek-köl), 아르카쿨(Arka-köl)[8]이라 분별해 부르고 있었다(Hedin 1904; 江紅 譯 2000, 231). 이 호수들은 테간리커(鐵干里克)의 동남, 아라간(阿拉干, 또는 아얼간)의 동북에 위치했다. 그는 이 호수들이 바로 리히트호펜이 말한 로프노르이자 「대청일통여도」에 표시된 로프노르라고 인식했다.

그러나 「대청일통여도」에 표시된 로프노르는 동에서 서로 길게 뻗은 호수인데, 그가 발견한 호수는 북에서 남으로 길게 뻗은 호수였다. 이러한 모순에 대해 자신이 발견한 호수는 「대청일통여도」에 표시된 로프노르의 서쪽 일부가 남아 있는 것이며, 동쪽 부분은 봄의 모래폭풍과 타림강에 의해 씻겨 내려온 침적물에 의해 봉쇄되고 메워졌다고 해석했다.

1897년 스웨덴으로 돌아온 그는 1893~1897년 사이의 탐험의 성과를 대중서 형식으로 여러 언어로 출간했고(Hedin 1899), 그 성과를 인정받아 독일을 비롯한 여러 나라로부터 훈장을 받았다. 그러나 1897년 10월 그가 러시아 왕립 지리학회의 초청으로 상트페테르부르크에서 강연했을 때에도, 러시아 지리학계는 여전히 그가 잘못된 보고를 하고 있다고 생각했다.

그의 강연 후, 코즐로프는 '1897년 10월 15일 스벤 헤딘 선생의 러시아 왕립지리학회 강연 중의 로프노르'라는 장문의 글을 발표했다. 여기서 그

---

8 'köl' 혹은 'kul'로 전사되고, 한자로는 '庫勒'(kule)로 주로 전사되는 위구르어는 '호수'를 뜻한다. 이는 'nor'라 전사되고 한자로는 '淖爾'(나오얼)로 전사되는 몽골어와 같은 의미이다. 'kum', 'buran', 'dária', 'tagh'로 전사되는 위구르어는 지명에서 쓰일 경우에 각각 모래, 바람, 강, 산을 의미한다.

128

는 프르제발스키의 주장을 옹호하면서, 헤딘과 리히트호펜의 주장을 반박
했다. 그는 그들(리히트호펜과 헤딘)이 "중국 지도(「대청일통여도」)가 제공한 잘
못된 자료의 기초 위에서" 논지를 펴고 있다면서, 프르제발스키가 발견하
고 그 자신이 증거하는 카라쿠쉰호가 "고대의, 역사의, 진정한 로프노르이
며, 따라서 이 호수는 이미 수천 년을 지속해왔고, 영원히 이렇게 존재할
것"이라고 주장했다(Hedin 1904; 江紅 譯 2000, 228; 奚國金 1999, 51).

이 지루하고 자존심을 건 논쟁에 마지막 쐐기를 박기 위하여, 스벤 헤
딘은 1899년 6월 스웨덴 국왕과 기업가 노벨의 후원을 받아 다시 탐험에
나서게 된다. 이 탐험에서 그는 프르제발스키가 로프노르라고 비정한 카
라쿠쉰에 이르러 담수호임을 확인했다. 또한 사막 한가운데에 위치하고
있는 로우란(樓蘭) 유적을 발견(1900년 3월 28일)하는 성과를 올렸다. 유적이
사막 한가운데 위치하고 있다는 것은 이전에 이곳에 물이 있었다는 근거
가 된다. 그 유적 주변에서 폭이 90m, 깊이가 3.7~4.6m에 이르는 하천의
흔적을 발견했고, 이 하천이 '쿠룩강'(Kuruk-daria 또는 Kum-daria: 庫魯克河),
곧 콩췌강[9]이라는 것을 밝혔다.

문제는 이 강이 언제부터 말라 있었는가 하는 것이었다. 이에 대해 그
는 로우란에서 출토된 문서들 중 가장 늦은 것이 기원후 330년의 것임을
확인하고, 그 무렵에 말랐을 것이며, 그 시기에 로우란 유적이 폐허가 되

---

9 '콩췌강'(Konqi: 孔雀河)은 쿠룩다리아(Kuluk-daria) 혹은 쿰다리아(Kum-daria)로도 불린다.
위구르어로 '콩췌'(콘치)는 '가죽을 다루는 장인'(皮匠)이고, '쿠룩다리아'(Kuluk-daria)는 '말라
버린 강', '쿰다리아'(Kum-daria)는 '모래의 강'이라는 뜻이다(牛汝辰 1994, 153). 따라서, 쿠룩다
리아나 쿰다리아와 달리 '콩췌'라는 말의 위구르어 뜻인 '가죽을 다루는 장인'은 로프노르 주변
의 하천의 특징을 묘사하는 것으로 보기 어렵다. 필자는 타림강과 콩췌강이 만나는 지점에서
로프노르까지의 하도의 흔적이 공작(孔雀)의 꼬리와 같이 넓게 펼쳐진 삼각주(혹은 유사하게
선상지) 모양이어서 이러한 이름이 비교적 후대에 붙여졌을 것이라고 추측한다. 이 지명은 위
구르어가 아닌 한자로 보아야 할 것 같다.

없을 것이라고 추정했다(Hedin 1904; 江紅 譯 2000, 260).

이러한 새로운 발견은 리히트호펜의 주장 및 이전에 수행된 자신의 탐험 결과와는 다소 모순적인 것이었다. 따라서 이번의 발견에 비추어 이전의 것들을 전면적으로 재해석할 필요가 있었다. 여기서 그는 자신이 이전에 테간리커 동남쪽에서 발견한 4개의 아라간(아얼간) 호수군이 「대청일통여도」에 표시된 로프노르라는 인식을 수정하여, '방황하는 호수설'(theory of wandering lake, 遊移湖說)로 이름 붙여진 논리를 제시하게 되었다(〈그림 4-4〉). 그 이론의 요지는 다음과 같다.

4세기 초 이전에 타림강은 동류하여 로우란 남쪽의 옛 로프노르에 물을 주입했는데, 그것이 곧 「대청일통여도」에 나타난 로프노르이다. …… 이후 퇴적작용과 하도 변경으로 인하여 4세기 초 이후 북부의 호수는 축소·소실되었고, 사막의 남쪽에 새로운 호수가 생겨났다. 곧, 타림강이 하도를 변경한 이후, 동남류하여 카라쿠쉰 지구의 호수(프르제발스키가 발견한 로프노르-필자)로 물을 주입하게 된 것이다. …… 이제 이 남쪽의 호수가 각종 퇴적 및 침전물질로 인하여 호상(湖床)이 점차 높아지는 한편으로, 북쪽의 말라버린 이전의 호분(湖盆)은 강렬한 풍식작용으로 깎여서 낮아지게 되어, 결과적으로 물은 다시 북쪽으로 흐르게 될 것이다. …… 수준측량에 근거하자면, 북쪽의 로우란 지역은 해발 777~810m이고, 남쪽의 카라쿠쉰은 해발 815m이다. …… 남쪽의 호수는 충분히 높아진 것이다. 현재 남쪽의 호수인 카라쿠쉰은 축소되고 있으며, 머지않아 마르게 될 것이다. …… 이제 호수는 다시 이동하여 북쪽의 옛 로프노르(리히트호펜이 말한 로프노르)로 옮겨갈 것이다. …… 계산하건데, 그 주기는 1500년 정도이다(Hedin 1905; 王安洪, 崔延虎 譯 1997; Hedin 1904; 江紅 譯 2000에서 요약).

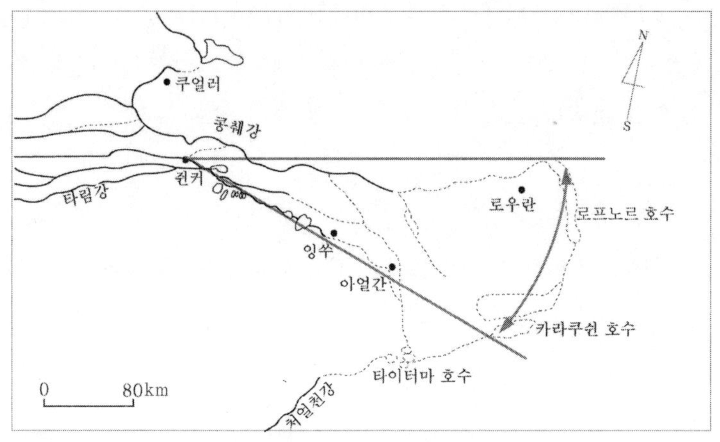

〈그림 4-4〉 스벤 헤딘의 '방황하는 호수설' 개념도

여기서 타림강의 하류에 매달려 약 1,500년 정도의 주기로 서남(카라쿠쉔호수)과 동북(로프노르호수)을 시계추처럼 왔다갔다 움직이는 호수로서 '로프노르'가 등장하게 되었다. '방황하는 호수설'의 제기는 프르제발스키의 발견, 리히트호펜의 연역 사이의 모순, 헤딘의 탐험과 코즐로프의 확신 사이의 긴장에 이론적 화해를 놓는 것이기도 했다. 1902년 11월 헤딘이 5년 만에 다시 상트페테르부르크 러시아 왕립지리학회에서 강연했을 때, 그의 이론에 대해 반론을 제기하는 러시아 지리학자는 없었다(奚國金 1999, 54). 이후 프르제발스키와 코즐로프의 주장을 헤딘의 '방황하는 호수설'에 대비하여 '부동설'(不動說)이라 부르게 되었다.

다시 헤딘은 1927~1935년 사이의 8년 동안 서북과학고찰단(中瑞西北科學考察團)을 이끌며 중국의 서북에서 보냈다. 1928년 2월 20일 투루판 답사 중에 헤딘은 양(羊) 상인으로부터 1921년 이래 타림강이 콩췌강으로 들어가 옛 로프노르에 이르게 되었다는 소식을 듣게 되었다.[10] 이로써 헤

딘의 약 1500년 정도의 주기로 움직인다는 이론이 비록 약간의 시간적 오
차가 있는 듯이 보였지만, 증명된 것으로 인정되었고, 논쟁은 사실상 종결
된 것으로 보였다.

3) 헌팅턴의 '팽창-수축 반복설'과 스타인의 '빙하 수축 및 주기 불일정설'

헤딘의 주장은 로프노르에 대한 신비감을 가중시켰고, 그가 발견한 로
우란 유적은 학계에 새로운 관심사를 제공했다. 미국의 지리학자 헌팅턴
(Ellsworth Huntington, 1876~1947)은 1905~1906년 사이에 타림 분지 전반과
로프노르 지역에서 탐험활동을 했다. 그는 내륙 아시아 역사의 지리적 기
초를 해명한다는 계획하에 탐험을 수행하면서, 로프노르의 변화에 대하여
기존의 이론들과 구별되는 '팽창-수축 반복설'(theory of waxing and waning
of Lop-Nor)을 주장했다. 그의 주장을 요약하면 다음과 같다.

현재(1907년)로부터 2,000년 전 이전 고대의 로프노르는 면적이 매우
컸으며(사방 75마일 정도), 헤딘이 말하는 고대와 현재의 로프노르 지역을
모두 뒤덮는 넓은 호수였다. …… 기후가 변하여 기원후 몇 세기 동안에
호수 면적이 줄어들었고, 이때 로우란 등의 도시들이 폐허가 되었다. 그
후 다시 중세에 이르러 확장되었는데, 이것이 상류에서 관개 등의 물 사용
이 줄어든 것에서 기인하는 것은 아니다. …… 당시 로프노르 분지의 인구
는 지금보다 많았다. …… 따라서 기후 변화가 가져온 결과라고 할 수 있

---

10 2월 19일은 헤딘의 생일이었는데, 20일에 베풀어진 생일 연회에서 이 소식을 들었다. 이러
한 극적인 요소들이 로프노르에 대한 대중적 신비감을 또한 증폭시켰다.

다. 마지막으로 지난 몇 세기 동안 호수면적과 인구의 감소가 있었다. 따라서 로프노르의 팽창과 수축은 타림 분지의 다른 지역과 카슈미르 지역에서 발견되는 기후 변화의 흔적과 정확하게 일치한다. 다시 축소되어 현재의 위치를 차지하게 되었는데, 곧 프르제발스키가 말한 카라쿠쉰호가 자리 잡은 곳이다(Huntington 1907에서 요약).

이러한 주장은 기본적으로 프르제발스키와 코즐로프의 '부동설'을 부정하는 입장에 있다고 볼 수 있다. 소극적이긴 하나 헤딘의 주장을 보충하는 것으로 볼 수도 있다. 그러나 로프노르 변화의 동인에 대해서는 헤딘과 전혀 다른 입장을 취하고 있음을 알 수 있다. 헤딘이 침적과 풍식을 주요 동인으로 생각한 반면, 헌팅턴은 기후 변화, 곧 습윤과 건조, 온난과 한랭이라는 요인을 강조하기 때문이다.

이 점은 내륙 아시아 건조지역의 지리를 보는 관점이 다르다는 것을 보여준다. 헤딘이 주로 지형학과 지질학에 기초하여 세계를 이해하고 있었고, 발견과 지도의 제작에 집중한 반면에, 헌팅톤은 '기후와 인간의 관계'라는 관점을 바탕으로 삶의 다양성을 해명하려는 목표를 가지고 있었다(Huntington 1907, vii). 그가 출간한 『아시아의 맥박』(*The Pulse of Asia*)이라는 책이름은 내륙 아시아 기후 변화의 '파동성'(pulsation)을 나타내면서 동시에 그에 따른 역사의 '역동성'(dynamics)을 묘사하고자 하는 것이었다. 그럼에도 그는 환경결정론자라는 후대의 평가를 증명하기라도 하듯이, 인위적인 과정을 종속변수로만 간주하는 문제점을 가지고 있었다.

헤딘의 로우란 유적 발견 이후, 타림 분지에서는 고고학자들의 탐험과 발굴이 연이어 이루어졌다(김영종 옮김 2000 참조). 대표적인 인물이 헝가리 태생의 영국인 아우렐 스타인(Aurel Stein, 1862~1943)이다. 그는 4차에 걸친 내륙 아시아 탐험에서 1906~1907년 그리고 1914년에 로프노르 지역에서

탐험과 발굴을 수행했다. 그의 저작 중 이 글의 주제와 관련된 것은 1920
년대 후반에 발간된 보고서(Stein 1928a)와 1/2,530,000 지도(Stein 1928b)이다.
그는 이 지도에서 로프노르를 서남으로부터 동북으로 길이 50km, 가장
넓은 곳의 폭이 약 45km 정도 되는 것으로 표시했다. 그의 주장의 요지는
다음과 같다.

> 지질학적 시간상으로 그리 멀지 않은 고대의 시기에 로프노르와 그것
> 의 동쪽에서 흘러오는 수러강(疏勒河) 종점의 소택지는 서로 통했다. …
> 이후 역사시대에 이르러 타림 분지의 기후 변화는 크지 않았으며, 옛날이
> 나 지금이나 별 차이가 없다.……로우란과 니야(尼雅) 등의 고대 성곽은
> 같은 시기에 폐허가 되었는데, 이는 쿤룬산의 빙하와 만년설이 감소하고,
> 그에 따라 하천의 수량이 크게 감소했다는 것을 말한다. …… 헤딘은 타림
> 강의 구하도로 쿠룩강만을 보았지만, 타림강 하류를 잘 살펴보면 삼각주
> 형태가 뚜렷하다. …… 이로 보아 로우란이 폐허가 된 이후로도 근처에 수
> 시로 물이 들어왔었다는 것을 알 수 있다. 이는 타림강의 종점호로서 로프
> 노르의 위치는 고정된 것이 아니며, 하천의 유로 변경에 따라 수시로 변했
> 다는 것을 말한다. …… 따라서 하천의 유로 변화에 그 어떤 주기성도 없다
> (Stein 1928a; Stein 1933에서 요약).

이러한 스타인의 주장은 헤딘의 주장에 대비하여, '빙하 수축설 및 주
기 불일정설'로 요약할 수 있다. 그의 이러한 주장이 출간된 시기는 타림강
의 물이 콩췌강을 통하여 로프노르에 물을 주입한 이후, 다시 말해 헤딘의
1500년 주기설이 '증명'된 이후였지만, 그 사실이 아직 세상에는 알려지지
않은 상황이었다. 훗날 헤딘은 스타인의 이러한 주장을 접하고 일리가 있
음을 인정하면서도 "대자연이 이미 우리에게 그 답을 보여주었다"(Hedin
1904; 江紅 譯 2000, 236)고 쓰고 있다.

1876년 프르제발스키의 로프노르 '발견' 이래 헤딘이 1500년 주기로 방황하는 호수설을 '확인'한 1928년까지, 중국의 서북지역을 경과한 탐험대는 42개 팀 정도 되는 것으로 알려지고 있다(奚國金 1999, 35). 그러나 1928년을 기점으로 일단의 논쟁은 종결되는 것으로 보였고, 대부분이 그렇게 믿고 있었다.

4) 천쭝치와 회르너의 '교체호설'과 시궈진의 '불일정설'

1927~1935년 사이에 이루어진 헤딘의 중국 서북지역에 대한 조사는 이 글의 주제인 '로프노르 논쟁' 이외에도 학문적으로 중요한 의미를 지니고 있다. 첫째, 그 조사가 당시부터 현재까지 이루어지는 외국인의 중국에 대한 현지조사의 원형을 보여주고 있다는 점이다. 프르제발스키 이래의 탐험들, 특히 스타인 등에 의한 발굴과 그로 인한 문화재 외부 유출은 중국의 지식인들을 격분하게 만들었다. 1927년 제6차 탐험에 나선 헤딘도 그러한 혐의에서 자유로울 수 없었다. 그의 탐험은 중국인을 포함하는 연합 조사단을 성립한다는 전제하에서 허가되었다. 중국 내부의 문화재 혹은 각종 기밀들이 외부로 유출되지 않도록 감시하는 효과를 거둘 수 있다고 보았기 때문이다. 이후에도 이러한 형식의 조사연구가 권장되었다.

둘째, 그러한 형식의 조사를 통하여 중국의 학술 수준을 높일 수 있었다는 점이다. 헤딘이 이끈 '중국·스웨덴 서북과학고찰단'은 당시에나 이후에나 '움직이는 대학'으로 불릴 정도였다. 조사과정에 10명의 중국 학자들을 참여시켜 이후의 관련 학문의 성장에 기여했다(李旭旦 1942 참조).

이 고찰단을 통하여 배출된 인물 중의 하나가 천쭝치(陳宗器, Parker C.

Chen, 1898~1960)이다. 그는 1929~1934년 사이에 서북지역에서의 조사결과를 발표(陳宗器 1936; 李良騏 譯 1941)하면서, 헤딘의 이론에 기초하여, '교체호설'(交替湖說, theory of alternating lake)을 제기했다. 요점은 다음과 같다.

　　건조지역 하도의 변화와 호수의 변화는 침적과 풍식 두 가지 작용의 결과이다. ……하천수가 몰고 오는 이사(泥沙)와 폭풍이 몰고 오는 이사가 하도와 호수에 쌓여, 하상(河床)과 호상(湖床)을 높인다. 침적이 하안(河岸)이나 호안(湖岸)보다 높으면, 물이 넘쳐서 하도가 변하고 새로운 호수가 형성된다. 원래의 호수는 마르게 되며, 호수 바닥이 노출되어 폭풍의 침식 작용으로 퇴적물이 날아가면, 호상은 낮아지고 다시 새로운 하도와 호수로 변한다. ……이러한 과정이 반복되면서, 주기적으로 하도와 호수가 교체된다. ……로프노르는 이러한 원리에 따르며, 서북 건조지역의 다른 호수들 역시 마찬가지이다. 하천과 호수의 이동으로 인해 침적물의 분포가 매우 넓기 때문에, 침적물의 분포상황으로 옛 호수의 면적을 추측하기는 어렵다. ……지질학적 시간으로 이전의 먼 시기의 호수의 변화는 당시 기후의 산물이며, 호수면적이 가장 컸던 시기는 빙하기와 일치한다(Hörner and Chen 1935; 李良騏 譯 1941에서 요약).

그의 주장은 헤딘의 이론을 정교화한 것이다. 하지만 로프노르 지역에 단단한 염각(鹽殼)이 광범위하게 분포하고 있어서, 이론처럼 풍식 작용이 용이하지 않다는 점을 간과했다고 비판된다(胡文康·王炳華 2000, 37).
　　다음으로 시궈진(奚國金 1987)의 연구가 있다. 그는 헤딘의 이론처럼 타림강과 로프노르가 시계추처럼 움직일 경우, 정점에서 추까지 사이에 어떤 흔적이 있을 것이라 보고, 그 흔적을 찾는 것에 주력했다. 사실 헤딘은 이 부분을 '약간의 중간과정을 거쳐'라고 불명확하게 언급했다. 그는 이 구간에 일련의 삼각주(또는 선상지 형태) 지형이 존재하고, 그 위로 타림강의 지류가 흘렀으며, 그 주기와 하도 변화의 방향 역시 일정하지 않다는 입장을 개진했다('不一定說'). 이는 헤딘에서 출발하여 스타인과 유사한 결론에 이르렀다고 할 수 있다. 그럼에도 그의 연구는 18~20세기 사이 로프노르의 변화를 역사기록과 고지도 및 현대지도에 입각하여 상세하게 추적했다는 의의를 지니고 있다.

5) 중국과학원 고찰대와 '천주호(串珠湖)-미천설(未遷說)'

천쭝치 이후 중국에서 로프노르 논쟁에 관련해 일관된 이론이 제기된 것은 1980년대 후반에 이르러서였다. 그 사이 중국과학원 신장종합고찰대(中國科學院新疆綜合考察隊)에 의한 조사(1959년), 중국과학원 신장분원 로프노르 종합과학고찰대(中國科學院新疆分院羅布泊綜合科學考察隊)에 의한 조사(1980~1981년)가 이루어졌다. 그 보고서가 1987년에 출간되었다. 고찰 및 보고서 내용은 지질, 지형, 기후, 수문, 식생, 역사, 고고 등에 이르기까지 학문적으로 다양하다. 하지만 고찰대의 핵심 구성원은 지리학자들이었다. 이들은 기존의 탐험대들이 '관찰과 기술'에 의지한 데 비하여, 항공사진, 위성사진, 탄소동위원소 연대측정, 화분분석 등 현대적인 탐측 및 분석 장비의 동원과 방대한 역사문헌 및 유물들에 대한 분석을 통하여 연구를 수행했다. 여기서는 보고 내용 중 프르제발스키와 리히트호펜의 논쟁 이래 제기된 사항들에 국한하여 논의하기로 한다.

첫째, 기후 변화와 환경 변천의 문제이다. 일부 학자들은 아시아 중부 기후의 건조화 현상이 제4기 전체에 걸쳐 진행되었고 현재에도 지속되고 있다고 주장했다. 보고서는 이에 대해 타림 분지의 건조기후는 제3기 말~

제4기 초 티베트 고원의 대폭 상승과 더불어 형성된 것이며, 역사시대에 이르러 일정한 범위 내에서의 파동이 있기는 했지만, 지속적으로 건조화 했다고는 볼 수 없다고 했다. 특히 1,000여 년 전 이래 로프노르 지역 자연환경의 악화는 기후 변화에 의해 야기된 것이 아니라, 인간의 경제활동이 수체(水體)에 영향을 미쳐, 물이 지역 간에 새로이 배분된 결과라고 주장했다(夏訓誠 1987, 3; 樊自立 1987, 95-105; 夏訓誠·樊自立 1987b, 106-117). 다시 말해 역사시대의 로프노르 지역의 환경 변화는 주로 인구 증가 및 분포상태의 변동에 의한 상류부의 물 사용 변화에 기인한다. 이 때문에 로프노르 지역의 로우란과 같은 고대유적들이 폐허가 되었다고 한다(陳汝國 1987a; 1987b; 黃文房 1987).

둘째, 로프노르의 위치와 이동의 문제이다. 헤딘이 '1500년 주기로 방황하는 호수설'을 제기한 이래, 많은 학자들이 이 이론을 인정하고 있었다. 이에 대해 보고서는 다음과 같이 반박하고 있다.

로프노르는 타림 분지의 가장 낮은 지점이어서, 호수의 물이 다른 곳으로 나가거나 거꾸로 흐를 수 없다. 호수로 유입되는 이사(泥沙)의 양이 매우 적고, 말라버린 후에는 단단한 염각으로 변한다. 따라서 단기간 내에 호저(湖底, 호수 바닥) 지형이 극적으로 변할 수는 없다. 호저 침적물의 연대측정결과 로프노르는 줄곧 타림 분지의 물이 모이는 중심(匯水中心)이었다. 헤딘의 주장은 전혀 실제성이 없는 추론이었다(夏訓誠·樊自立 1987a, 68-77).

중국과학원 고찰대의 보고 중 특히 이 두번째 사항은 '로프노르 논쟁'의 핵심에 있는 헤딘의 이론을 결정적으로 뒤집는 것이기에 매우 중요하다. 따라서 비교적 자세하게 살펴볼 필요가 있다(夏訓誠·樊自立 1987a 참조).

지도에서 보면 타림 분지의 동부에 과거 3개의 상대적으로 낮은 호수의 흔적이 발견된다. 가장 남쪽의 것이 타이터마호(臺特馬湖), 중간의 것이 카라쿠쉰호(喀拉庫順 또는 喀拉和順), 가장 북쪽의 것이 로프노르(羅布泊)이다. 이 세 개의 호수들은 서남-동북 방향으로 존재한다. 과거 기록에서 이 세 호수들은 명확히 구분되지 않았다. 타이터마호와 카라쿠쉰호를 '로프노르'라 부른 적도 있다. 따라서 이 세 호수의 상호관계를 밝히면, 로프노르가 '방황하는 호수'인지 아닌지를 알 수 있다는 것이 보고서 주장의 출발점이다.

타이터마호는 카라부랑하이(喀拉布浪海)라고도 불렸다. 호수 바닥은 해발 807m이고, 현재 고갈되었다. 카라쿠쉰호는 호수 바닥이 해발 788m이고, 이미 고갈되어 최근에 출간된 지도에는 나타나지도 않는다. 담수성 소라껍질들이 발견되는 것으로 보아 프르제발스키와 헤딘이 담수호로 보고한 것은 옳았다. 로프노르는 호수면의 해발이 780m이며, 호수 바닥은 778m이다. 중간에 약간 높은 부분(782m)이 호수를 동서로 양분하며, 남쪽으로 물길이 있어 동부와 서부가 통한다. 서부는 면적이 비교적 작고 남북으로 긴 형상이며, 로프노르에서 가장 늦게 고갈된 부분이다. 이 로프노르 서부 호수의 호안에는 호수의 축소 흔적이 뚜렷할 뿐만 아니라, 염각 역시 갈라지고 들려진 흔적이 심한 것으로 보아, 호수가 여기서 머무른 시간이 비교적 길다는 것을 알 수 있다.

타이터마호와 카라쿠쉰호는 고갈되었지만 흔적이 남아 있는 하도를 통하여 서로 연결된다. 카라쿠쉰과 로프노르 역시 고갈된 하도를 통하여 서로 연결된다. 이 하도가 로프노르에 들어가는 곳은 항공사진으로 보면, 물이 갈라져 흐른 흔적이 뚜렷하게 나타나며, 4개의 중첩된 삼각주가 연이어 호수 가운데로 뻗어 있는 것을 볼 수 있다. 이 삼각주들은 4세기 이후, 콩췌강(쿰다리야, '모래의 강')이 남류하여 타림강으로 들어가, 수량이 크게 증

대하고 수중의 모래 함유량이 상대적으로 커지면서, 호수로 들어오는 곳
에 점진적으로 침적되어 형성된 것이다. 로프노르의 위성사진에는 '귓바퀴
선'과 같은 여러 개의 동심원 형상이 보이는데, 남쪽의 뚜렷한 4개의 귓바
퀴와 같은 동심원은 위에서 언급한 4개의 삼각주와 서로 대응하는 것이다
(夏訓誠·樊自立 1987a, 71-74).

　　보고서는 이상의 검토를 통해 다음과 같이 결론을 내리고 있다. 첫째,
로프노르 지역의 타이터마호와 카라쿠쉰호는 서로 나누어진 것이 아니다.
하도를 통해 '구슬들이 실에 꿰인 것처럼 서로 연결된 호수(천주호)'로서,
타림강과 처얼천강(車爾臣河)에서 호수로 유입되는 수량에 특수한 변화가
발생하지 않는 한, 물은 일반적으로 타이터마호나 카라쿠쉰호에 먼저 유
입된 뒤, 마지막으로 로프노르로 들어갔다.

　　둘째, 카라쿠쉰호가 담수호였다는 사실은 19세기 말까지 로프노르가
계속적으로 카라쿠쉰호로부터 물을 공급받고 있었으며 고갈되지 않았다
는 것을 말해준다. 타림강이 카라쿠쉰호에 물을 공급한 후, 물은 카라쿠쉰
에서 정체해 있었던 것이 아니라 하도를 따라 로프노르로 들어갔다. 따라
서, 카라쿠쉰호는 결코 종점호수가 아니다. 로프노르가 타림강과 콩췌강
의 종점호였다고 할 수 있다.

　　셋째, 타이터마호, 카라쿠쉰호, 로프노르 중 로프노르가 해발고도가
가장 낮다. 따라서 타림 분지 주위의 산지에서 발원하는 하천들은 로프노
르 지역에 이르면 최후에 로프노르로 들어가려 할 것이다. 이러한 지형적
제한으로 인하여 호수는 임의적으로 이동할 수 없다. 카라쿠쉰호는 로프
노르에 비하여 해발 10m가 높다. 따라서 로프노르의 물은 카라쿠쉰으로
거꾸로 흐를 수도 없다.

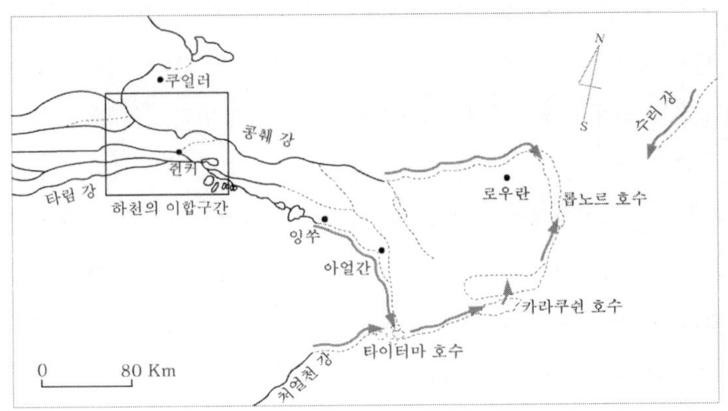

〈그림 4-5〉 중국과학원 고찰대의 '천주호-미천설' 개념도

　이상의 기본적인 지형학적 사실 확인과 더불어, 보고서는 로프노르 수계의 이합에 대하여 다음과 같이 설명하고 있다. 자연적 요인과 인간활동의 영향으로, 타림강과 콩췌강은 역사시대에 3차의 대규모 이합(離合)이 있었다. 4세기 초반 이후에서 5세기 이전 사이에 콩췌강은 하도를 변경하여 타림강으로 들어갔고, 물은 남쪽에서 로프노르로 흘러 들어갔다. 1921년 타림강이 하도를 변경하여 라이강(拉依河)을 따라 콩췌강에 들어갔고, 북쪽에서 로프노르로 흘러 들어갔다. 1952년 라이강 하구에 둑을 쌓아 두 강(타림강과 콩췌강)을 분류(分流)시키자, 콩췌강은 로프노르로 흘러 들어갔고, 타림강은 타이터마호로 흘러 들어갔다.

　콩췌강과 타림강의 이러한 이합관계는 로프노르 호수 범위의 크고 작음에 일정한 영향을 주었다. 타림강이 콩췌강에 합류하여 북쪽에서 로프노르로 흘러 들어갈 때는, 연도에 호소(湖沼)가 많지 않아 수량의 손실이 비교적 적고, 로프노르 호수의 수체도 비교적 컸고, 위치 역시 북쪽으로 치우쳐 있었다. 반면에 콩췌강이 타림강에 합류하여 남쪽에서 로프노르로

흘러 들어갔을 때는, 연도에 카라쿠쉰호 등의 호소를 지났다. 그래서 침투
와 증발 등으로 인한 수량의 손실이 비교적 컸고, 로프노르 호수의 수체는
비교적 작았고, 위치 역시 남쪽으로 치우쳐 있었다.

  그러나 타림강과 콩췌강이 합류하여 남쪽으로 흘렀건 북쪽으로 흘렀
건, 아니면 각자 분류하여 양쪽으로 흘렀건 지형의 영향으로 인하여 최후
에는 모두 로프노르로 흘러 들어가야만 했다. 따라서 타림강과 콩췌강의
수량이 현저히 감소하지 않는 한, 로프노르는 항상 물이 담겨지고 머무르
는 호수였다. 그 형상에 다소간의 변화가 있었을 뿐, '방황하거나 교체되는
호수'였을 가능성은 없다(夏訓誠·樊自立 1987a, 74-75). 이상의 주장을 이전
의 주장들과 대비하여 '천주호-미천설'이라 한다(〈그림 4-5〉).

3. 로프노르 논쟁의 종결과 새로운 문제들

  중국과학원 고찰대의 보고를 끝으로, 로프노르에 관련된 긴 논란은 종
결된 것으로 평가된다. 그러나 문제는 여전히 남아 있다. 로프노르 논쟁과
역사시대 로프노르 지역의 환경 변화문제를 해결할 수 있었던 것은 현재
의 고갈상태와 그 원인에 착안한 것이라면서도, 어떤 이유에서인지 이 보
고서는 로프노르의 '현상태', 즉 '호수의 물이 완전히 사라져버린 원인'에
대해 설명하지 않고 있다.[11] 그들의 보고서 마지막에는 다음과 같은 구절

----

11 중국과학원 고찰대의 리더였던 샤쉰청(夏訓誠)은 2001년 3월『중화공상시보』(中華工商時
報)와의 인터뷰에서 로프노르 논쟁과 역사시대의 로프노르 지역 환경 변화문제를 해결할 수
있었던 것은 현재의 로프노르의 고갈 원인이 인위적인 것이라는 데 주목했기 때문이라고 밝혔

이 있다.

　　따라서 **타림강과 콩췌강의 수량이 현저히 줄어들지 않는 한**, 로프노르는 항상 물이 있는 호수였고, 그 형상이 다소 변화하긴 했지만, '방황하거나 교체되는 호수'였을 가능성은 없다(夏訓誠·樊自立 1987a, 75; 강조는 필자에 의한 것임).

　　여기서 '타림강과 콩췌강의 수량이 현저히 감소하지 않는 한'이라는 구절은 그간의 논쟁과정에서 제기된 로프노르의 위치문제를 해결하기 위한 전제로 사용되고 있다. 그러나 이 전제는 로프노르의 완전한 고갈이라는 현상태의 설명에도 도입될 수 있다.

1972년 로프노르 호수가 완전 고갈된 직접적인 원인은 타림강과 콩췌강의 수량이 현저히 감소한 데 있었다. 그렇다면 타림강과 콩췌강의 수량이 급감한 원인은 무엇인가 하는 문제가 남는다. 문헌기록, 탄소연대측정, 화분분석 등을 통해, 역사시대 동안 그리고 현재에 타림 분지의 기후에는 타림강이나 콩췌강을 단류시킬 정도의 커다란 변화가 없었다는 것이 확인되었다(樊自立 1987, 95-105; 夏訓誠·樊自立 1987b, 106-113). 반면에 쿤룬 산맥과 톈산 산맥의 빙하와 만년설이 줄어들고 있다는 것은 보고되고 있다.[12] 그러나 빙하와 만년설이 줄어드는 것이 타림강과 콩췌강의 수량에

다. 그가 그 '인위적인 것의 내용'이 무엇인지에 대해서는 구체적으로 말하지 않았지만, 로프노르의 고갈이 있었기 때문에 로프노르의 위치 및 성격에 대한 세기에 걸친 논쟁에 종지부를 찍게 된 것은 하나의 아이러니라고 할 수 있다. 바로 여기서 로프노르의 위치 및 성격에 대한 자연지리학적 논쟁이 환경논쟁으로 옮겨갈 여지 또한 갖게 된다.

12 톈산 산맥 북사면 416개의 빙하를 조사한 연구에 의하면, 1955~2000년 사이에 매년 평균 2km²의 빙하가 사라졌다고 한다((Royal Geographical Society, 2003).

단류를 일으킬 정도는 아니었다. 적어도 1972년 이전에 빙하와 만년설이 급격히 줄어들고, 그에 따라 1972년 이전에 타림강과 콩췌강의 수량이 현저히 감소했다는 사실이 확인되어야만 로프노르 고갈의 원인으로서 '빙하 수축설'이 성립할 것이다. 하지만 타림강 상류의 4개 지류들[허톈강(和田河), 튀스간강(托什干河(阿克蘇河)), 예얼창강(葉爾羌河), 콩췌강(孔雀河)]의 유량만 계산하여도 연간 유량은 현재 256억m^{3}로서, 황하 연간 유량의 절반에 해당한다(樊自立·胡文康 2002, 100).

따라서 1972년 이후 로프노르의 완전 고갈은 타림강 상류부의 융빙수, 융설수가 나타나는 지점에서부터 로프노르에 이르는 구간의 어느 지점에서 물이 이전과는 달리 배분되고 있다는 것에서 원인을 찾을 수밖에 없다.

여기서는 그 원인으로 1949년 이후 타림 분지에서 진행된 급격한 토지 이용 변화, 특히 신장 생산건설병단에 의한 관개농업의 확대에 주목하고자 한다. 그것은 바로 다음 장의 주제이다.

제5장

중국 서북지역의 토지이용 변화와 사막화
신장 생산건설병단과 타림 분지의 사례

중국 북방 건조지역 중 서북지역 사막화 현상의 대표적인 사례로 신장 웨이우얼 자치구의 타림 분지를 살펴보고자 한다. 중국의 서북지역에서는 17세기 이래, 특히 중화인민공화국 성립 이후 지난 50여 년 동안 급격한 환경 변화가 있었다. 그 주요 변화 내용 중의 하나가 사막화 내지 황막화 현상이라는 데는 이론의 여지가 없다(申元村·張克斌·王賢, 2001). 이들 지역의 사막화는 사진폭으로 이어져 인접국가들에까지 큰 영향을 미치고 있다.

사막화 토지면적이 확대되는 한편으로 사막화의 강도 역시 강화되어, 사막호수(沙漠湖水)들의 면적이 감소하거나 사라지는 현상 또한 나타나고 있다. 이러한 현상은 지하수위의 변동이나 식물상의 변화를 수반하며 나타난다. 동시에 사막호수 주변 모래들의 안정이 무너져 바람에 의해 쉽게 날릴 수 있다는 것을 의미한다.

1950년 이후 중국에서 대규모 재해를 유발하는 강력한 사진폭 발생 지역은 집중되어 왔고(韓茂莉·程龍, 2002, 53), 그 대부분이 사막호수들이 사라진 지역들이었다. 중국 서북 건조지대의 사막호수들은 대부분 고산지대의 융빙수나 융설수에 근원을 두는 내륙하천들에 의해 물이 공급된다. 따라서 사막호수들의 면적이 감소하거나 사라졌다는 것은 빙하나 만년설지대로부터 사막호수에 이르는 구간의 내륙하천 수계에서 중요한 변화가 있었다는 것을 말한다.

여기에서는 신장웨이우얼 자치구 타림 분지 내 로프노르 호수의 사례를 통해 내륙하천 수계의 변화를 추적해보고자 한다. 제4장에서 이미 살펴보았듯이, 로프노르는 변함없이 그 자리에 있었고 그 성격 역시 변함없이 염호였다. 하지만 그간 위치와 성격에 대하여 논란이 있었던 것은 하천수의 유입 방향과 수량에 변화가 있었던 것에서 기인한다. 이러한 하천의 변화는 역사시대와 현재 모두에 있어서 로프노르 상류부의 물 사용의 변화에 따른 것이었다. 특히 상류부의 물 사용이 급격히 증가한 1950~1960년대를 거치면서 물을 공급하는 하천들의 수량이 감소하여 로프노르가 고갈되었고, 하천의 길이마저 축소되는 현상이 발생했다.

신장웨이우얼 자치구 타림 분지 내의 여러 가지 통계지표들을 분석한 결과 이러한 현상의 발생에는 신장 생산건설병단에 의한 토지이용 변화가 큰 영향을 미쳤던 것으로 파악되었다. 따라서 신장 생산건설병단의 성립 배경과 조직에 대해 살펴보고, 이 조직에 의한 토지이용 변화가 어떠한 방식으로 이루어졌으며, 그것이 어떠한 경로로 사막화(내지 황막화)를 초래했는지 살펴보고자 한다.

로프노르에 물을 공급했던 내륙하천 타림강은 중국 서북 건조지대 수계의 특성을 전형적으로 보여주고 있다. 따라서 이 수계에서의 토지이용 변화에 대한 추적을 통하여 조건이 유사한 다른 지역에서의 변화 양상을 추론할 수 있을 것이다.

1. 연구지역 개관

1) 자연환경

타림 분지는 톈산 산맥과 쿤룬 산맥 사이에 위치한 중국 최대의 내륙 분지이다. 동서 길이가 약 1,500km, 남북 폭이 약 600km에 이르며, 전체 면적이 약 70만km²에 이른다. 분지 가운데 타클라마칸 사막이 자리 잡고 있으며, 산지와 사막의 경계지대에 전통적인 오아시스 취락들이 위치하고 있다.

중국어로는 '타리무'(塔里木)라고 부르지만, 국제적으로는 '타림'(Tarim)으로 불린다. '타림'이라는 말은 본래 위구르어로서 '고삐 없는 말'(無繮之馬)이라는 뜻이다. 타림강이 극심한 유로 변동을 보이기 때문에 사용된 것으로 보인다(崔乃夫, 2002, 6258). 한편으로 '타림'은 위구르어에서 '호수 또는 사막으로 유입하는 하천의 지류'를 의미한다는 설이 있다(牛汝辰, 1994, 152). 이 경우 이 하천의 망류(網流)하는 내륙하천으로서의 특징을 나타내는 것으로 볼 수 있다. 그 내부에 타림강이 위치하기 때문에 분지 명칭으로 사용되었다.

타림강은 중국 서북 건조지역에서 가장 크고 전형적인 내륙하천이다. 길이는 2,100km이며, 전체적으로 서남에서 동북으로 흐르다가 최후에 로프노르 호수로 주입된다. 하천수의 공급원은 주로 쿤룬 산맥과 톈산 산맥의 융설수이다. 타림강의 상류부에 퇴스간강, 카스가얼강(喀什噶爾河), 예얼창강, 허톈강과 수십 개의 크고 작은 지류가 있어 분지 주변에서 중앙으로 흐른다. 앞의 네 개의 강이 모여 타림강의 본류를 형성하는 지점의 해발고도는 약 1,400m이며, 로프노르에 이르면 약 780m로 하강한다.

강수량은 산지에서 분지 내부에 이를수록 하강한다. 남부 산지는 연강수량이 100~400mm이나, 분지 중앙의 사막에서는 20~50mm정도에 불과하다. 대규모 사막이 있고, 기후가 건조하며, 강한 바람이 분다. 그러다 보니 모래폭풍으로 인한 재해가 빈번하게 발생한다.

건조지역임에도 여름에 홍수가 발생하는 경우가 종종 있다. 쿤룬 산맥과 톈산 산맥의 융설수와 강수가 겹치는 시기에 발생하는데, 지표가 모래성분 위주이기 때문에 주로 하도변경(유로변동)의 형태로 나타난다.

2) 인문환경

타림 분지는 인간이 거주하기에 적합하지 않은 환경이다. 하지만 부분적으로 오아시스들이 있어서 고대부터 촌락과 도시들이 발달하여 왔다. 이러한 오아시스 촌락과 도시들은 실크로드를 구성하는 주요한 거점들로서 기능했다. 톈산 산맥의 남쪽과 타클라마칸 사막 북쪽 사이에 위치한 오아시스들을 지나는 실크로드를 천산남로(天山南路) 혹은 막북로(漠北路)라고 부르며, 쿤룬 산맥 북쪽과 타클라마칸 사막 남쪽 사이에 위치한 오아시스들을 지나는 실크로드를 막남로(漠南路)라고 부른다.

타림 분지 남부 오아시스에 존재했던 고대 도시들의 소멸 시기와 원인을 살펴보면 〈표 5-1〉과 같다. 대부분 하천 변화로 인해 물을 공급받을 수 없게 되면서 쇠퇴의 길로 접어들었다. 이러한 하천 변화는 물길이 다른 방향으로 새로 트여 바뀌거나(하도 변경, 유로 변동, 河流改道), 수량이 줄어 물길이 끊어지거나 하천의 길이가 짧아지는 형태(하류 위축, 하류 단류, 河流

斷流)를 띠고 있었다. 중국의 연구자들은 기후 변화로 인한 융설수량의 변화와 하천 상류부에서 인위적 활동에 의한 물 분배 체계의 교란이 결합되어 나타난 것으로 보고 있다(劉東生 2004, 148-150).

〈표 5-1〉 타림 분지 남부에 존재했던 고대 오아시스 도시의 소멸시기와 그 원인

하천	고대국가명	도시	소멸시기	소멸원인	현상태
콩췌강 하류, 타림강 하류, 미란강 중류, 뤄창강 중류	누란국 (樓蘭國) (漢晋時期)	로우란	6세기	하도 변경	풍사지
		하이터우	5세기	하도 변경	풍사지
		이쉰	5세기	전쟁	풍식 유사지
		우니	5세기	전쟁	오아시스
체모강 하류	차말국 (且末國)	체모고성	미상	하도 변경	유동사구와 풍식지
안디얼강 하류	토화라국 (吐火羅國) (唐時期)	아커카오치란커	7세기	하도 변경	유동사구와 풍식지
		티잉무	15세기	하도 변경	유동사구와 풍식지
		다우쯔러커	15세기	하도 변경	유동사구와 풍식지
니야강 하류	정색국 (情色國) (漢時期)	칭써위안	4~5세기	하류 단류	풍식 유사지
		니랑성	8세기	하류 단류	풍식 유사지
커리야강 하류, 다마거우강 하류	탁미국 (托彌國) (漢時期)	커라둔	4~5세기	하도 변경	풍식지와 사구
		단단우리커	8세기	하도 변경, 단류	풍식 유사지
		우쩡타티, 우리자티	11세기	하류 단류	풍식 반고정사구
		카라친	15세기	하류 단류	풍식 반고정사구
		터터얼거라무	11세기	하류 단류	풍식 반고정사구
		라오다마거우	19세기	하류 단류	풍식 반고정사구
허텐강 중하류	우전국 (于闐國) (漢時期)	아커쓰피얼	13세기	하도 변경, 전쟁	유동사구
		파러마쓰	13세기	불명	유동사구
		마자타거	10세기	전쟁	풍사지
		웨터간	9세기	불명	오아시스
피산현 경내 독립수계들 주변	피산국 (皮山國) (漢時期)	아싸이후쟈	9세기	하도 변경	유동사구와 풍식지
		아쯔우쟈무	3세기	하도 변경	유동사구와 풍식지
		커쯔러타무	3세기	하도 변경	유동사구와 풍식지
		위지미리커	3세기	하도 변경	유동사구와 풍식지
		부터러커		하도 변경	유동사구와 풍식지
		야아치우이리커	13세기	하도 변경	유동사구와 풍식지
		어치마이리커	15세기	하류 단류	유동사구

출처 : 韓茂莉·程龍(2002, 101-102), 劉東生(2004, 149)을 교정하여 인용.

<표 5-2> 청대 이후 신장 전체 및 타림 분지 인구의 변화

(단위: 만 명)

지역	1776(乾隆41)	1820(嘉慶25)	1874(同治13)	1953	2000
신장 전체	86.2	110.5	-	478.4	1,845.9
타림 분지	58.7	69.9	101.5	337.9	872.6

자료 : 1776, 1820, 1953년(曹樹基 2001, 445-446), 1874년(Hedin 1905; 王安洪·崔延虎 譯 1997, 785), 2000년(新疆維吾爾自治區人口普查辦公室 2002).

2000년 현재 타림 분지의 인구는 약 872.6만 명이다. 신장웨이우얼 자치구 전체 인구의 약 47.3%를 차지하고 있다. 청대 이후 신장 전체와 타림 분지의 인구의 변화(<표 5-2>)를 살펴보면, 19세기 말 이래 인구의 급격한 증가가 있었음을 알 수 있다. 특히 청대와 최근의 인구수를 비교해보면 최근의 인구 증가폭이 얼마나 큰지 알 수 있다. 1776~1874년의 약 100년 사이 인구가 42.8만 명 증가한 데 반해 1874~1953년의 약 80년 사이의 인구는 236.4만 명이나 증가했다. 1953~2000년 사이 47년간 인구는 534.7만 명으로 폭발적인 증가를 했다.

인구가 증가하면서 기존의 오아시스나 그 주변지역 도시가 큰 규모로 성장했다. 특히 1950년대 타림 분지 내에서 신장 생산건설병단의 성립과 함께 농업사단 본부가 자리 잡게 된 아커쑤시(농업1사단), 쿠얼러시(농업2사단), 카스시(농업3사단), 허톈시(허톈 관리국) 등의 도시는 2006년 현재 그 인구가 각각 57만, 42만, 35만, 47만으로 성장했다. 이들 주변의 현들 역시 농업사단 관할하의 단·장(연대급)이 주둔하면서 급속한 성장을 보였다.

2. 신장 생산건설병단의 조직과 인구구성

1) 신장 생산건설병단의 성립과 조직

1949년 중화인민공화국 성립 이후 중국 건조지대의 중요한 토지이용 변화 중 하나로 관개농업의 급격한 확대를 들 수 있다. 관개농업의 확대는 건조지역의 물 분배 시스템을 인위적으로 변화시켰다. 그러한 인위적 변화는 작물에 의한 물 소비와 지표에 의한 흡수 내지 증발산을 강화시켜 플라야(playa) 지역으로 흘러 들어가야 할 물의 양을 감소시켰고 결과적으로 하천 하류부의 오아시스 지역에 사막화 현상을 가져왔다.

1949~1998년 사이 중국의 주요 건조지역인 네이멍구 자치구, 간쑤성, 신장웨이우얼 자치구의 관개면적은 각각 626%, 207%, 2,667%의 증가를 보였다(제3장 참조). 신장웨이우얼 자치구의 관개면적 증가가 가장 컸음을 알 수 있다. 신장 지역의 이러한 관계면적 확대의 배후에는 신장 생산건설 병단이라는 조직과 외지 인구의 유입이 자리 잡고 있다.

신장 생산건설병단의 성립과정은 1949년 9월 왕전(王震)이 이끈 8만 9,000명의 인민해방군이 신장에 진입하는 것에서 시작된다. 이를 통하여 신장은 사회주의 중국의 완전한 지배하에 놓이게 되었다. 지역적 중요성을 감안하여 그해 12월 신장 군구(新疆軍區)가 정식 성립되었다.

중국 공산당은 오랜 내전을 마치고 사회주의 정권을 성공적으로 수립했다. 그러나 혁명 초기 식량 생산과 공급은 어려운 상황이었다. 곧 혁명의 주력이었던 인민해방군이 식량생산투쟁에 돌입하게 되었다. 그에 따라 신장 군구는 1950년 1월 '대생산명령'(大生産命令)의 체계 속에서 활동하게 되었다. 1954년 10월 7일 중앙군사위의 명령으로 중국인민해방군 신장 군구 생산건설병단이 정식 성립했고(성립대회는 12월 7일 거행), '생산을 위주로 하면서 국방을 겸하는 조직'으로 변화하게 되었다(新疆維吾爾自治區地方志編纂委員會 1998, 15).

이러한 성격의 조직은 중국 역사 속에서 종종 찾아볼 수 있는 둔전병제도(屯田兵制度)와 유사하다. 현대에 와서 변강에 속하는 신장, 간쑤, 네이멍구 등의 지역에 이러한 성격의 조직이 성립된 것은 역사적 경험의 결과라고 할 수 있겠다.[1] 특히 1930년대 옌안 시기에 옌안 동남부의 난니만(南泥灣) 지역에 왕전을 여단장으로 하는 359여단을 파견하여, 채소, 식량 및 일부 군수물자를 공급하게 한 경험은 건국 후 군대가 생산활동에 참여하게 되는 근거가 되었다. 당시 여단장이었던 왕전이 1956년 중앙정부에 농업개간부(農墾部)가 창설됨과 동시에 부장으로 임명되어 생산건설병단을 총괄 지휘했다는 사실 역시 이와 무관하지 않다(車榮九 1979, 158-159).

역사 속 둔전제와 마찬가지로 신장 생산건설병단의 성립은 장기간의 내전에서 성장한 무장병력의 안치, 국경의 수비, 소수민족지구의 안정을 위한 무력의 확보라는 중요한 의미를 지니는 것이었다. 특히 중국과 소련

---

[1] 역사 속의 이러한 성격의 조직과 관련하여서는 趙子征(1996), 華立(1998), 馬汝珩·成崇德(1998)의 연구를 참고할 수 있다. 중화인민공화국 성립 이후 12개의 생산건설병단과 3개의 독립농건(간)사(獨立農建(墾)師, 독립농업건설(개간)사단)가 조직되었다. 현재까지 조직이 남아 있는 것은 신장 생산건설병단뿐이다. 각 생산건설병단과 독립농건(간)사의 성립과 폐지연도는 다음과 같다. 신장 생산건설병단(1954~현재), 헤이룽장 생산건설병단(1966~1976), 란저우 생산건설병단(1969~1973), 광저우 생산건설병단(1969~1974), 네이멍구 생산건설병단(1969~1975), 장쑤 생산건설병단(1969~1975), 안후이 생산건설병단(1969~1975), 푸젠 생산건설병단(1969~1974), 윈난 생산건설병단(1970~1974), 저장 생산건설병단(1970~1975), 산둥 생산건설병단(1970~1975), 후베이 생산건설병단(1970~1972), 시짱 농건사(1969~1975), 장시 농건사(1969~1975), 광시 농건사(1970~1974). 이상에서 보듯이 신장 생산건설병단이 가장 이른 시기에 창설되고, 현재까지 유지되고 있는 유일한 조직이다(兵團戰友(http://www.bingtuan.com)).

의 국경 분쟁과정에서 병단은 무장 억지력으로 기능했다. 초기의 신장 생
산건설병단 조직은 군사화되어 있었다. 집체생활을 하며, 생산건설과 정
규군의 대소련 방어지원을 했음은 물론 현지 소수민족에 대한 정치교육과
기술지도 등을 수행했고 민병의 군사교육, 반란진압 등의 역할을 수행했
다. 현재는 완화되어 있지만, 일반적으로 경보병 무기를 소지하며, 하루
평균 8~9시간의 노동을 하고, 월 1회의 정규군사교육, 주 2회의 기회군사
교육을 받았다(車榮九 1979, 159).

　2000년 현재 신장 생산건설병단은 242만여 명의 인구를 보유하고 있
다. 신장웨이우얼 자치구 전체 인구 1,846만여 명 중 약 13% 정도이다.
경지면적은 신장웨이우얼 자치구 전체 경지면적의 1/3 정도이다. 하부조직
으로는 직할대(兵團直屬), 물품공급조직(供銷總公司), 하미 관리국(哈密管理
局), 허톈엔 관리국(和田管理局), 우루무치 관리국(烏魯木齊管理局), 교통국
(交通局), 경제무역위원회(經貿委), 국제무역국(外經貿局), 상사조직(商務集
團公司, 物産集團公司), 공병사단(建工師), 10개의 농업사단(農師) 등이 있다.

　이러한 조직들 중 이 글의 주제와 관련하여 주목되는 것이 농업사단이
다. 이 조직이 신장 생산건설병단의 핵심조직이며, 성립취지에 따라 농업
과 목축업 등을 실행하면서 군대의 기능을 동시에 수행했다. 그 하부는
연대급(團·場) ―대대급(營) ―중대급(連) 조직으로 이루어져 있다. 신장
생산건설병단 주요 조직의 상황과 농업사단급 조직의 인구 및 경지면적
변화를 나타내면 〈표 5-3〉과 같다.

<표 5-3> 신장 생산건설병단 주요 조직의 구성과 변화

조직명	소재지	단(團)·장(場) 수	인구, 경지면적 (만 명, 천ha)	연도							
				1954	1965	1978	1980	1985	1990	1995	2000
농1사 農一師	아커쑤 阿克蘇市	16단	인구		17.45	20.47	22.32	20.10	18.52	22.86	26.76
			경지면적	7.79	81.65	82.85	84.77	83.19	88.53	101.24	139.00
농2사 農二師	쿠얼러 庫爾勒市	17단	인구		11.31	16.46	21.32	20.08	18.83	19.62	19.56
			경지면적	13.15	62.05	60.97	60.20	57.99	55.27	58.64	65.73
농3사 農三師	카스 喀什市	12단6장	인구		-	12.78	13.29	13.58	13.72	15.78	17.93
			경지면적			48.27	51.65	53.87	55.20	54.73	68.50
농4사 農四師	이닝 伊寧市	19단2장	인구		14.22	23.75	23.89	22.08	21.26	21.62	21.42
			경지면적	9.21	103.85	104.87	105.01	99.76	98.93	100.00	103.66
농5사 農五師	보러 博樂市	11단	인구	0.10	5.99	7.22	7.64	7.12	7.27	9.72	10.83
			경지면적	2.05	33.05	26.65	27.41	29.37	36.73	46.07	51.40
농6사 農六師	창지 昌吉市	10단9장	인구	1.50	7.96	26.82	26.46	25.93	25.36	26.14	27.63
			경지면적	10.47	65.04	136.10	138.62	141.89	150.00	153.92	172.00
농7사 農七師	쿠이툰 奎屯市	10단	인구		21.69	17.94	20.38	19.90	19.47	19.88	20.90
			경지면적	14.11	194.54	76.99	81.80	83.32	83.90	78.80	89.03
농8사 農八師	스허쯔 石河子市	17단1장	인구		19.83	52.76	51.99	51.82	49.84	40.61	53.10
			경지면적	11.97	151.39	195.43	185.40	183.25	184.40	175.11	184.13
농9사 農九師	어민 額敏市	10단1장	인구		-	7.68	8.05	7.19	7.12	7.21	6.76
			경지면적		-	81.18	83.19	81.83	80.00	84.63	78.60
농10사 農十師	베이툰 北屯鎭	10단1장	인구		4.65	8.16	8.02	7.74	6.29	6.84	7.28
			경지면적	7.58	35.81	43.23	42.13	49.48	50.60	37.40	49.52
건공사 建工師	우루무치 烏魯木齊市	-	인구		-	-	-	6.27	6.11	6.49	5.79
			경지면적		-	-	-	3.29	3.13	3.61	6.43
우루무치관리국 烏管局	우루무치 烏魯木齊市	1단5장	인구		-	5.54	4.69	4.63	4.85	5.28	5.86
			경지면적		-	24.54	21.09	20.49	20.60	19.98	19.54
하미관리국 哈管局	하미 哈密市	1단11장	인구		-	5.74	5.77	5.90	5.95	6.63	7.67
			경지면적		-	13.25	17.01	18.13	19.20	22.02	25.34
허톈관리국 和管局	허톈 和田市	1단2장	인구		-	2.04	2.02	1.90	2.04	2.26	2.47
			경지면적		-	4.85	4.74	4.51	3.20	3.64	4.03
합계		135단※ 38장	인구	1.60	103.10	207.36	215.84	214.24	206.63	210.94	233.96
			경지면적	76.29	727.38	899.18	903.02	910.37	929.69	939.79	1056.91

자료 : 金云輝 主編(1998), 新疆生産建設兵團統計年鑑編輯委員會(2001), 新中國五十年新疆生産建設兵團卷編輯委員會(1999).

주 : 인구 및 경지면적은 그래프에서 언급한 신장 생산건설병단 전체 상황과 약간의 차이가 있으며, 이는 참모조직들을 제외한 데에서 기인한다. 특히 1954년 통계에서 인구수는 큰 차이를 보이는데, 이는 각 農師級 조직이 정식으로 성립되지 않고 그 하부조직이 먼저 성립된 관계로 전체 통계만 있을 뿐, 農師級 통계가 없었던 까닭이다.

※ 농1사, 농2사, 농3사 및 허톈 관리국이 타림 분지 내에 위치하고 있다.

※ 표의 團·場의 합계 중 團의 수는 外經貿局에 속한 222團을 포함하면, 136개 團이 된다.

신장 생산건설병단은 성립 초기에는 신장 군구의 지휘를 받았지만, 시간이 지나면서 국영농장의 성격을 지니게 되었다. 특히 1958~1960년 사이의 대약진운동 시기에 인구 및 농장규모의 급속한 성장을 보게 되었다. 그러나 문화대혁명이 진행되면서 정치적 혼란으로 큰 손실을 입게 되었다. 이 와중에서 1975년 3월에는 중앙의 결정으로 신장 생산건설병단 전체가 지방정부에 이관되었다. 이로 인해 신장 생산건설병단 조직은 신장웨이우얼 자치구 인민정부 농업개간총국(農墾總局)의 지도를 받으면서, 그 하부의 주(州), 현(縣), 인민공사(人民公社)로 해체되었다. 그러면서 신장 생산건설병단은 국방과 생산의 임무 중 생산의 임무에 중점을 두는 조직으로 변질되어 갔다. 그러나 예상과는 달리 생산성은 향상되지 않았고, 오히려 재정적자에 시달리게 되었다. 결국 1978년 2월에 국무원의 결정으로 신장 농업개간총국이 국무원 농업개간부(農墾部)와 신장웨이우얼 자치구 인민정부의 이중지도(雙重領導)를 받게 되었다.

개혁개방 이후 1981년 12월 중앙의 결정으로 신장 생산건설병단 조직이 회복되었다. 그러나 공안, 검찰, 사법 부문은 자치구 정부의 지도를 받고, 생산과 노동 관련사항은 중앙정부 농업개간부의 직접 지휘를 받는 조직으로 변화된 상태였다. 군대적 성격의 지휘체계만이 본래의 모습으로 회복된 것이었다. 현재는 1981년에 개편된 조직체계를 따르면서, 가정연산승포제(家庭聯産承包制)와 같은 농업부문 개혁조치들을 수용하고 있다 (新疆維吾爾自治區地方志編纂委員會 1998, 16-49 참조).

2) 신장 생산건설병단의 인구구성

신장웨이우얼 자치구는 인구 중 소수민족의 비율이 한족보다 높은 지역이다. 전체 인구 중 소수민족 비율은 1949년 93.1%, 1993년 62.2%, 2000년 59.4%로 나타났다. 주요 소수민족으로는 위구르족, 카자흐족, 후이족, 몽골족, 키르키즈족 등이다. 2000년 현재 인구수는 각각 약 834.6만 명, 125.5만 명, 84만 명, 15만 명, 15.9만 명이다. 2000년 현재 한족 인구수는 749만 명이다.

1949~1994년 신장웨이우얼 자치구의 인구 변화〈그림 5-1〉를 살펴보면, 1950년대 말에 한족 인구가 급증하며, 이후 한족 인구 변화가 전체 인구 변화와 높은 상관관계를 가지고 있음을 알 수 있다. 1950년대 말의 한족인구의 급격한 증가는 외지인의 이주에 의한 것이다. 바로 신장 생산건설병단과 깊은 관련이 있다.

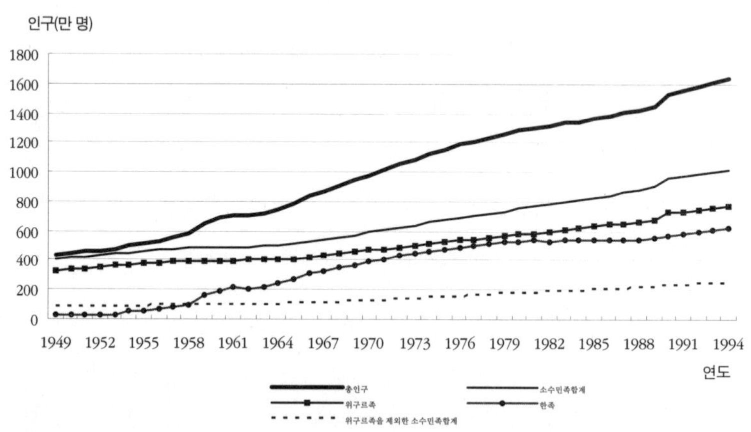

〈그림 5-1〉 신장웨이우얼 자치구 민족인구의 변화(1949~1994)

자료 : 新疆維吾爾自治區黨委宣傳部 等(1995).

신장 생산건설병단의 민족 인구구성〈그림 5-2〉을 살펴보면, 신장웨이우얼 자치구와 달리 한족의 비중이 월등히 높다는 것을 알 수 있다. 이는 신장 생산건설병단이 한족 위주로 구성된 군대조직이 진주하여 성립된 것이기 때문이다. 그리고 1954년 이후에 산둥(山東), 허난(河南), 허베이(河北), 간쑤(甘肅), 장쑤(江蘇), 상하이(上海), 톈진(天津) 등의 지식청년과 청장년층의 이주, 1961년 21만 명에 달하는 유랑자들의 이주, 1963년 12만 6,000여 명에 달하는 대도시 지식청년의 이주(新疆維吾爾自治區地方志編纂委員會 1998, 26-28) 등의 결과라고 할 수 있다. 이 외에도 노동개조(勞動改造) 대상 및 형기 만료자 등이 다수 유입되었다.

특히 1954년 이후에는 통계자료에 부녀자의 이주를 특별 기록하고 있다. 주로 남성으로 구성된 군대조직을 혼인을 통해 안치시키는 것이 중요한 과제의 하나였던 것으로 보인다. 초기에는 남성 혹은 여성 단독으로, 이후에는 결혼을 통하여 친가 및 배우자의 가족까지 유입되는 결과를 가져왔다. 시간이 지나면서 신장 생산건설병단 내의 소수민족 비율이 증가하고 있다. 본래 군대 내부에 있던 위구르족 이외의 소수민족의 증가 및 주둔지에 인접한 소수민족 촌락의 흡수와 통혼에 의한 것으로 보인다. 한편으로 이주자들 중에는 신장 생산건설병단 조직에 소속되지 않고, 별도의 인민공사나 생산대에 소속되는 사람들도 있었다. 유랑자를 포함한 다양한 부류가 여기에 해당한다. 이들 역시 신장 생산건설병단으로 인한 일종의 '변강특수'(邊疆特需)에 편승한 것으로서, 크게 보아 신장 생산건설병단의 영향이라고 볼 수 있다.

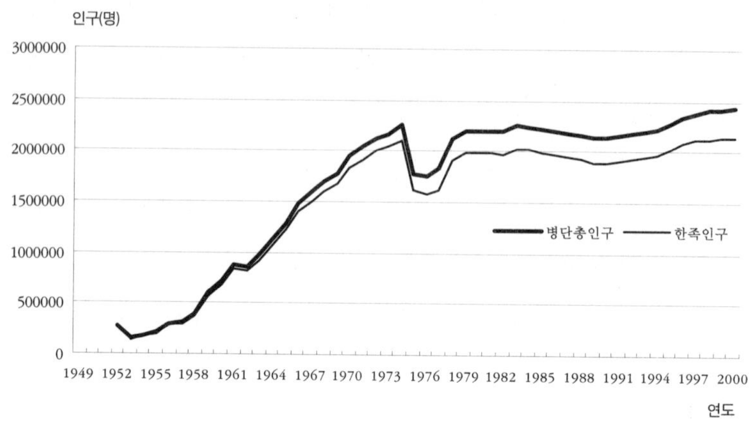

〈그림 5-2〉 신장 생산건설병단 인구변화(1951~2000)

자료 : 新中國五十年新疆生産建設兵團卷編輯委員會(1999), 新疆生産建設兵團統計年鑑編輯委員會(2001).

　1956년 말 이래 생산건설병단 참여 인원은 비록 농업에 종사했지만 군대의 특수조직에 참여하는 것이므로 호구제도 상에서 '비농업호구'(非農業戶口)로 분류되었다. 비농업호구는 월급을 받고 각종 혜택도 받았다는 것을 의미했다. 그런 이유로 생산건설병단에 대한 외지인들의 선호도가 높아졌다. 그러나 초기에 군대의 구성원으로 혹은 지식청년의 하향운동(下鄕運動)으로 이 지역에 정착한 사람들이 현재까지 항상 군인적 애국심에 충만해 있는 것은 아니었다. 필자가 2001년 4월 답사에서 만난 농2사(農二師) 27단(團) 소속 노인(73세)은 "청춘을 바쳤더니 평생을 바치라고 하고, 평생을 바쳤더니 아들 손자까지 바치라고 한다"(獻了靑春, 獻終身, 獻了終身, 獻子孫)고 하면서, 이민실변(移民實邊) 정책하에서 조형되고, 공간적 위치만큼이나 주변적인 변강에서의 삶에 대해 이야기했다.

　이러한 정서는 개혁개방 정책의 실행 이후 강화된 것으로 보인다. 지

158

식청년들의 '도시 복귀 풍조'(下鄕知靑回城風)에서 찾아볼 수 있다. 1980년 1월 약 3,700명의 상하이 출신 변강지원청년(支邊靑年)들이 아커쑤에 모여 상하이로 돌려보내 줄 것을 요구하는 시위를 벌였다. 이러한 시위는 신장 웨이우얼 자치구 곳곳에서 연중 끊이지 않았고, 그중 일부는 무단이탈까지 감행했다. 당국의 설득으로 1983년 8월 1만 5천 명의 지식청년들이 상하이에서 돌아왔다는 기록(新疆維吾爾自治區地方志編纂委員會 1998, 46)으로 보아 상당히 심각한 상황이었음을 알 수 있다. 1975~1983년 사이 신장 생산건설병단의 인구가 감소한 것(〈그림 5-2〉 참조)은 이러한 상황을 반영한다. 현재의 호구제도상에서 신장웨이우얼 자치구에 거주하는 신장 생산건설병단 소속 인원들이 베이징이나 상하이와 같은 대도시로 돌아가는 것에는 높은 제도적 장벽이 존재한다.

3. 신장 생산건설병단에 의한 토지이용 변화와 사막화

1) 신장 생산건설병단과 토지이용 변화

1949년과 1998년 신장웨이우얼 자치구와 그에 포함되어 있는 타림 분지의 오아시스와 인구 및 경지의 상황은 〈표 5-4〉에 나타나 있다.

1949~1998년 사이에 경지면적 증가량은 신장웨이우얼 자치구 전체가 2,626.5천ha, 타림 분지는 807.7천ha이다. 1998년 신장 생산건설병단 전체의 경지면적이 1,021.9천ha였고, 타림 분지 내 신장 생산건설병단의 경지

면적이 253.7천ha이므로, 이 기간 동안 신장웨이우얼 자치구 전체 경지면적 증가의 약 39% 정도와 타림 분지 경지면적 증가의 약 31% 정도가 신장 생산건설병단에 의한 것임을 알 수 있다.

앞서 언급했듯이 신장 생산건설병단으로 인한 '변강특수'로 이주했지만. 생산건설병단에는 소속되지 않은 사람들에 의해 개발된 경지면적까지 고려한다면 이보다 더 넓은 면적이 병단의 영향하에서 개발되었다고 볼 수 있다. 인공 오아시스는 경지뿐 아니라 도시, 촌락 등도 포함한다. 따라서 인공 오아시스 중 경지면적 비율이 54~62%대라는 것은 상당히 계획적으로 인공 오아시스와 경지가 개발되었음을 의미한다.

〈표 5-4〉 신장과 타림 분지 천연·인공 오아시스 면적과 경지면적 상황

(단위 : 천ha, %)

지 역	1949년			1998년				
	인공 오아시스	경지 면적	인공 오아시스 중 경지면적 비율	전체 오아시스	천연 오아시스	인공 오아시스	경지 면적	인공 오아시스 중 경지면적 비율
신장 전체	2,053.5	1211.6	59	13,571.4	7,380.9	6,190.5	3838.1	62
타림 분지	1,313.5	709.3	54	7,682.6	4,873.3	2,809.3	1517.0	54

출처 : 韓德林(2001, 24-25). 1949년의 천연 오아시스 면적 통계는 없음.

1954~2000년 사이 타림 분지 내의 신장 생산건설병단의 인구와 경지면적 변화〈표 5-5〉를 살펴보자. 인구는 66.72만 명으로 증가했고, 경지면적은 1,280% 증가했다. 인구와 경지면적의 증가는 주로 1980년대 이전에 급속하게 일어났다. 이렇게 급격한 인구 증가를 촉진하고, 외지로부터 유입된 인구들을 조직하여 토지이용에 직접적으로 개입한 가장 큰 조직이 신장 생산건설병단의 여러 하부조직 중에서도 농업사단이다.

<표 5-5> 타림 분지 신장 생산건설병단의 인구와 경지면적 변화

(단위 : 만 명, 천ha)

구 분	연 도							
	1954	1965	1978	1980	1985	1990	1995	2000
인 구	-	28.76	51.75	58.95	55.66	53.11	60.52	66.72
경지면적	20.09	143.70	147.85	201.36	199.56	202.20	218.25	277.26

자료 : 金云輝 主編(1998), 新疆生産建設兵團統計年鑑編輯委員會(2001), 新中國五十年 新疆生産建設兵團卷編輯委員會(1999).

타림 분지 내의 타림강 수계에 위치하는 농업사단급 조직은 농1사(農一師), 농2사(農二師), 농3사(農三師), 허텐 관리국(和田管理局, 和管局)이다. 이들 조직은 신장 생산건설병단의 여타 조직과 마찬가지로 1950~1960년대에 개간과 관개사업을 통해 집중적으로 경지를 확보했다.

타림분지 내의 생산건설병단을 포함하는 신장 생산건설병단 전체의 경지면적 및 파종면적 추이(<그림 5-3>)와 신장웨이우얼 자치구 전체 경지면적 중 관개지가 차지하는 비중(<그림 5-4>)을 통하여, 이 지역에서도 거의 대부분의 경지가 관개지임을 추정할 수 있다. 이러한 관개지의 증가는 타림강 수계의 물 분배 체계에 변화를 가져왔다. 하류로 갈수록 하천수량이 감소하게 되어, 로프노르와 같은 사막호수의 고갈과 하천 길이의 단축이 나타나게 되며, 지하수위 역시 하강하게 된다.

특히 <그림 5-3>에서 경지면적과 실제 파종면적에 차이가 나는 것은 이 지역의 지력의 문제와 토양 염류화에 의한 휴경 및 경지의 포기, 홍수로 인한 파종의 포기 때문이다. 이러한 사실 자체가 이 지역에서 경지화가 얼마나 모험적인 것인가를 말해준다. 관개지에는 논도 역시 포함된다. 타림 분지 내에서 벼농사가 이루어지고 있다.

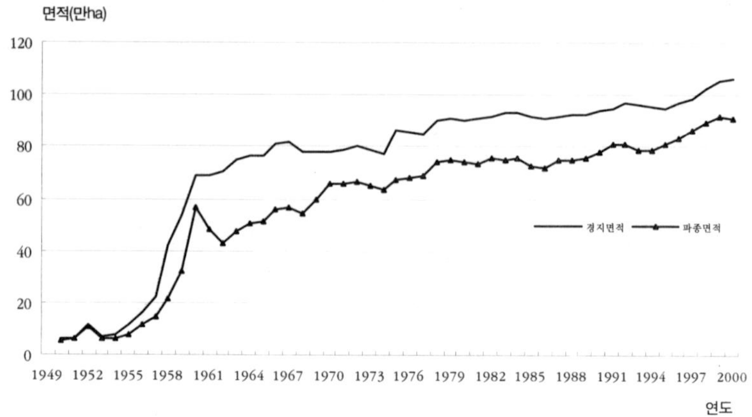

〈그림 5-3〉 신장 생산건설병단 경지면적과 파종면적 변화(1949~2000)

자료 : 新中國五十年新疆生産建設兵團卷編輯委員會(1999), 新疆生産建設兵團統計年鑑編輯委員會(2001).

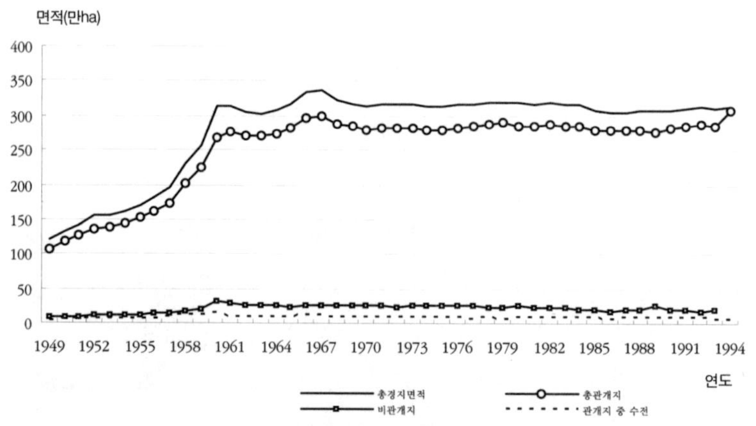

〈그림 5-4〉 신장웨이우얼 자치구 총경지면적과 총관개지(1949~1994)

자료 : 新疆維吾爾自治區黨委宣傳部 等(1995).

162

개간에 의한 경지면적의 확대와 관개지의 증가는 신장 생산건설병단 주둔지 주위에서 일어났다. 〈그림 5-5〉는 타림 분지 주변의 신장 생산건설병단의 농업사단과 단·장(연대급)의 위치를 나타낸 것이다. 아커쑤의 농업1사단은 아커쑤강과 타림 분지 중류지역을, 쿠얼러의 농업2사단은 보스텅호와 콩췌강 및 타림강의 하류를, 카스의 농업3사단은 타림강의 상류부인 카스가얼강과 예얼창강 유역을, 허톈 관리국은 허톈강의 상류부를 관할하고 있다. 타림강 수계 전역에 걸쳐 생산건설병단이 위치하고 있음을 알 수 있다.

확보된 경지에 일정량의 물을 공급하기 위해, 그리고 홍수를 조절하기 위해 댐 건설이 필요했다. 2000년 현재 타림 분지의 76개 댐(저수량 25.5억m³) 중 26개가 생산건설병단의 관할하에 있으며, 저수량은 16.81억m³에 달한다(石玉林 2004, 165). 타림 분지에서는 연간 지표수 378.24억m³ 중 260.72억m³(68.9%)가, 이용 가능한 지하수 148.22억m³ 중 2.25억m³(1.5%, 카나트 포함)가 관개 및 생활용수 등으로 사용되고 있다(新疆水利水電科學院 1998). 지하수 개발 역시 활발하게 진행되었다. 2000년 현재 타림 분지 내에는 5,242개의 기계화 관정이 존재한다.

〈그림 5-6〉은 타림 분지 내의 주요 저수댐의 분포를 나타낸 것이다. 농업사단과 단·장의 위치와 마찬가지로 타림강 수계 전반에 걸쳐 댐 건설이 이루어졌음을 알 수 있다. 댐의 대부분은 각 농업사단과 단·장(연대급)의 관할하에 있으며, 가두어진 물은 주로 관개용수로 사용되고 있다.

이러한 댐 건설 및 관개용수 사용으로 인해 타림강 중하류의 각 구간에서는 유량의 감소가 발생했다. 〈표 5-6〉은 타림강 각 지점의 시대별 연평균 흘러내려온 물의 양을 나타낸 것이다. 타림강 상류의 4개의 하천[예얼창강, 카스가얼강, 아커쑤강(퉈스간강), 허톈강]의 산지 출수량(山地出水量)은 기본적으로 변화가 적으며, 오히려 약간의 증가를 보였다.[2] 산지의 고도가

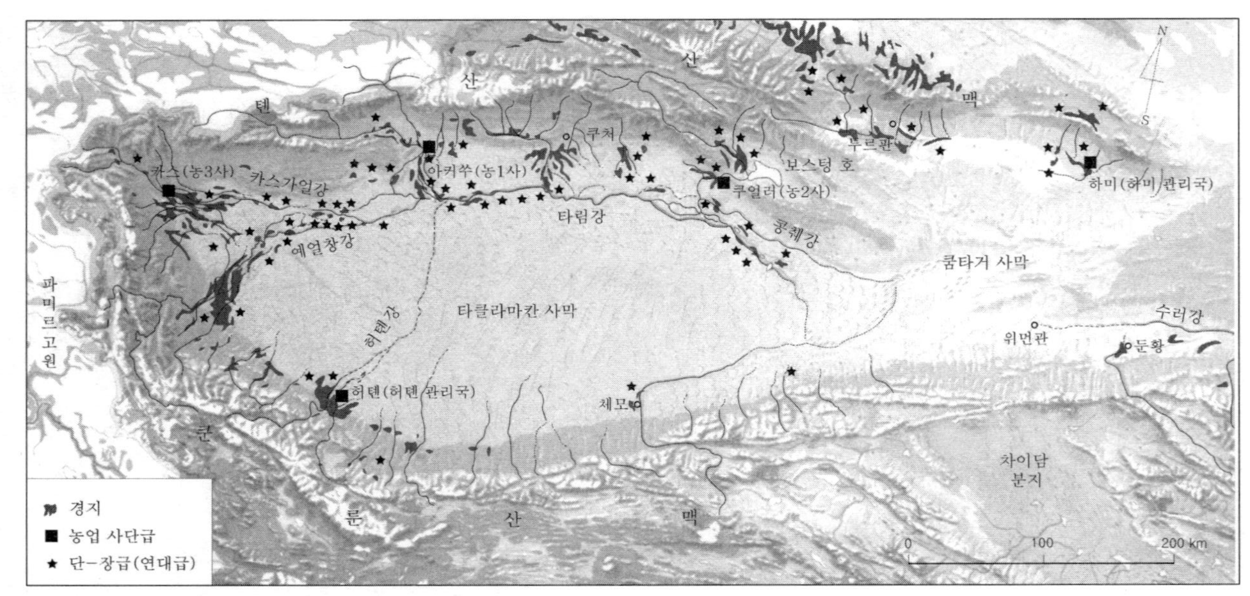

〈그림 5-5〉 타림 분지 신장 생산건설병단 농업사단 및 단장의 위치

높고 융설수가 흘러내려, 산지 출수구 이상의 구간에서는 인간의 활동이 극히 제한적으로 일어나기 때문이다.

반면 4개 하천이 합류하는 지점[3]에서는 1950년대와 1960년대에 연평균 흘러내려온 물의 양이 약 50억m³에 달하던 것이 1990년대에 이르러서는 약 40억m³로 감소했다. 중류의 잉바자(英巴扎) 관측점[4]에서는 1950년대와 1960년대에 연평균 흘러내려온 물의 양이 약 36억m³에 이르던 것이 1990년대에는 약 21억m³로 감소했다. 하류의 차라(恰拉) 관측점[5]에서는 1950년대와 1960년대에 연평균 흘러내려온 물의 양이 약 11억~13억m³에 이르던 것이 1990년대에는 약 2.9억m³로 감소했다. 타림강 하류의 다시하이쯔댐[6]의 방류량은 1960년대 연평균 3.4억m³에 이르던 것이 1990년대에 이르러서는 0.06억m³에 불과했다.

〈표 5-6〉 타림강 각 지점의 시대별 연평균 경류량

(단위 : 억m³)

지점 \ 시대	1950년대	1960년대	1970년대	1980년대	1990년대
상류 4개 하천 출산구(出山口) 합계	170.46	180.65	184.25	177.25	188.18
상류 4개 하천 합류지점[아라얼(阿拉爾)]	49.35	51.62	44.98	44.76	40.36
중류 잉바자(英巴扎) 관측점	35.90	36.85	28.83	26.59	21.48
하류 차라(恰拉) 관측점	13.53	11.38	6.69	3.92	2.88
하류 다시하이쯔댐(大西海子水庫) 방류량	(8~9)	3.4	0.47	0.36	0.06

출처 : 新疆水利水電科學院(1998).

---

2 오히려 산지 출수구의 출수량이 약간 증가한 것은 지구온난화를 반영한다고 할 수 있다.
3 〈그림 5-6〉에서 아커쑤 아래의 타림강 본류를 가로지르는 대형댐 바로 밑에 위치한다.
4 〈그림 5-6〉에서 쿠처 아래의 타림강 본류를 가로지르는 소형댐 바로 밑에 위치한다.
5 〈그림 5-6〉에서 쿠얼러 아래의 타림강 본류를 가로지르는 소형댐 바로 밑에 위치한다.
6 〈그림 5-6〉에서 타림강 본류 최하단의 대형댐 바로 밑에서 관측한다.

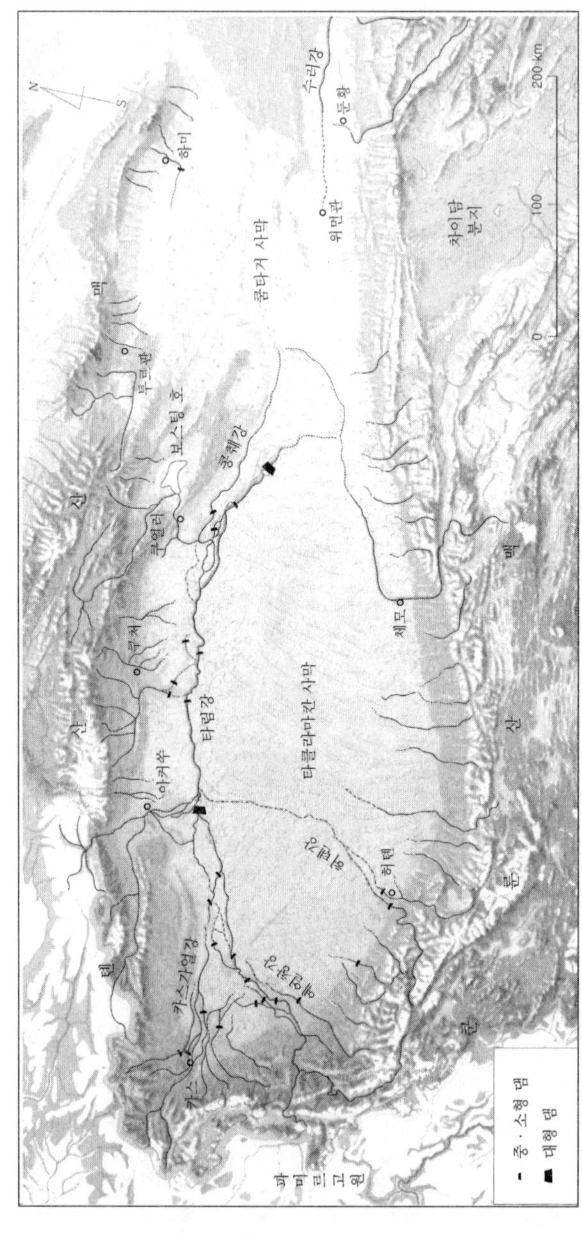

〈그림 5-6〉 타림 분지 주요 댐의 분포

166

〈그림 5-7〉 타림강 주변의 관개용 수차시설

주 : 관개를 위한 소규모 수차시설이다. 2000년 8월.

〈그림 5-8〉 타림 분지 아커쑤 부근의 관개지

주 : 강풍으로 인하여 전신주가 쓰러졌으며, 스프링클러를 사용하여 물을 주고 있다. 200년 8월.

〈그림 5-9〉 타림 분지 쿠얼러 부근의 토마토 수송차량

주 : 관개지에서 토마토를 수확하여 수송하는 중이다. 90여 대의 차량들이 늘어서 있었
다. 2000년 8월.

댐을 통해 수자원의 인위적 재분배가 급격히 이루어지면서, 로프노르
호수에 이르러야 할 물의 양은 감소하게 되었다. 급기야 1972년 로프노르
호수는 완전 고갈되었다. 1950년대 초반부터 1960년대에 걸쳐 이루어진
댐건설과 관개면적의 확대가 직접적인 원인이었다.

2) 토지이용 변화의 결과로서 사막화

1950년대 이래 타림 분지에서 신장 생산건설병단에 의해 행해진 개간
과 관개지의 확대는 타림강 수계의 물 분배체계를 변화시켰다. 그 결과
사막화 현상이 가속화되었다. 하천과 호수의 위축 및 고갈, 지하수위의 하
강 등으로 오아시스가 사막으로 변해갔다.

먼저 하천과 호수의 위축 및 고갈상황을 살펴보자. 타림강의 원류인 예얼창강은 인공 오아시스 지대를 지난 후 200km의 하도에서 단류 현상을 보이고 있으며, 콩췌강은 전체 길이 942km 중 1970년대 이후 하류의 422km가 단류되었고, 타림강 본류의 하류에서는 360km가 단류된 것으로 나타났다. 그 결과 1972년 이래 로프노르 호수와 타이터마 호수가 고갈되었다.

지하수위의 하강을 살펴보자. 1973년 타림강 하류의 아라간 지역의 지하수위는 7.0m였으나, 1989년 10.4m, 1997년 12.5m로 하강한 것으로 나타났다(石玉林 2004, 50). 더불어 아라간 지역 지하수의 미네랄성분은 1984년 1리터당 1.3g이었으나, 1998년에는 1리터당 4.5g으로 늘어나 식물 생장에 적합하지 않은 것으로 판명되었다(石玉林 2004, 177).

1958년 타림강 중·상류의 양안에 존재했던 4,000km²의 호양림(胡楊林) 숲은 2,000년 현재 2,400km²로 줄었다. 1958년 타림강 하류의 양안에 존재했던 540km²의 호양림 숲은 1978년에는 160km², 현재는 73km²로 줄어들었다. 1950년대 이래 초지는 8,520km²가 퇴화되었다. 전체적으로 보아 최근 타림 분지에서는 매년 300km²의 토지가 완전한 사막으로 변하고 있다(石玉林 2004, 171).

사막화는 '강 사진폭'과 '특강 사진폭'의 빈발로 이어졌다. 1952~2000년 사이 중국에서 심각한 피해를 가져온 60여 차례의 강 사진폭 및 특강 사진폭 기록(高慶先·任陣海 2002, 155-163)을 살펴보면, 1968년까지는 타림 분지에 관한 기록이 나타나지 않는다. 1969년 5월 22일부터 타림 분지 허톈지역의 특강 사진폭에 관한 기록이 나오기 시작한다. 앞서 살펴본 것처럼 바로 이 시기에 타림 분지에서는 거의 현재와 같은 패턴의 경지화와 수자원 이용체계가 기본적으로 완성되었다. 뒤이어 1971년 4월, 1972년 3월, 1979년 5월(사망 5명), 6월, 1983년 4월(사망 2명), 1986년 5월(사망 10명,

〈그림 5-10〉 타림강 주변의 이동사구(유동사구) 확대

주: 멀리 퇴화하고 있는 호양림 숲이 보인다. 사구의 고정을 위한 조치를 시행했으나 사
구는 계속 이동하고 있다. 2001년 5월.

실종 9명), 1993년 6월(가축 폐사 7,100두), 1994년 4월, 2000년 3월 등에 심각
한 피해를 입힌 특강 사진폭이 발생했다.

3) 서북지역 사막화에 대한 시사점

신장 생산건설병단에 의한 타림 분지 개간과 관개지의 확대는 로프노
르 호수의 소멸이라는 극적인 현상을 초래했다. 로프노르는 제4장에서 살
펴본 논쟁들에서 제기된 것처럼 다른 위치에 있지도 않았고 움직이지도
않았다. 수체의 크기에 변화가 있기는 했지만, 1972년까지 줄곧 그 자리에
서 염호의 성격을 지니고 있었다. 다만 위치와 성격에 대해 논란이 있었던
것은 로프노르에 물을 공급하는 타림강과 콩췌강의 수계에서 인위적인 물

재분배가 이루어져 로프노르로의 유입 방향과 수량에 변화가 있었기 때문이었다. 이는 역사시대에나 현재에 있어 동일하게 적용되는 것이었다. 결국, 로프노르 논쟁은 신비의 외피 속에서 자연지리학적 사실 확인을 추구하다가 인문지리학적 사실 확인으로 논쟁의 한 페이지를 종결지었다고 할 수 있다.

그 논쟁에서 얻을 수 있었던 것은 과거의 로프노르 지역 환경 변화 및 현재의 로프노르 고갈과 그로 인한 사막화의 문제가 그간의 로프노르 논쟁들에서 제기된 것과 같은 순수한 자연적 과정이 아니며, 사회적 과정과 긴밀하게 연관되어 있다는 점이다. 여기서 로프노르 논쟁은 환경논쟁으로 성격을 전환하게 된다.

그러나 이렇게 새로이 시작된 논쟁은 이전처럼 흥분과 경쟁적 탐험의 긴장을 자아내지 못했다. 그 이유는 로프노르의 고갈과 유사한 현상이 중국령 내륙 아시아 도처에서 발견되고 있다는 점 때문이다. 신장웨이우얼자치구의 준거얼 분지, 네이멍구 서부 아라산맹(阿拉善盟)의 쥐옌하이, 칭하이성의 차이담 분지 등에서 유사한 현상이 관찰된다. 이들 지역에서도 생산건설병단과 같은 조직에 의한 외지인구의 유입과 인공 오아시스의 확대가 이루어졌다.

준거얼 분지는 타림 분지와 마찬가지로 신장 생산건설병단 농업6사단, 농업7사단, 농업8사단, 농업9사단에 의한 경지면적 확대와 관개로 인하여 심각한 사막화가 진행되고 있다.

네이멍구 아라산맹의 쥐옌하이는 가순노르(嘎順諾爾, 시쥐옌하이)와 쑤구노르(蘇古諾爾, 둥쥐옌하이)의 두 호수로 이루어져 있고, 천쭝치(Hörner and Chen 1935; 李良騏 譯 1941)가 교체호적 성격을 지닌다고 지적했지만, 현재 두 호수 모두 거의 사라진 상태이다. 호수가 사라진 이후 여기서 중국 최대의 모래폭풍이 불고 있다. 쥐옌하이는 본래 헤이허강과 베이다허강(北大

河)이 합류한 뤄수이(弱水)가 사막을 통과하여 이루어낸 호수였다(鄭喜玉 等 1992). 그러나 청대에 상류부의 둔전이 개발되고 나서 뤄수이는 동과 서(西河, 東河) 두 갈래로 나뉘어 흐르게 되었고, 신중국 성립 이후 란저우 생산건설병단이 관개농업을 위하여 헤이허강과 베이다허강에 댐을 건설 하면서 쥐옌하이는 모두 고갈되었다.

〈표 5-7〉 중국 서북지역 주요 사막호수의 변화 상황

지역	호수명	주입하천	본래 호수면적		현상태	
			측정연도	면적(km²)	개시연도	면적(km²)
타림 분지 (塔里木盆地)	로프노르	콩췌	1962	660	1972	고갈
	타이터마	타림	1962	88	1972	고갈
준거얼 분지 (准噶爾盆地)	마나스	마나스	1949	550	1960	고갈
	아이비	보얼타라, 칭허 등	1950	1,070	1990	500~530
허시저우랑 (河西走廊)	둥 쥐옌하이	헤이허	1958	35	1992	고갈
	시 쥐옌하이	헤이허	1958	267	1961	고갈
	칭투	스양허	-	120	1952	고갈

출처 : 石玉林(2004, 172).

한편 칭하이성 차이담 분지의 나런궈러허강(那仁郭勒河)과 타이지나이 얼허강(台吉乃爾河)으로부터 물을 공급 받는 타이지나이얼호(台吉乃爾湖), 우투메이린허강(烏圖美仁河)과 자오훠허강(竈火河), 거얼무허강(格爾木河) 로부터 물을 공급 받는 다부쉰호(達布遜湖), 차이담강(柴達木河)과 쑤린궈 러허강(素林郭勒河)으로부터 물을 공급받는 훠루쉰호(霍魯遜湖) 일대 역시 상류부에 확장된 경지와 관개용수를 위하여 건설된 댐으로 인하여 호수면 이 줄어들고 있다(蘇南加措 2000 참조).

4. 서북지역 사막화 과정의 모형화와 그 함의

타림 분지에서 관개농업의 확대(곧 인공 오아시스의 확대)는 물문제를 악화시켰다. 건조 및 반건조지역에서는 강수량이 적어서 관개에 의존해야만 한다. 이때 관개에 소요되는 물은 대부분 인접한 고산지대의 융설수에 의존하게 된다.

고산지대에서 흘러내리는 융설수를 가만히 놓아둘 경우에는 내륙하천으로 흘러들어 사막 한가운데서 사막호수를 형성하거나, 건조지대 한 가운데서 길을 잃고 사라지게 된다. 이 하찮아 보이는 물길이 사막의 모래가 흩날리지 않도록 안정화시키는 역할은 매우 크다. 그런데 이러한 융설수를 중간에서 댐이나 인공수로를 통하여 차단하고 관개지로 흘러들게 할 경우, 기존에 물길이 지나던 지역은 식생이 사라지고 사막으로 변해서 모래는 쉽게 흩날리게 된다. 더불어 지하수위의 하강은 모래의 안정화 정도를 떨어뜨려 사막화와 모래폭풍의 발생 가능성을 높이게 된다.

이 과정을 〈그림 5-11〉을 통하여 살펴보기로 한다. (가) 지대는 봄과 여름에 산지에서 얼음과 눈이 녹은 물이 급하게 흘러내려 흙탕물 사태를 이루기 때문에 거주와 농사에 적합하지 않다. 이 지역의 말단부에는 페디먼트 지형이 발달해 있다. 대부분 자갈로 이루어져 있어서 역시 거주와 농사에 부적합하다.

(나) 지대는 산지의 계곡에서 장기간 흘러내린 토사와 자갈들이 쌓인 곳으로 대부분 선상지(부채꼴 모양의 지형)가 연속적으로 겹쳐지는 곳이다. 이러한 지역은 산지에서 흘러내리는 물이 지하로 복류(伏流)하는 경우가 많고, 지표에는 초본류와 관목류가 듬성듬성 자라난다. 이 지역에서는 지하수를 이용한 관개농업이 이루어진다. 카나트 시스템[Qanat system: 중국에서는 Karez

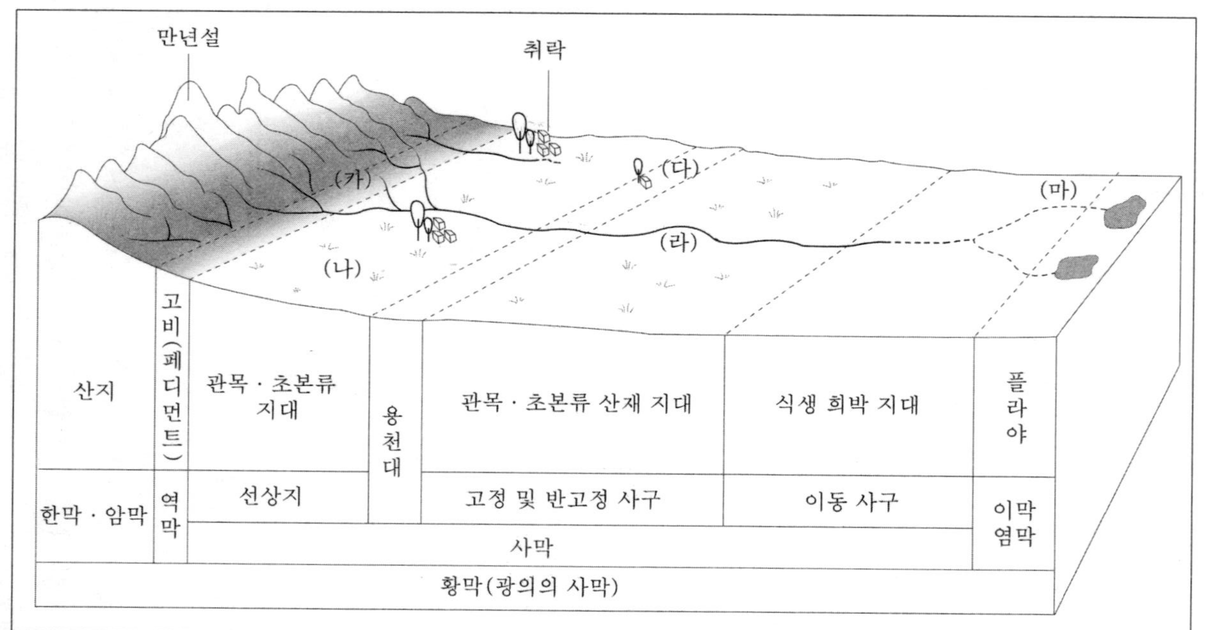

〈그림 5-11〉 중국 서북지역 사막화 과정의 모형화

System(坎兒井)으로 불린대]으로 알려진 관개농업이 대표적인 형태이다.

(다) 지대는 용천대(湧泉帶)이다. (가) 지역에서 지하로 스며들어 선상지를 복류한 물들이 솟아나는 지역이다. 이 지역에는 천연 오아시스가 발달하여 있었다. 이러한 지역은 고대로부터 인간 거주지로 활용되었다.

(라) 지대는 건조지역의 하천이 증발산에도 불구하고 연중 하천의 형태를 유지하면서 흐르는 지역이다. 이러한 하천 주변에는 부분적으로 천연·인공 오아시스가 발달해 있다.

(라) 지대의 말단부에서부터 (마) 지대에 이르는 구간은 지표상태가 모래다. 증발산이 강하기 때문에 우기에만 물길이 유지되고 건기에는 말라버리는 하천의 형태를 보인다. 이것을 와디(wadi)라고 부른다.

(마) 지대는 플라야 지역으로서 이 지역에 위치하는 호수의 수면은 주입되는 하천의 수량에 따라 변한다.

고대의 촌락과 도시들은 주로 (다) 지대와 (라) 하천의 유역에 위치했다. 인구가 증가하면서 경지의 확대가 필요하자 사람들은 (라) 하천의 상류로 올라갔고 다시 (다)의 상부로 올라가면서 개간을 하고 관개농업을 확대했다. 이 지역들이 다른 지역에 비해 물을 확보하기가 쉬웠기 때문이다. 그러나 이 지역에서는 카나트 시스템과 같이 지하수를 이용하거나 하천 상류에 저수시설을 건설하는 것을 통해서만 물을 확보할 수 있었다. 지하수 채취와 저수시설 건설은 지하수위의 하강과 하류로 흐르는 하천수의 양을 감소시킨다. 그에 따라 (마) 지역의 호수가 사라지고, 다음으로 (라) 지역을 흐르는 하천의 길이가 짧아지며, (다) 지대의 천연 오아시스마저 위협을 받게 된다. 이러한 상황이 지속되면서 (마) 지역에서부터 (라) 하천유역을 따라 (다), (나) 지역에 이르기까지 사막화가 진행된다.

타림 분지에서 신장 생산건설병단에 의한 개간과 관개지의 확대는 주로 (나) 지대와 (다) 지대 및 (라) 지대의 상류부에서 일어났다.

청대(淸代) 이전에 타림 분지, 나아가 신장웨이우얼 자치구 지역에서는 카나트 시스템, 저수댐, 대형 관개수로, 대형 수차 등에 의지하는 인공 오아시스는 거의 존재하지 않았다. 다만 타림강과 허톈강 연안 및 쿤룬과 톈산 산맥 산록부에 존재하는 상당히 큰 면적의 천연 오아시스 지역에서 어업과 수렵 그리고 분산적인 농업활동이 이루어졌고, 그 주변에서 하천수의 관개에 의한 소규모 인공 오아시스의 개발이 이루어졌을 뿐이다.

그러던 것이, 청조가 톈산 남로(天山南北路) 일대를 완전히 장악한 건륭 24년(1759)부터 인구와 경지가 급격하게 증가하게 되었고, 그에 따라 각종 관개설비를 통한 경지의 확대가 이루어졌다(韓德林 2001, 48). 바로 이 시기를 전후하여 관개시설의 하나로 카나트 시스템이 투루판 분지와 하미 분지에 도입되었다. 이후 타림 분지로 확산되면서 인공 오아시스의 면적을 증대시켰다.

위구르인들은 카나트 시스템이 이란을 비롯한 아랍지역에서 상당수 발견되기 때문에 이슬람 문화의 상징으로 여기고 있다. 그 도입 시기 역시 이슬람교의 유입과 비슷한 1,000년 전쯤으로 생각하는 경향이 있다. 반면에 한족들은 『한서(漢書)』「구혁지(溝洫志)」에 나오는 용수거(龍首渠)[7] 건설 기록을 근거로 카나트 시스템의 원형이 이미 기원전 109년경에 산시(陝西) 지역에서 나타났고, 그것이 이 지역으로 전파된 것으로 생각하는 경향이 있다.

그러나 1990년 우루무치에서 열린 카나트 관련 국제회의에서 카나트

----

7 "가다보면 이따금 우물이 되고, 우물 아래는 서로 통하여 물이 지난다…동으로 산령 10여리 간에 이르며, 정거의 탄생은 이 때부터이다. 뚫다가 용의 뼈를 얻었기에, 이름하여 용수거라한다……"(往往爲井, 井下相通行水,……東至山領十餘里間. 井渠之生自此始, 穿得龍骨, 故名曰龍首渠……)(漢書, 溝洫志)

출수구의 퇴적물 분석 결과, 가장 이른 것이 17세기에 만들어졌고 대다수는 18~19세기에 만들어진 것으로 확인되었다(Rudelson 1997, 140-141).

카나트 시스템은 주로 산록부 선상지에서 실행되었다. 산록부에서 경지화 가능성이 확인되자 다양한 형태의 경지화가 시도되었고, 마침내는 신장 생산건설병단과 같은 조직에 의해서도 하천 상류부의 저수(貯水)와 인수(引水)에 의한 경지화가 진행되었다. 신장 생산건설병단과 같은 조직에 의한 외지 인구의 유입과 인공 오아시스 면적의 확대는 농업 생산량의 증대를 의미하는 것이었다. 하지만 그것이 대부분 기존의 위구르족 거주 오아시스의 상부지역에서 이루어졌기에, 하류지역에서는 심각한 물 부족 사태가 발생하게 되었다. 이로 인해 물의 확보를 둘러싼 갈등이 민족분규로 이어지기 시작했으며, 종종 유혈충돌로 비화되기까지 했다(新疆維吾爾自治區黨委宣傳部等編 1995, 615-651).

결국 생산건설병단과 같은 조직에 의한 외지 인구의 유입과 대규모 관개농업의 실행 그리고 그로 인한 로프노르의 고갈과 같은 일련의 과정이 생태적으로는 사막화 문제를, 사회적으로는 민족적 갈등의 문제를 야기하고 있는 것이다. 이러한 점은 신장웨이우얼 자치구에서 나타나는 분리주의 운동을 '무슬림의 정체성 문제'라는 종교적 시각 이외에, '외지인구의 유입과 오아시스 농업의 문제'라는 시각에서, 다시 말해 '환경민족주의'(environmental nationalism)(Husmann 1997)의 시각에서 접근할 수 있는 실마리를 제공한다.

제6장

중국 동북지역의 토지이용 변화와 사막화
커얼친 사지의 사례

이번에는 네이멍구 자치구 동부의 커얼친 사지를 통해 중국의 북방 건조지역 중 동북지역의 사막화 현상을 살펴보기로 한다. 네이멍구 자치구 동부지역은 심각한 사막화 현상을 보여 왔으며 한국에서 발생하는 황사현상의 새로운 발원지가 되고 있다. 이 지역에서 사막화가 어떠한 자연적 조건하에서, 어떠한 사회적 과정을 통하여 진행되었는가에 대해서 밝히고자 하며, 특히 토지이용의 변화와 사막화의 관계에 주목하고자 한다.

이 글에서는 첫째, 1949년 중화인민공화국 수립 이후 커얼친 사지 지역의 토지이용 변화와 사막화의 추이에 대해 살펴본다. 둘째, 사막화의 전개 유형을 분류해 유형별 발현 기제에 대해 토지이용 변화와 관련하여 논의한다. 셋째, 이 지역의 토지이용 변화와 사막화가 어떤 사회적 맥락 속에서 이루어졌는지 시계열적 사건들을 중심으로 논의한다.

1. 연구지역 개관

1) 자연환경

중국에서 커얼친 지역은 본래 '커얼친 초원'으로 알려져 있었다(中國大百科全書出版社編輯部 1992, 278). 그러나 사막화가 진행되면서 현재는 '커얼친 사지'(科爾沁沙地, Keerqin desert, Horqin desert)라는 명칭이 더 보편적으로 사용되고 있다(崔乃夫 2002, 6277). 대략 북위 42 40′~45 15′, 동경 118 35′~124 30′에 위치한다. 다싱안링 산맥의 남단과 치라오투 산맥(七老圖山脈), 누루얼후 산맥(努魯兒虎山脈)에 의해 'C'자형으로 둘러싸여 있으며, 요곡운동에 의한 함몰분지에는 최대 200m에 이르는 퇴적층이 불규칙적으로 분포한다(趙松喬 1991, 125).

사지는 주로 고정 및 반고정사구이며, 이동사구(유동사구)는 비교적 적다. 대략 카이루현(開魯縣)—커얼친줘이허우기(科爾沁左翼後旗)를 잇는 선의 서쪽은 주로 반고정사구(50~60%)와 이동사구(25~35%)가 분포하고, 동쪽에는 주로 고정사구(85~90%)가 분포한다(裴善文 等 2005, 64). 전체적으로 보아 사질초원 지역, 고정 및 반고정사구 지역, 이동사구 지역으로 대별할 수 있다. 사질초원 지역과 고정사구 지역에서는 경지개발과 목축이 이루어진다.

커얼친 사지 지역은 온대 반건조 · 반습윤 대륙성 계절풍 기후에 속한다. 이 지역의 강수는 다음과 같은 특징을 지니고 있다. 첫째, 강수량이 지역적으로 불균등하다. 이 지역의 강수량은 지형의 영향을 크게 받고 있다. 습윤기류가 치라오투 산맥과 누루얼후 산맥에 가로막혀 북진을 저지당하기 때문에 서남쪽의 산지에서는 연강수량이 500~550mm에 달하지만, 시랴오허강 및 그 상류인 시라무룬허강(西拉木倫河) 유역은 비 그늘(rain-shadow)을 이루어 연강수량이 300~350mm로 하강한다. 북쪽에는 다싱안링 산맥이 위치하여, 이 산지의 동남측에 지형성 강우가 형성되지만(연강수량 450~500mm), 산맥 너머의 고원지대에서는 우량이 감소한다(연강수량 350~400mm). 2001년 이 지역의 연강수량은 250mm 정도로 일시적 감소를 보인 것으로 나타났다.

둘째, 강수량의 계절적·연별 분포가 불균등하다. 이 지역의 강수량은 여름에 연강수량의 80% 이상이 집중한다. 강수량의 연별 변화도 심하여, 다우년의 강수량이 소우년 강수량의 2~3배에 달한다. 퉁랴오의 경우, 1956년 강수량이 592.2mm였으나 1980년에는 198.7mm였다. 연중 120일 이상 강수가 발생하지 않는 해가 대부분이며, 어떤 해에는 1일 강수량이 173.5mm(1996년 7월 29일)에 달하는 등 연강수량의 절반에 달하는 비가 하루에 내리는 경우도 있다(劉新民 等 1996, 25).

커얼친 사지 지역에서 기상관측이 비교적 완비된 1961~2000년 사이의 7개 관측소의 자료들을 분석한 결과, 이 지역의 연평균 온도는 0.90~1.79℃의 증가폭을 보였다. 그중에서도 겨울과 봄의 온도 증가가 뚜렷했다. 그러나 연강수량은 뚜렷한 증가나 감소추세를 보이지 않았으며, 연도별로 강수량의 편차가 크다는 것이 확인되었다. 최근 계절적으로 봄의 강수량이 연강수량에서 차지하는 비중이 높아지고 있다는 점 역시 확인되었다(趙云龍 等 2004, 14).

이러한 결과는 이 지역의 겨울 온도가 높아지고 건조도 역시 높아졌다는 것을 의미하며, 동시에 겨울철 사진일기 현상의 발생 가능성이 높아졌다는 것을 말한다. 문제는 이러한 조건에서 지표가 어떤 상태에 있는가 하는 것이다. 이 기간 동안 커얼친 사지 지역의 사막화 토지는 증가되었고, 그 주요 원인 중의 하나는 토지이용이었다.

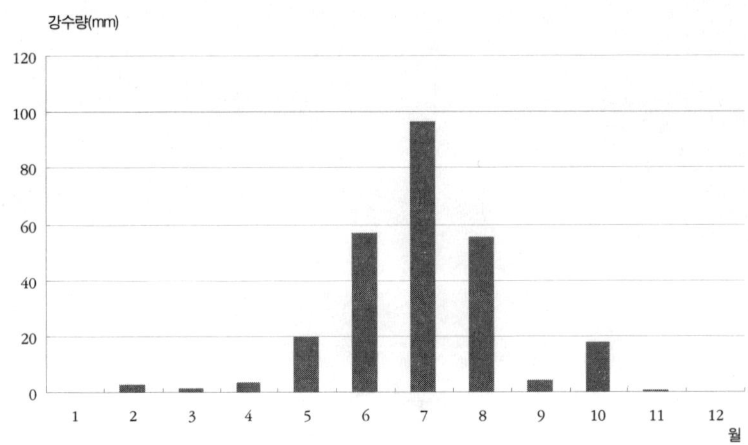

〈그림 6-1〉 츠펑 지역 2001년 월별 강수량

자료 : 內蒙古自治區統計局編(2002, 47).

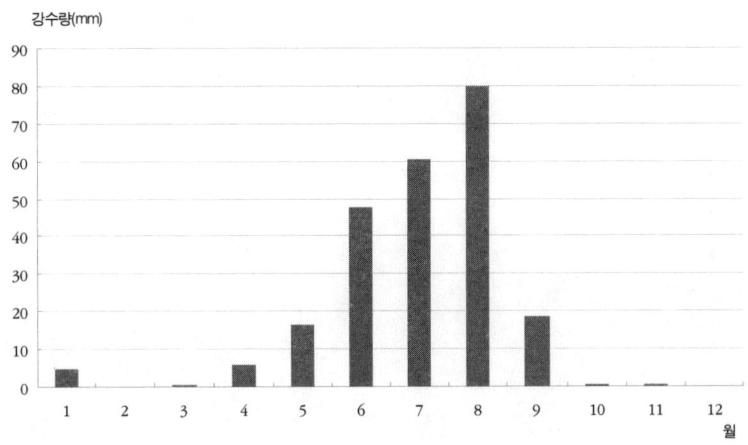

〈그림 6-2〉 퉁랴오 지역 2001년 월별 강수량

자료 : 內蒙古自治區統計局編(2002, 47).

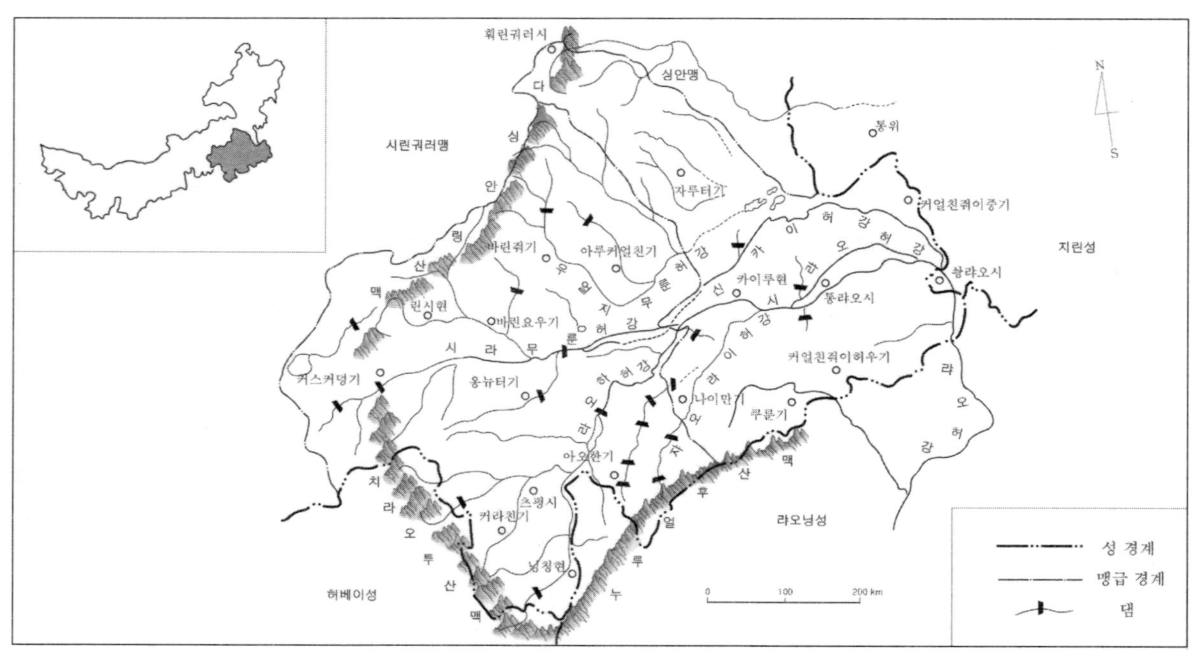

〈그림 6-3〉 커얼친 사지 지역 지형과 수계의 개요

커얼친 지역은 랴오허강(遼河) 수계에 속한다. 시랴오허강(西遼河)을 이루는 시라무룬허강, 라오하허강(老哈河), 자오라이허강(敎來河), 우얼지무룬허강(烏爾吉木倫河) 등의 하천이 커얼친 사지를 통과한다. 이 하천들은 강수량의 계절적·연별 변화에 의해 크게 영향을 받는다.

이 지역의 하천 명칭은 수계의 특성을 잘 보여주고 있다. 시라무룬허강은 몽골어로 '황색의 하천'이라는 뜻이다(史爲樂 1995, 114). 하천이 사지 지역을 통과하면서 황색을 띠게 되어 붙여진 이름이다. 자오라이허강은 몽골어로는 '나이르딩골'이라고 하는데 '좁고 옹색한 강'(窄流河)이라는 뜻이다(史爲樂 1995, 114). 한자의 의미도 '흐르도록 지도해야 하는 강'(敎來河, 叫來河)의 의미가 있다. 이는 건조지역 하천의 특성을 드러내는 지명이라고 할 수 있다. 하천의 중하류에 두 개의 하도가 있어서 몽골어로 '쌍'(雙)이라는 뜻을 가진 '자오라이'가 지명이 되었다(崔乃夫 2002, 6377)는 주장도 있다. 이 경우에도 간조 및 반건조 지역에서 나타나는 망류(網流) 하천의 특성을 드러내는 것이라고 보면, 두 지명 모두 이 지역의 자연환경의 특성을 반영하는 지명이라 할 수 있다.

2) 인문적 배경

'커얼친'은 몽골어로 '활을 지닌 사람'이라는 뜻이다. 칭기즈칸의 동생 하부투하사얼의 후예들을 칭한다. 1624년 누르하치에게 항복하여 몽골족 중 가장 일찍 청조에 복속되었고 청 황실과 혼인관계를 맺었다(鐵木爾·達瓦買提 1997, 202). 커얼친부(部) 아래에는 6개의 기(旗)가 있었다. 자라이터기(扎賚特旗), 두얼보터기(杜爾伯特旗) 및 궈얼뤄쓰(郭爾羅斯)의 2개의 기를

합하여, 도합 10개의 기가 저리무맹(哲里木盟, 퉁랴오시로 개칭됨)에서 회맹(會盟)했다(烏雲畢力格 等 2002, 246). 오늘날 네이멍구 자치구 퉁랴오시 커얼친요우이중기(科爾沁右翼中旗) 경내가 회맹 장소였다(盟旗制에 대해서는 任桂淳 2000, 278-282 참조).

커얼친부는 좌 · 우 각각에 전 · 중 · 후의 세 개의 기로 편성되어 모두 6개의 기가 있었다. 그중 오늘날까지 남아 있는 것은 아루커얼친기(阿魯科爾沁旗, 츠펑시 경내 소재), 커얼친요우이첸기(科爾沁右翼前旗, 싱안맹 경내 소재), 커얼친요우이중기(싱안맹 경내 소재), 커얼친쥐이중기(科爾沁左翼中旗, 퉁랴오시 경내 소재), 커얼친쥐이허우기(퉁랴오시 경내 소재)이다. '커얼친'이라는 지명은 커얼친부의 기(旗)들이 위치한 지역을 포괄하는 의미로 사용되었다. 오늘날의 네이멍구 자치구 싱안맹(興安盟), 퉁랴오시, 츠펑시 등이 이에 해당한다.

그러나 '커얼친 사지'라는 용어는 그 지역에서도 사지가 가장 발달한 지역을 가리키는 것이며, 행정구역상으로는 네이멍구 자치구의 퉁랴오시와 츠펑시, 지린성 서부 일부와 랴오닝성(遼寧省) 서북부 일부를 지칭한다. 이 연구에서는 커얼친 사지의 거의 대부분을 차지하는 네이멍구의 퉁랴오시와 츠펑시 경내의 지역에 초점을 두기로 한다. 현재 이 지역은 츠펑시 관할 3개 구(區), 2개 현(縣), 7개의 기(旗)와 퉁랴오시 관할 1개 시, 1개 현, 5개의 기로 구성되어 있다.

커얼친 사지 지역은 요나라와 금나라의 판도에 포함되었던 관계로 이 시기의 유적들이 많이 남아 있다. 그러나 이 지역의 토지이용과 사막화에 관해 추정할 수 있는 비교적 많은 자료가 남아 있는 것은 청대 이후이다.

청 초기에는 부분적인 개간 정책에서 개간금지 정책으로 전환했다. 이 시기의 농업 한계선은 선양(沈陽) 북쪽과 창춘(長春)의 동쪽을 지나는 '유조변장'(柳條邊墻)과 일치했던 것으로 추정된다. 이러한 점은 건륭 5년(1740)

에야 커얼친 초원 밖의 동부지역에 농업에 관련된 관리기구(卓索圖盟 塔子溝廳)가 처음으로 설치되었다는 점을 통해서도 알 수 있다(赤峰市志編纂委員會 1996, 637).

이후 약 1세기 동안 개인에 의한 개별적인 개간이 진행되었지만, 몽골 각 기(旗)의 왕공에게 속한 영지들이 좁고 지형 역시 복잡하여 황무지를 불하하는 것이 여의치 않았다. 따라서 그 속도는 매우 느렸다. 이 시기에는 농업의 한계선이 이전보다 약간 서쪽과 북쪽으로 확대되는 경향을 보였음에도, 여전히 커얼친 초원 지역은 농업 한계선 밖에 있었다(赤峰市志編纂委員會 1996, 638).

청 말에 신정(新政)의 일환으로 '몽지간식'(蒙地墾殖)과 '이민실변'(移民實邊)이 제창되면서 농경의 한계선은 점차 서북쪽으로 이동했다. 광서(光緒) 29~34년(1903~1908) 사이에 5개의 현이 설치된 것은 이러한 개간이 조직적이고 대규모였다는 점을 반영한다. 당시의 개간은 남부의 하천 양안에서 시작하여 시랴오허강 유역을 따라 이루어졌으며 서쪽으로 바린요우기(巴林右旗)에 이르렀다(赤峰市志編纂委員會 1996, 639).

민국시기에는 사회적 혼란으로 인해 대규모의 조직적 개간은 실시되지 않았고, 주로 민간에 의한 영세적이고 분산적인 개간이 이루어졌다. 그러나 민국정부나 이 지역을 지배한 북양군벌 모두 '몽지간식'과 '이민실변'이라는 정책적 기조를 유지하고 있었기 때문에, 규모는 작았지만 개간은 계속될 수 있었다.

만주국 시기에는 사적인 개간지 불하가 경지면적 증가의 주요 원인이 되었다. 그러나 그 방식은 영세적이고 분산적인 것이었으며, 대규모의 경지 확대가 이루어지지는 않았다. 농업 한계선은 커스커덩기-아루커얼친기-자루터기를 잇는 선까지 확대되었다(赤峰市志編纂委員會 1996, 642).

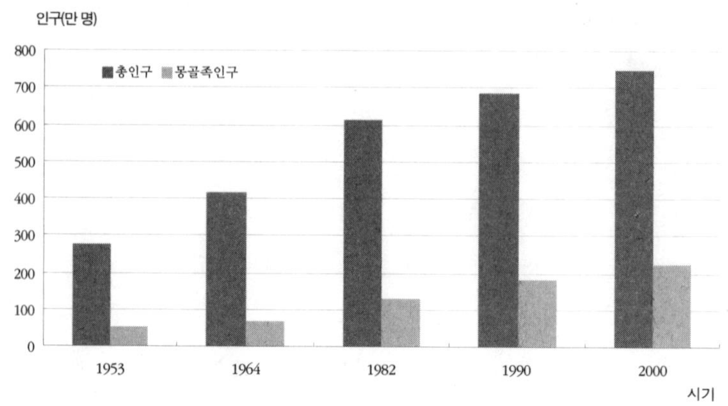

〈그림 6-4〉 커얼친 사지 지역(츠펑, 퉁랴오) 총인구 및 몽골족 인구 변화

자료 : 國家統計局人口和社會科技統計司編(2002), 赤峰市志編纂委員會(1996), 通遼市統
計信息網(http://www.tltj.gov.cn). 이하 같음.

중화인민공화국 성립 이후 실시된 이 지역의 역대 인구 센서스 결과는
〈그림 6-4〉, 〈그림 6-5〉, 〈그림 6-6〉과 같다. 1953~1964년 사이에 총인구
는 275.9만 명에서 414.9만 명으로, 몽골족 인구는 51.3만 명에서 68.6만 명
으로 증가했으며, 연평균 증가율은 각각 4.6%, 3.1%였다. 이 시기 전체 인
구 중 몽골족의 비율이 18.6%에서 16.5%로 하강했다는 점을 고려하면, 인
구 증가는 대부분 외지에서 유입된 한족에 의해 이루어진 것이라고 할 수
있다. 이들은 이후 이 지역 인구 증가를 주도하는 집단으로 작용하게 된다.

특히 문화대혁명 와중에서 1969년 7월~1979년 6월까지 10년 동안 네
이멍구 자치구의 분할에 따라 퉁랴오시 지역은 지린성으로 츠펑시 지역은
랴오닝성으로 이전되었다(李康源 2002 참조). 이 시기에 지린성과 랴오닝성
의 하방(下放) 인력이 유입되어 각종 개발사업을 실시했다.

1970년대 말 이후 몽골족 비율의 증가는 개혁개방 이후 '민족식별'(民族
識別)의 개선, 통혼, 1979년 '계획생육'(計劃生育, 가족계획) 실시로 인한 한족

186

인구 증가의 둔화, 한족의 외지로의 이주에 의한 것이다.]

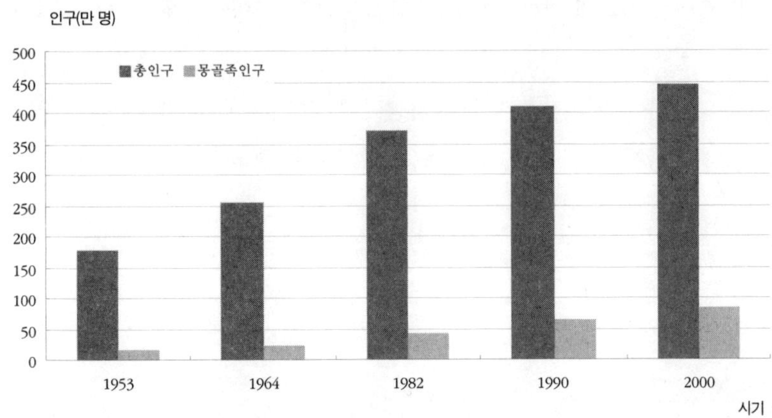

〈그림 6-5〉 츠펑 지역 총인구 및 몽골족 인구 변화

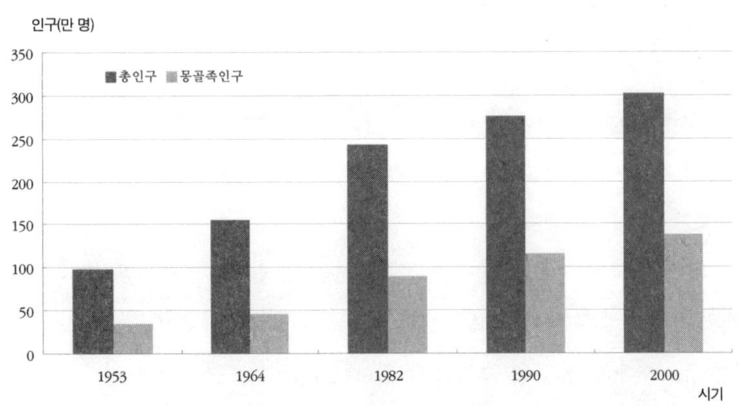

〈그림 6-6〉 퉁랴오 지역 총인구 및 몽골족 인구 변화

이 지역은 비록 사지에 속하지만 네이멍구 자치구 중에서도 인구가 밀집된 지역에 속한다. 2000년 말 현재 네이멍구 자치구의 총인구 2,377만 여명 중 30% 정도가 이 지역에 거주하고 있으며, 네이멍구 자치구에 거주하는 몽골족 386만 여명 중 57%가 이 지역에 거주하고 있다. 이렇게 몽골족이 밀집되어 있는 것은 과거 이 지역이 초원이었던 것을 반영한다. 그러나 중국 내에서 몽골족의 밀집지역임에도 불구하고 한족이 70%를 차지하고 몽골족은 29.5%에 그친다.

2. 커얼친 사지 지역 토지이용 변화와 사막화의 추이

1) 토지이용 변화의 양상

1949년 중화인민공화국 성립 이후 이 지역에서는 급격한 토지이용의 변화가 있었다. 그 변화는 농업적 토지이용의 증가와 초지의 집약적 사용으로 나타났다.

커얼친 사지 지역의 대부분을 점유하는 행정구역인 츠펑과 퉁랴오 지역의 경지면적의 합계는 1950년에 약 126만ha였으나 2001년 말에는 196만ha로, 약 56% 정도의 증가를 보였다(〈그림 6-7〉, 〈그림 6-8〉).

이를 시계열적으로 살펴보면, 츠펑과 퉁랴오 모두에서 1950~1960년에 걸쳐 급격한 증가가 나타나며, 이후 1960년대에는 감소를 보이고 있다. 1970년~현재에 이르는 시기에는 두 지역이 약간의 차이를 보이지만 전반적으로 증가추세에 있었다. 특히 츠펑과 퉁랴오 두 지역 모두에서 1980~2001년 사이에 각각 19.0%와 25.5%의 경지면적 증가가 나타났다. 이 지역의 자연환경은 농업을 하기에 그다지 좋은 상황이 아니다. 새로운 토지 개간과 방기가 반복된다는 점을 감안한다면 더 넓은 면적의 지표에 형질 변화가 있었다는 것을 미루어 짐작할 수 있다.

관개면적의 증가 역시 급격하게 이루어졌다. 츠펑에서는 1946~2005년 사이에 59.5%, 퉁랴오에서는 1948~2003년 사이에 156.4%의 증가가 있었다. 츠펑에서는 만주국 시기부터 하천 양안의 저습지들에 논이 개발되었는데, 1946~2005년 사이에 2,000ha에서 1만 2,000ha로, 500%의 면적 증가가 이루어졌다.

목축두수의 변화는 초지에 대한 압력을 파악할 수 있는 지표가 된다. 목축두수는 츠펑에서 1946~2005년 사이에 591.6% 증가했다. 퉁랴오에서는 1948~2003년 사이에 563.2% 증가했다.

따라서 이 지역의 토지이용의 변화는 경지면적, 관개면적, 목축두수의 급격한 증가로 요약될 수 있다. 이러한 특징은 같은 시기 네이멍구 전반, 특히 동남 계절풍의 영향을 받는 네이멍구 동부지역에서 동일하게 확인되는 사항이기도 하다(李康源 2000, 2003b).

현재 이 지역의 인구밀도는 50명/km²이며, 전체 면적 중 경지면적 비율은 13%, 경지면적 중 관개면적 비율 38%에 이르고 있다. 이러한 지표들은 네이멍구의 다른 지역들, 특히 서부에 비해 월등히 높은 것이다. 그러나 농민과 목축민의 1인당 연간 순소득액은 1,500~2,000위안으로 빈곤한 지역에 속한다(〈표 6-1〉).

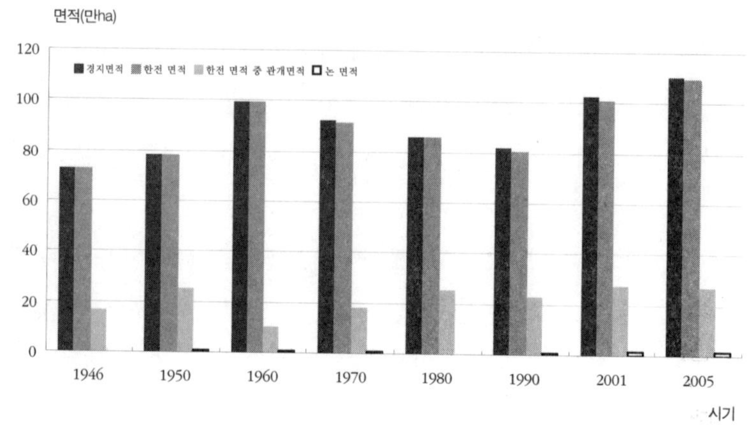

〈그림 6-7〉 츠펑 지역 경지유형별 면적 변화

자료 : 赤峰市志編纂委員會(1996), 內蒙古自治區統計局編(2002), 中國赤峰
(http://www.chifeng.gov.cn). 이하 같음.

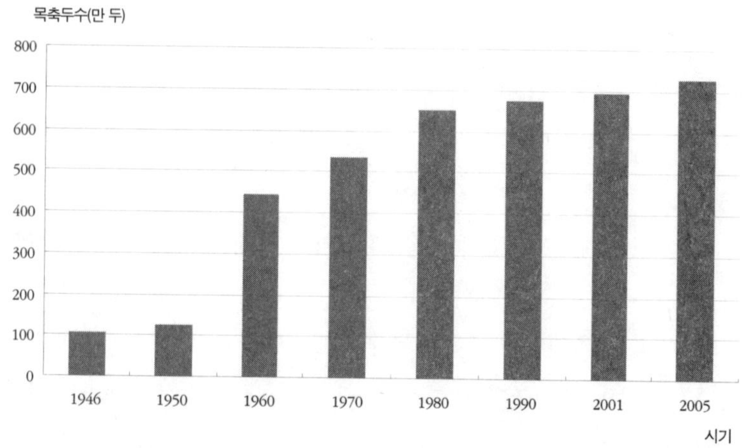

〈그림 6-8〉 츠펑 지역 연중 목축두수 변화

주 : 목축두수는 소, 말, 나귀, 노새, 낙타, 면양, 산양을 지칭한다.

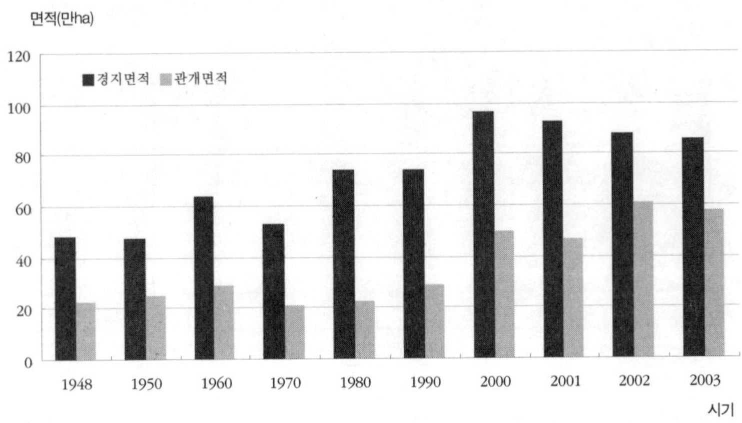

〈그림 6-9〉 퉁랴오 지역 경지면적과 관개면적 변화

출처 : 哲里木盟統計年鑑, 通遼市統計年鑑(각년도). 이하 같음.

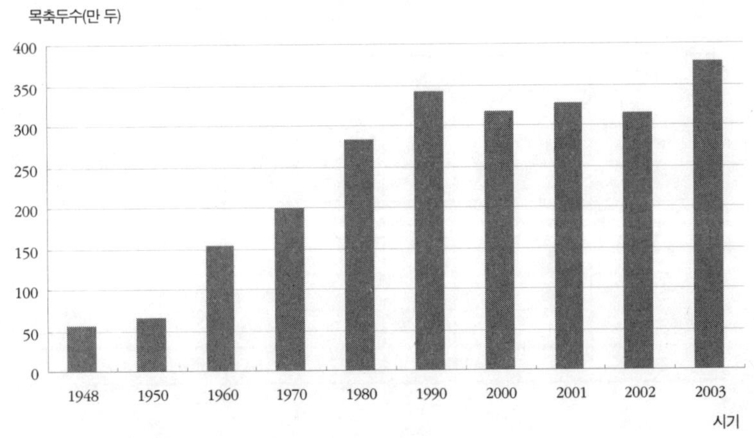

〈그림 6-10〉 퉁랴오 지역 연말 목축두수 변화

<표 6-1> 2001년 말 커얼친 사지 지역 행정단위의 농업·목축업 상황

지역	행정단위	인구 (만 명)	면적 (km²)	경지면적 (ha)	관개면적 (ha)	대형목축* (만 마리)	양** (만 마리)	농·목축민 1인당 순수입 (위안)
츠펑	市(地級)	442.04	90,275	1,025,171	276,317	123.05	362.46	1,727
훙산	區	30.04	170	3,370	2,784	0.94	1.23	3,418
위안바오산	區	28.77	887	20,781	10,681	2.15	1.98	3,021
쑹산	區	53.15	5,955	136,070	50,860	11.31	11.28	1,616
닝청	縣	58.99	4,305	102,790	25,200	11.08	9.62	1,398
커라친	旗	36.47	3,071	54,848	18,518	5.46	7.12	1,258
린시	縣	23.55	3,933	59,950	24,850	5.94	15.28	1,137
아루커얼친	旗	29.44	14,555	102,667	17,359	21.13	65.82	1,199
바린쥐	旗	35.51	6,713	108,609	24,624	8.71	33.27	1,451
바린요우	旗	17.50	9,837	38,900	8,593	8.31	74.36	1,603
커스커덩	旗	24.44	20,673	80,959	12,236	16.77	88.78	1,383
옹뉴터	旗	46.31	11,882	145,087	48,632	15.94	36.31	1,350
아오한	旗	57.87	8,294	171,140	31,980	15.31	17.41	835
퉁랴오	市(地級)	305.43	59,535	930,923	466,528	121.99	205.59	2,067
커얼친	區	79.10	3,212	113,333	108,000	18.40	43.00	3,118
훠린궈러	市(縣級)	6.81	585	15,700	350	0.57	8.31	2,203
카이루	縣	38.26	4,488	107,300	85,020	9.80	14.91	3,003
쿠룬	旗	17.16	4,650	106,790	16,040	11.97	9.92	1,298
나이만	旗	42.40	8,120	105,140	35,985	14.36	11.15	1,346
자루터	旗	29.97	17,193	120,270	36,479	17.70	72.71	2,055
커얼친쥐이중	旗	52.74	9,811	200,670	129,154	21.60	29.30	1,796
커얼친쥐이허우	旗	38.99	11,476	161,720	55,500	27.59	16.29	1,418
합계	-	747.47	149,810	1,956,094	742,845	245.04	568.05	-

출처 : 內蒙古自治區統計局編(2002).

주 : 대형목축은 소, 말, 나귀, 노새, 낙타를 의미하며, 양에는 면양과 산양이 포함된다.
대형가축과 양은 연말 두수를 나타낸 것이다. 연중 두수는 일반적으로 전자의 경우 20% 정도, 후자의 경우 50% 정도 상회한다.

2) 사막화의 추이

토지이용의 변화는 이 지역에 심각한 사막화 현상을 초래했다. 여기서는 커얼친 사지 중 츠펑과 퉁랴오 지역을 중심으로 사막화의 전체적인 추이를 살펴보고자 한다(內蒙古自治區統計局編 2002; 朱震達 等 1994; 烏蘭圖雅 1999; 王濤 等 2004; 裘善文 等 2005).[1] 커얼친 사지는 1950년대 이래 1980년대 말까지 매년 평균 1.5~3.7%의 속도로 사막화가 진행된 것으로 추정된다(裘善文 等 2005, 65).

커얼친 사지 중 츠펑과 퉁랴오 지역의 1960년대 초반 사막을 포함한 사막화 면적은 약 2.8만km², 1970년대 중반에는 약 4.8만km², 1980년대 중반에는 약 6만km², 1990년대 중반에는 약 5.1만km², 2000년에는 약 4.4만km²로 나타났다(〈그림 6-11〉). 2000년 현재 커얼친 사지 지역의 츠펑과 퉁랴오 행정구역 면적 중 약 39%가 사막을 포함한 사막화 토지이다.

1990년대 이래 사막화 저지 노력이 전개되면서 그 추세가 완화된 것으로 알려지고 있지만, 어디까지나 부분적인 것일 뿐 근본적인 퇴치가 이루어졌다고 보기는 힘든 상황이다.

사막을 포함한 사막화 면적을 지역별로 살펴보면 다음과 같다(〈그림 6-12〉~〈그림 6-25〉 참조). 츠펑 지역의 아루커얼친기, 바린요우기, 옹뉴터기,

---

1 이하의 츠펑과 퉁랴오 지역 통계에서 츠펑의 도시시역(훙산, 위안바오산, 쑹산, 닝청, 커라친)과 커스커덩기, 퉁랴오의 훠린궈러시는 제외했다. 후자의 두 지역은 1970~1990년대 중반 사이의 자료가 없는데, 이는 당시에 연구자들이 츠펑의 커스커덩기와 퉁랴오의 훠린궈러시가 다싱안링 산맥의 서북 사면에 위치하여 커얼친 사지에 속하지 않는 것으로 판단했기 때문이다. 그러나 현재 이 지역은 커얼친 사지와 연결되는 경향을 보이고 있다. 통계에서는 제외했지만, 2000년 현재 사막화 토지면적은 츠펑의 도시지역이 302.1km², 커스커덩기가 8,082.5km², 퉁랴오의 훠린궈러시가 471km²이다.

아오한기 등과 퉁랴오 지역의 퉁랴오시 커얼친구, 카이루현, 쿠룬기, 나이만기, 커얼친줘이중기와 커얼친줘이허우기 등이 사막화 면적 비율이 비교적 높은 지역에 속한다. 주로 이들 지역을 관통하여 흐르는 하천의 크기와 상관이 있는 것으로 보인다.[2]

시계열적인 변화를 살펴보면, 진폭은 있으나 1980년대 말에 이르기까지 증가추세를 보였으며, 1990년대 이후에는 전체적으로 감소추세를 보여, 2000년 현재에는 대략 1970년대 중반 사막화 면적 비율과 유사한 지역이 대부분이다. 그러나 츠펑의 옹뉴터기와 아오한기, 퉁랴오의 쿠룬기 등에서는 퇴경환림환초 운동이 전개된 1990년대 이후에도 증가한 것으로 나타났다.

퉁랴오 지역이 츠펑 지역보다 행정구역 면적이 작음에도 불구하고 사막화 면적이 츠펑 지역보다 넓고, 행정구역면적 대비 사막화 면적 비율 역시 츠펑에 비해 높다. 이는 퉁랴오 지역이 츠펑 지역에 비해 상대적으로 저지대에 위치하고 있다는 점과 관련된다. 지형고도로 인해 결정된 하천의 방향과 충적 선상지의 전개 방향으로 인해, 1949년 이전에도 사지의 중심은 퉁랴오 쪽으로 치우쳐 있었고, 인위적으로 발생한 단류현상 역시 하천의 하류에서 시작되어 상류방향으로 진행되었기 때문이다.

---

2 염류화 토지의 비율은 츠펑(2.4%)보다 퉁랴오(8.9%)가 높았는데, 이는 퉁랴오 지역이 본래 플라야적인 성격을 갖고 있는 한편으로, 단류현상으로 인해 지하수의 개발이 활발하게 이루어진 것과 관계가 있는 것으로 보인다.

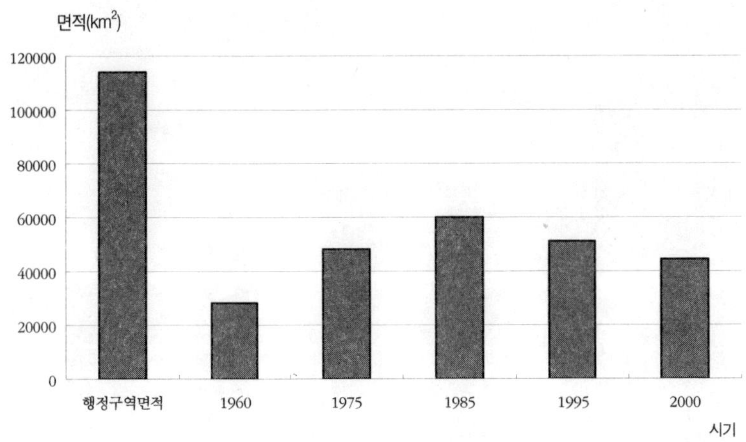

〈그림 6-11〉 커얼친 사지 지역(츠펑, 퉁랴오) 사막화 토지면적 추이

출처 : 內蒙古自治區統計局編(2002), 朱震達 等(1994), 烏蘭圖雅(1999), 王濤 等(2004), 裘善
  文 等(2005). 이하 같음.
주 : 사막을 포함한 사막화 면적이다.

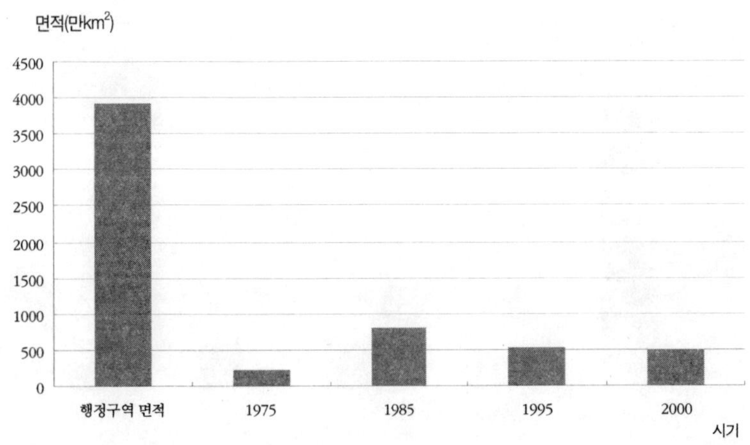

〈그림 6-12〉 츠펑 지역 린시현 사막화 토지면적 추이

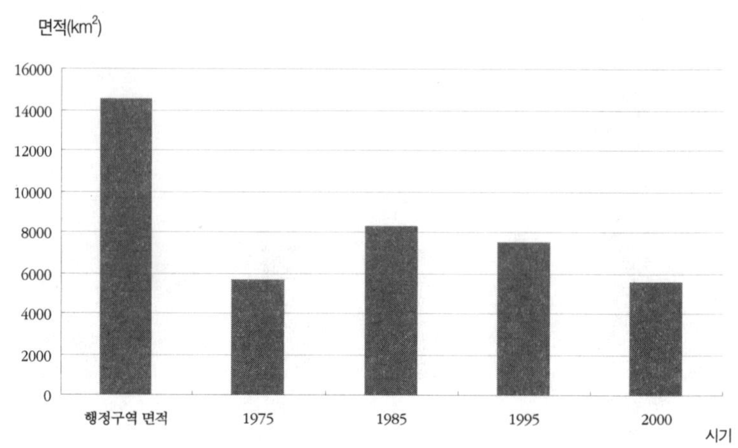

〈그림 6-13〉 츠펑 지역 아루커얼친기 사막화 토지면적 추이

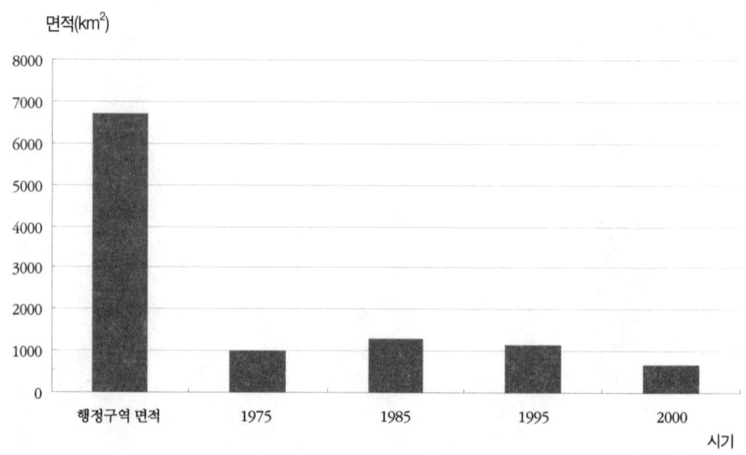

〈그림 6-14〉 츠펑 지역 바린줘기 사막화 토지면적 추이

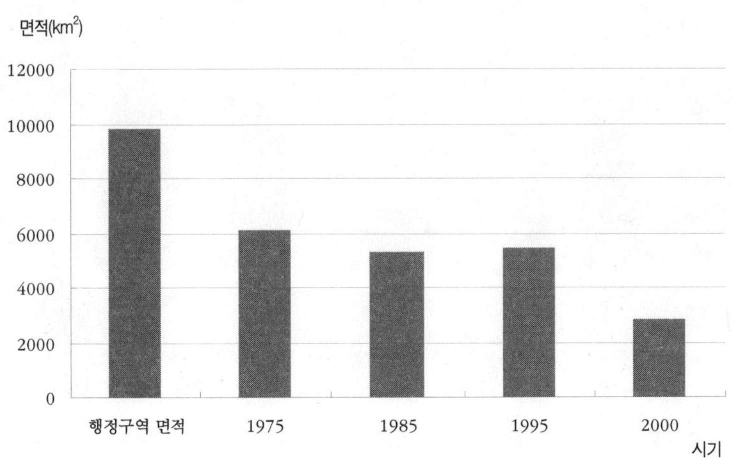

〈그림 6-15〉 츠펑 지역 바린요우기 사막화 토지면적 추이

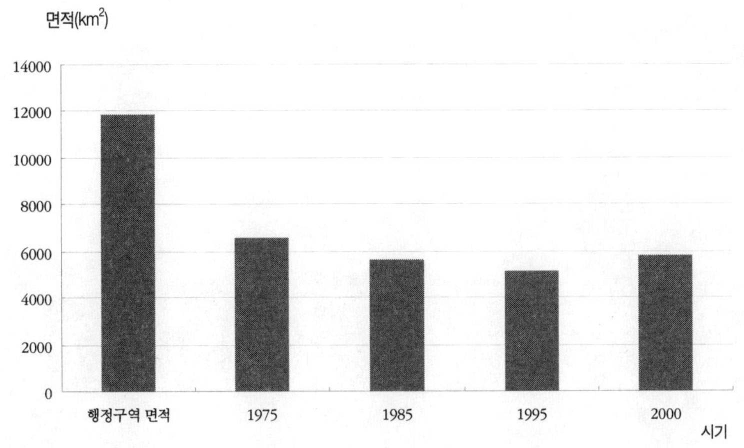

〈그림 6-16〉 츠펑 지역 옹뉴터기 사막화 토지면적 추이

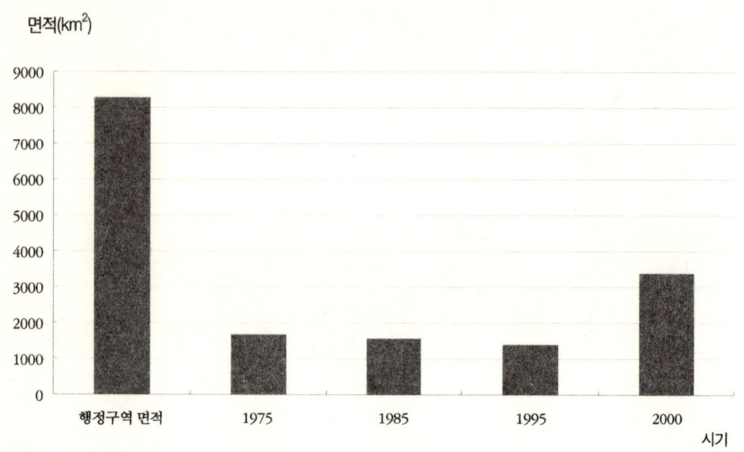

〈그림 6-17〉 츠펑 지역 아오한기 사막화 토지면적 추이

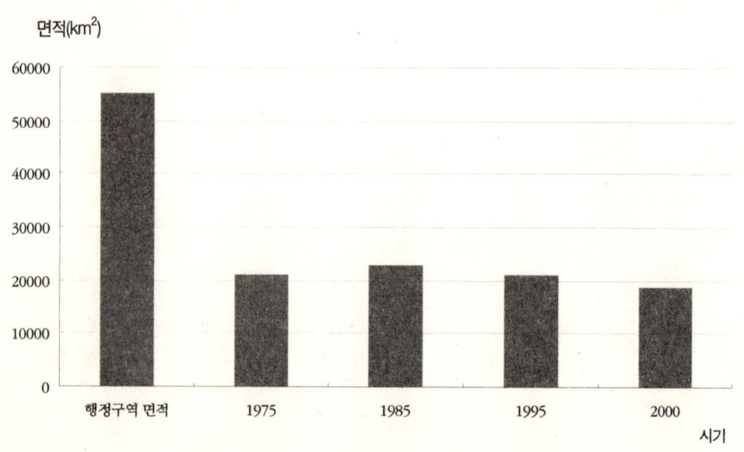

〈그림 6-18〉 츠펑 지역 전체 사막화 토지면적 추이

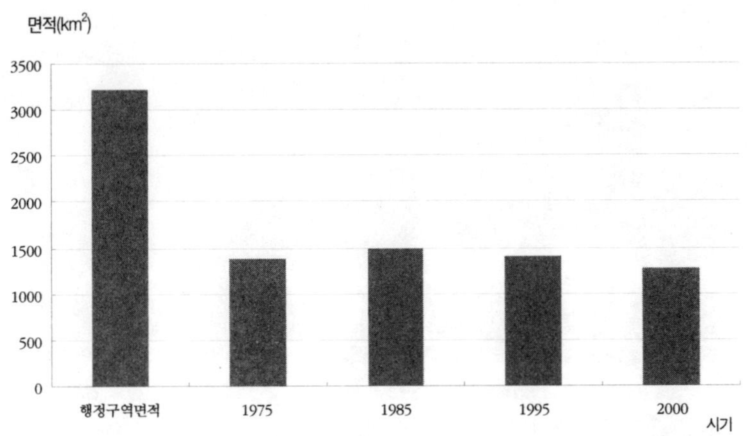

〈그림 6-19〉 퉁랴오 지역 커얼친구 사막화 토지면적 추이

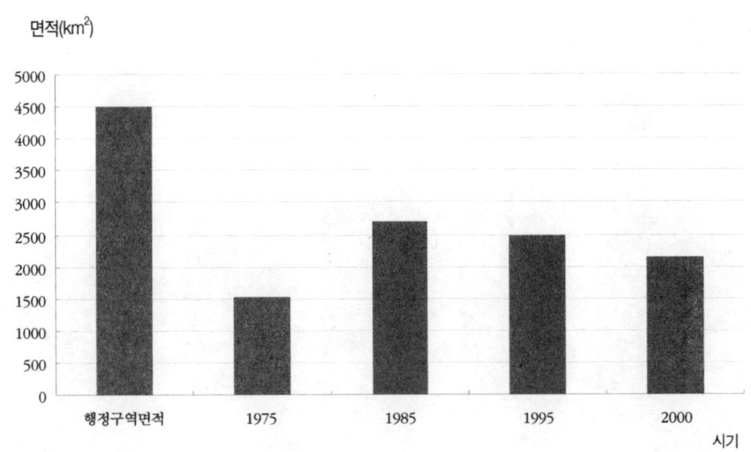

〈그림 6-20〉 퉁랴오 지역 카이루현 사막화 토지면적 추이

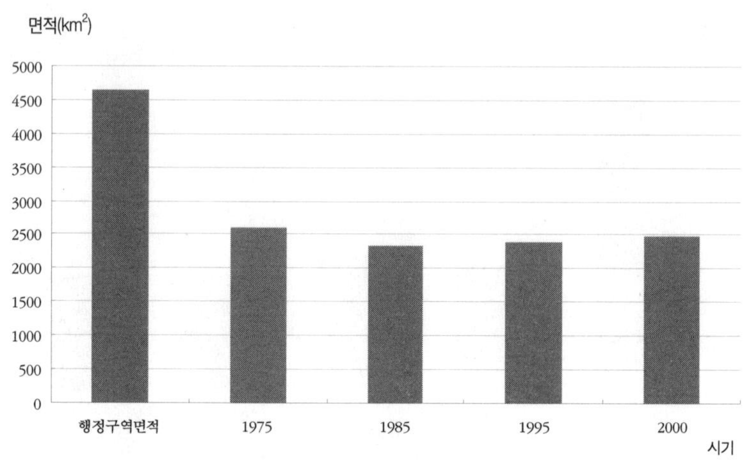

〈그림 6-21〉 퉁랴오 지역 쿠룬기 사막화 토지면적 추이

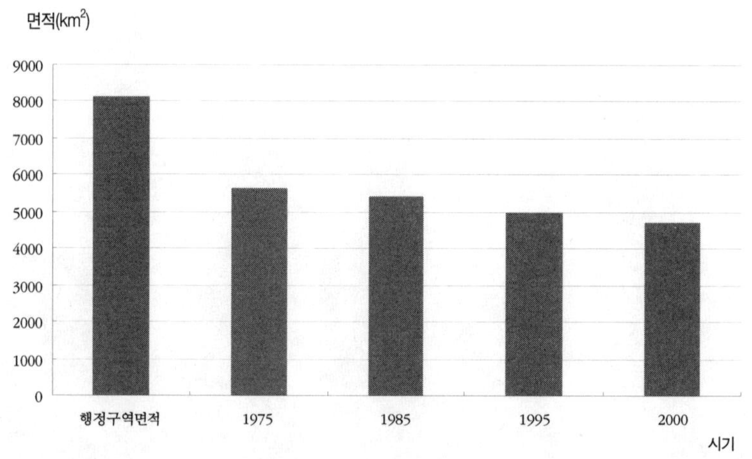

〈그림 6-22〉 퉁랴오 지역 나이만기 사막화 토지면적 추이

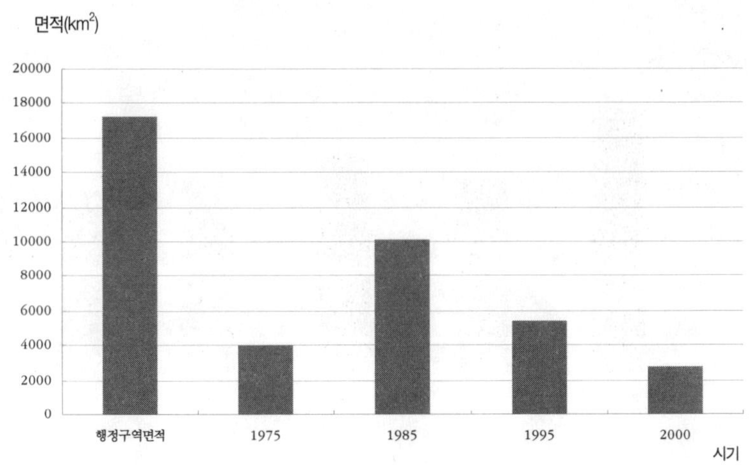

〈그림 6-23〉 퉁랴오 지역 자루터기 사막화 토지면적 추이

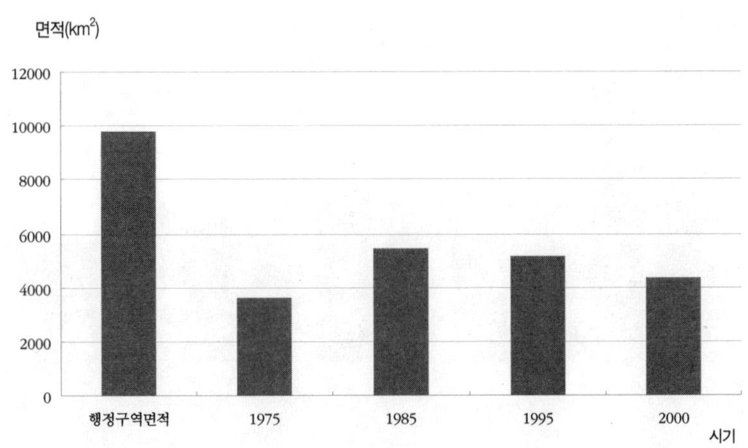

〈그림 6-24〉 퉁랴오 지역 커얼친쥐이중기 사막화 토지면적 추이

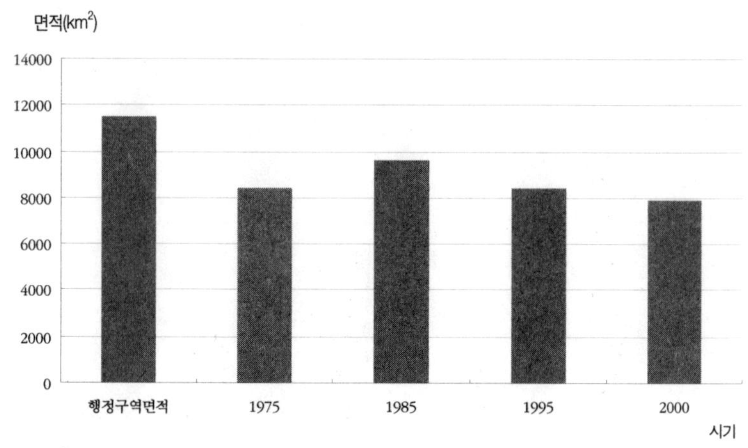

<그림 6-25> 퉁랴오 지역 커얼친줘이허우기 사막화 토지면적 추이

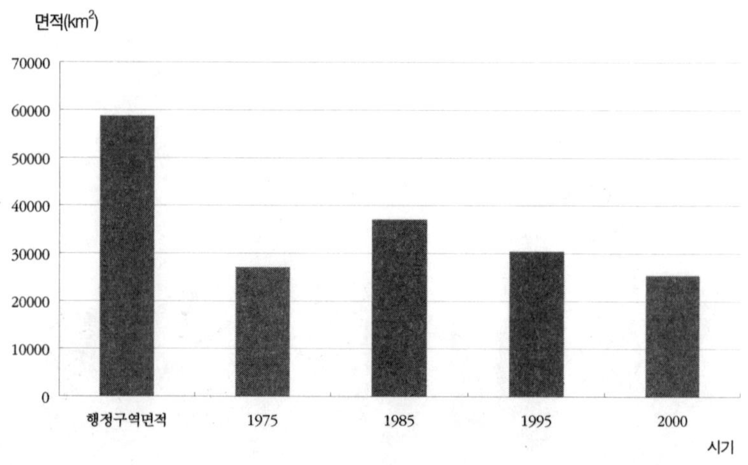

<그림 6-26> 퉁랴오 지역 전체 사막화 토지면적 추이

3. 커얼친 사지 지역 사막화의 전개 유형과 기제

위성사진 및 지도를 통한 조사와 현지답사를 통하여, 커얼친 사지 지역의 사막화 전개 유형을 다음과 같이 분류할 수 있었다. 첫째, 이동사구 확대유형. 둘째, 하안 유사 확대 유형. 셋째, 촌락 주변의 반점상(斑點狀) 유사 확대 유형. 넷째, 초지와 경지 중의 반점상 유사 확대 유형. 물론 사례에 따라서 이러한 유형들은 복합적으로 나타날 수 있지만, 이하에서는 각각의 유형별로 발현 기제에 대해 논의하고자 한다.

1) 이동사구 확대 유형

이동사구(유동사구) 확대 유형은 시라무룬허강 이남과 라오하허강 이서의 우단(烏丹, 옹뉴터기 소재지) 남부, 시랴오허강 남쪽의 하안지대와 다싱안링 산록 말단의 일부지역에서 주로 나타난다. 바르한(barchan)이 연쇄된 형태이며, 탁월풍의 방향으로 사구가 이동한다(〈그림 6-27〉).

이 유형은 규모와 속도 면에서는 위협적이지만, 인간에 대한 직접적인 피해는 큰 편이 아닌 것으로 보인다. 이전부터 존재해온 이동사구 주변에는 촌락이나 경지가 발달된 경우가 드물기 때문이다.

이 유형의 발현은 커얼친 사지 지역이 기본적으로 주위 산지로부터 운반·퇴적된 사질토양으로 이루어져 있다는 상황 위에서 이 지역의 강력한 바람이 작용한 결과이다. 커얼친 사지 지역은 연평균 풍속이 초속 3.3~4.4m이며, 봄철의 평균 풍속이 초속 4.2~5.9m에 이른다. 모래가 날리는 임계치인 초속 5m 이상의 풍속이 매년 210~310일 정도 나타난다(任美鍔·包

〈그림 6-27〉 이동사구(유동사구)의 확대

주 : 나이만기 외곽. 2003년 3월.

浩生 1992, 377). 이동사구의 높이는 6~20m이고, 이동속도는 연간 2~6m이나, 연평균 최대 이동속도가 25m에 이르기도 한다(烏蘭圖雅 1999, 12).

2) 하안 유사 확대 유형

하안 유사(河岸流沙) 확대 유형은 다싱안링 산맥 전면의 충적 선상지를 흐르는 하안의 범람지역에서 주로 나타났다. 하천 주변의 노출된 모래에 의해 성장하는 바르한과 유사평원(流沙平原)의 형태를 띠고 있으며(〈그림 6-28〉), 일반적으로 면적이 5~10km² 정도이다.

상황에 따라서는 현지주민에게 가장 위협적인 유형이다. 하천 주변에 거주지와 경지가 발달되어 있기 때문이다. 옹뉴터기와 나이만기 등에서는 사구가 이동하면서 고압전선과 민가를 매몰시켰고, 이동하는 사구를 피하여 도로가 여러 차례 다시 건설되었으며, 마을 전체가 이주하는 사태까지 발생하고 있다.

이 유형은 산지의 벌채, 하계의 집중 강우에 의한 일시적 범람과 모래의 퇴적, 하천수 관개와 지하수 개발로 인한 하천유량 감소와 지하수위 하강으로 인해 나타난다. 하천과 주변의 모래가 사구사의 주요 공급원이 되고, 거기에 강력한 바람의 작용이 더해져, 지속적으로 확대되는 발현 기제를 갖는다. 이것이 바람에 의해 운반되어 하천 주변에 개발된 경지와 초지에 위해를 가한다.

개간된 경지의 관개를 위하여, 지난 50여 년간 이 지역의 하천에는 대대적인 수리시설의 확충이 이루어졌다. 현재 커얼친 사지의 상부에 위치하는 츠펑시의 중형 및 대형 댐의 준공시기와 저수량은 〈표 6-2〉와 같다. 착공과 준공이 대약진운동의 시작(1958년)에서부터 문화대혁명의 종결(1976년) 시기에 이루어졌음을 알 수 있다. 도합 약 31억m³의 저수용량을 지니고 있다. 소형까지 합한다면 그 규모는 더 크다.

커얼친 사지 하천의 하류부에 위치하는 퉁랴오시의 경우 58.1만ha가 매년 10~20억m³의 하천수에 의해 관개되고 있는데, 그중 농업용수가 75.6%, 목축업용수가 19.8%를 차지하고 있다. 이 지역 역시 자오라이허강 수계의 서리후(舍力虎, 1958년), 시후(西湖, 1958년), 시랴오허강 수계의 멍자돤(孟家段, 1958년), 모리먀오(莫力廟, 1960년대), 샤오타쯔(小塔子, 1960년대), 신카이허강 수계의 타라간(他拉干, 1960년대) 등의 저수시설이 건설되어 있으며, 대부분 츠펑의 저수시설과 건설시기가 일치한다. 이러한 하천수의 이용은 하천의 유량을 감소시켜 단류현상을 유발했다. 예로 커얼친 지역을 통과하는 지류들이 합류하여 이루어진 시랴오허강의 퉁랴오 관측점에서 1952~1965년 사이의 연평균 경류량은 12억m³를 상회했으나, 1966년에는

0.931억m³로 급격히 감소했다. 1975년 이후~1998년까지는 홍수기를 제외한 기간 동안에는 단류현상을 보이다가 1998년 이후 현재까지는 연중 단류현상을 보이고 있다. 이러한 단류는 급속히 상류방향으로 전진하고 있으며, 단류현상으로 드러난 하상에서 바람에 의해 모래가 공급되고 있다.

〈표 6-2〉 츠펑시 중·대형 저수시설 일람표(2005)

(준공 연도순)

수고(水庫) 명칭	수계	착공연도	준공연도	저수량(만m³)
우란우쑤	자오라이허	1958	1959	3,320
바인화	우얼지무룬허	1958	1962	2,351
훙산	라오하허	1958	1965	256,000
우란자오	자오라이허	1965	1966	1,260
우다오스먼	공거얼허	1969	1969	1,470
얼다오허쯔	라오하허	1970	1972	9,300
간거우쯔	자오라이허	1971	1972	1,479
칭산	자오라이허	1970	1973	3,500
룽커우	시라무룬허	1971	1975	1,100
샤나	우얼지무룬허	1974	1975	7,175
가오자뎬	라오하허	1974	1976	1,946
산왼쯔	자오라이허	1974	1976	7,140
차오위안	차간무룬허	1975	1976	1,219
샹수이	시라무룬허	1978	1981	1,330
다후스	라오하허	1976	1982	11,960

출처: 赤峰市志編纂委員會(1996)와 필자의 조사에 의함.

나이만기에서 전형적인 하안 유사 확대 유형을 발견할 수 있다. 나이만기의 소재지인 다친타라진(大沁他拉鎭) 서북쪽에는 시후(西湖)라는 호수가 있다. 1997년 출간된 지도(國家測繪局編制 1997, 도엽 K-51)에는 사방 5km

〈그림 6-28〉 하안 유사 확대

주 : 자오라이허강 하안. 전날 25mm의 비가 내려 단류된 하천에 물이 흐르고 있다. 2004
년 8월.

정도의 호수로 나타나 있다.

그러나 필자가 2004년 8월 답사한 결과 이 호수는 완전히 고갈되어 있
었다. 주민들에 의하면 1962년에 한 차례 고갈되었다가 곧 회복되었으나
1998년에 다시 완전히 고갈되었다.[3] 국지적인 지형상 이 호수는 원래 건조
지역 내륙하천의 종점호(終點湖)이자 최대 수심 4~5m의 담수호였다. 콘크
리트 구조물 흔적이 남아 있는 것으로 보아 다친타라진의 상수원으로 이용
되었음을 알 수 있다. 1962년의 고갈은 상류에 서리후 저수시설이 건설되

---

3 답사과정에서 주민들은 이 호수가 조선과 밀접한 관계를 가지고 있다고 했다. 1960년대 북한
의 김일성 주석이 베이징을 방문하여, 만찬에 올라온 이 호수의 특산물 붉은꼬리 잉어(紅尾鯉
魚)를 맛본 후 그 맛을 잊지 못했다고 한다. 1972년 김일성 주석의 환갑잔치상에 올리기 위하여
북한 관리들이 이곳을 방문하여 그 물고기를 구해갔다고 한다. 이는 이 지역의 공무원들 역시
자랑스러운 일로 여기고 있었다. 그러나 현재 호수는 고갈되었고 붉은꼬리 잉어는 더 이상 관
찰되지 않고 있다.

어 유량이 줄어든 상태에서 가뭄이 겹쳐 발생했다. 그러나 1998년 이후 고 갈에는 그전과 약간 다른 이유가 있다.

상류에 서리후 저수시설이 건설되어 유량이 줄어든 상황에서 당시 이 호수 서쪽의 라오하허강 하안에서 날아온 모래 때문에 호수가 점점 매몰되 고 있었다. 이 때문에 지역 주민들은 상수원이 매몰되지 않을까 우려했고 그 때문에 지하수 관정을 파기 시작했다. 그 결과 지하수위마저 하강했으 며, 결국 호수는 고갈되었다.

3) 촌락 주변의 반점상 유사 확대 유형

커얼친 사지 지역에서는 높이 2m 정도의 식생이 있는 고정사구를 '튀' (坨) 혹은 '튀쯔디'(坨子地)라고 부르며, 사구 사이의 비교적 넓은 저지를 '몐'(甸) 혹은 '몐쯔디'(甸子地)라고 부른다. 한편 이 지역의 몽골족들은 완만 한 기복의 모래땅을 '자오'(召)라고 부르며 긴 사구 연쇄지대들 사이의 넓은 저지를 '타라'(塔拉)라고 부르는데, 이것은 몽골어로 초원 혹은 초지라는 뜻 으로, 실제로 방목지로 이용되는 경우가 많다. '튀' '몐' '자오' '타라'로 불리 는 지역은 커얼친 사지에서도 식생이 비교적 풍부한 편이다.

촌락 주변의 반점상 유사 확대 유형은 '타라'의 국부지역에서 나타난다. 주로 촌락 주변에서 식생이 파괴된 고정 및 반고정사구의 형태를 띠게 되 는데, 마른버짐이 핀 것과 같은 형상을 하고 있다. 심한 곳은 이동사구(유동 사구)의 형태를 나타내기도 한다. 촌락 주변에 환상(環狀)의 형태로 진전되 는 경우가 많은데, 촌락이 형성되면서 지하수가 집중적으로 개발되고, 촌 락 주위에 목축활동이 비교적 높은 강도로 이루어지며, 땔감으로 관목들이 집중적으로 벌채되기 때문이다(〈그림 6-29〉).

  ‘튀’ 혹은 ‘튀쯔디’라고 불리는 것들은 대부분 하천에 연하여 분포하고 있는데 오래전에 하천의 침적물이 땅에 불려 올려 형성된 것이다. 따라서 현재 하천이 존재하지 않는데도 이러한 지형이 분포하는 ‘덴’이나 ‘타라’에는 이전에 하천이 흘렀을 가능성이 크며, 지하수 조건이 좋은 편이다. 이러한 지역은 물이 귀한 커얼친 사지에서 촌락 입지에 유리한 조건을 가지고 있고, 비교적 이른 시기부터 목축의 거점이나 거주지가 형성되었다.

  커얼친 사지는 주변의 산지에 의한 ‘C’자형의 지형이 지하수의 집중 조건을 만들고 있다. 퇴적층이 다싱안링 산지 전면에서는 15m 정도, 사지 중부에서는 105m 정도로 발달하여 있어서 지하수 조건이 비교적 양호하다. 1950년대 지하수위는 1~4m 정도로 알려져 있었다. 그러던 것이 1970년대 말과 1980년대 초에 대폭 하강했다가 이후 회복되었고, 1990년을 기점으로 다시 계속 하강하고 있는 것으로 나타났다(趙哈林 等 2002). 이러한 변화는 관개를 위한 수리시설의 건설, 지하수의 개발 등에 큰 영향을 받은 것으로 보인다.

  지하수위 하강의 예를 퉁랴오시 나이만기에서 볼 수 있다. 2004년 현재 나이만기에는 약 8,000공의 대형 관정과 약 1만 공의 소형 관정이 존재한다. 이 중 대형 관정은 6,000공만이 기능을 하고, 소형 관정은 대부분 기능을 상실했다. 1996~2003년 사이에 지하수위가 8m 하강했기 때문이다. 이는 매년 1m 속도로 하강한 것이다. 이에 따른 결과로 나이만기 다친타라진 주변의 식생으로 피복된 곳들에서 띄엄띄엄 마른버짐 핀 것과 같은 반점상의 유사가 확대되는 것을 볼 수 있다.

〈그림 6-29〉 촌락 주변 반점상 유사 확대

주 : 사구가 가옥을 위협하고 있다. 나이만기 다친타라진 외곽. 2004년 8월.

4) 경지와 초지 중의 반점상 유사 확대 유형

이 유형은 경지나 초지 가운데 마른버짐 피듯이 모래땅이 증가하는 유형이다. 속도가 빠르지 않고 분산적으로 나타나기 때문에, 직접적인 피해 규모는 크지 않으나 한 번 발생하면 퇴치하기가 쉽지 않다.

경지는 1년 중 여름에만 작물이 자라고 나머지 기간에는 식생이 없기 때문에, 식생 부재 기간에 토양의 풍식과 유사가 활발하게 전개된다. 더불어 커얼친 사지 지역에서는 토양 염류화 및 지력문제로 인하여 1~3년간 경작한 후 밭을 버리는 경향이 종종 있다. 버려진 토지는 식생이 매우 희박하기 때문에 유사활동이 전개된다. 한 조사(常學禮 等 2003, 80)에 의하면, 퉁랴오 지역에서만 이러한 토지방기 면적이 연 4,000ha에 달한다. 초지에서

210

는 과도방목, 지하수 개발, 약초 채취 등으로 인해 식생이 국부적으로 완전히 제거되는 경우에 반점상의 유사 확대 현상이 나타난다(〈그림 6-30〉, 〈그림 6-31〉, 〈그림 6-32〉, 〈그림 6-33〉).

한번 발생한 반점상의 유사는 쉽게 퇴치되지 않으며, 건조하고 강풍이 부는 겨울과 봄에 그 면적이 더욱 확대되어 서서히 사막의 형태로 변화된다.

〈그림 6-30〉 경지상의 반점상 유사 발현 시작(여름)

주 : 경지에 반점상의 유사가 나타나고 있다. 이러한 상태는 사막화의 범주에는 포함되지 않는다. 나이만기. 2004년 8월.

〈그림 6-31〉 경지상의 반점상 유사(겨울)

주 : 아오한기 사포토우향. 2003년 3월.

〈그림 6-32〉 고정사구 지역 초지의 퇴화

주 : 퉁랴오 외곽. 2004년 8월.

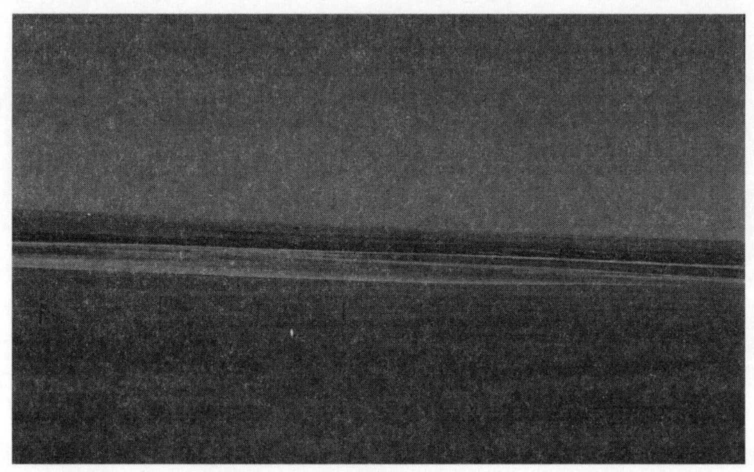

〈그림 6-33〉 사질초원 지역의 반점상 유사 발현

주 : 지하수 관정 개발로 염류화가 동시에 진행되고 있다. 자루터기. 2000년 10월.

5) 커얼친 사지 지역 사막화 과정의 모형화

사막화의 원인으로는 강풍, 삼림벌채, 개간과 물 이용(관개, 지하수 개발), 과도방목으로 인한 식생파괴 등을 들 수 있다. 커얼친 사지의 사막화 전개 유형들이 발생한 순서는 ① 이동사구 확대 유형 → ② 하안 유사 확대 유형 → ③ 촌락 주변의 반점상 유사 확대 유형 → ④ 초지와 경지 중의 반점상 유사 확대 유형순으로 추정된다. 대체적으로 이 순서로 주요 하천을 따라 서부의 고지로부터 동부의 저지 방향으로 분포하는 경향이 있다.

앞서 언급한 커얼친 사지의 자연적 특성과 대표적인 지표상태(사질초원 지역, 고정사구 지역, 이동사구 주변지역)를 고려하고, 사막화의 전개유형 및 기제를 종합하여, 이 지역의 사막화 과정을 〈그림 6-34〉와 같이 도식화할 수 있다.

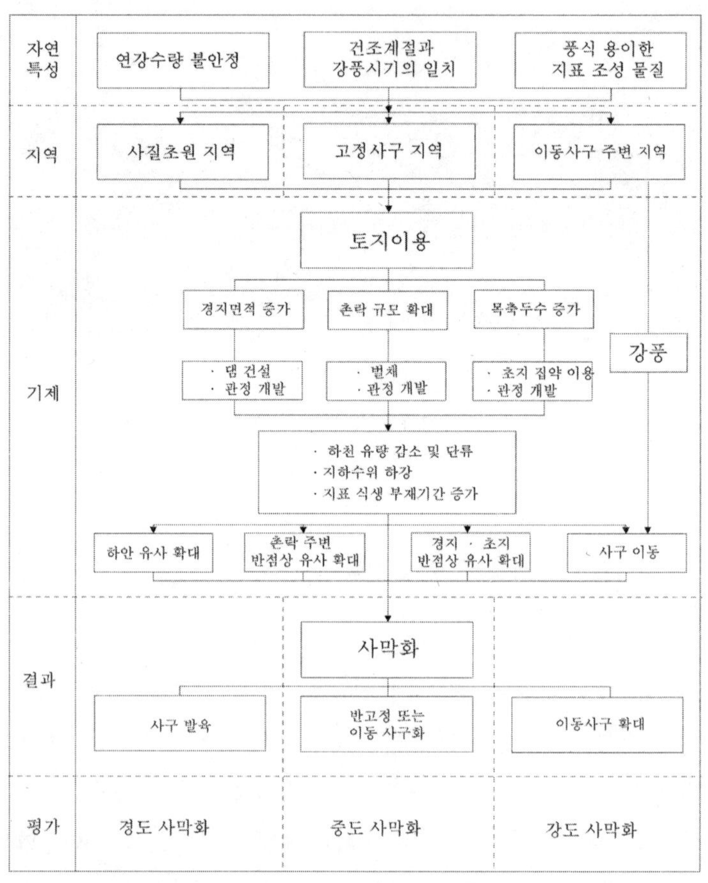

〈그림 6-34〉 커얼친 사지 지역 사막화 과정의 도식화

4. 커얼친 사지 지역 토지이용 변화와 사막화의 사회적 맥락

커얼친 지역의 토지이용 변화로 인한 사막화 문제는 중국 사회의 전반적인 변화와 밀접한 관계를 맺고 있다. 사회적 배경에 대해 1949~1980년대 초반과 1980년대 초반~현재까지로 구분하여 살펴보기로 한다. 이러한 시기 구분을 사용하는 것은 사막화에 대한 인식과 사막화 방지 및 퇴치조치들이 1980년대 초반부터 이루어지기 시작했기 때문이다. 1949년 중화인민공화국 성립 이후 토지이용 변화와 관련된 사건들의 연표는 〈표 6-3〉에 나타나 있다.

1) 토지이용체계의 급격한 변화와 사막화의 기초 형성 : 1949~1980년대 초반

1947년 네이멍구 자치구는 다른 지역보다 먼저 사회주의자들에 의해 해방되었다. 그때 그들의 구호는 '초원의 몽골족 공유와 방목의 자유'였다.[4] 그럼에도 1950년대 중반에 이르러서는 유목민에 대한 정착운동이 전개되었으며, 1957년부터는 합작화운동과 초원개간운동이 전개되었다.

---

4 원래 1935년 12월 20일에 발표된 마오쩌둥(毛澤東) 명의의 〈중화소비에트 중앙정부의 대네이멍구인민선언〉(中華蘇維埃中央政府對內蒙古人民宣言)의 제1항에는 다음과 같이 쓰여 있었다. "원래의 6맹, 24부, 49기 및 차하얼투모터(察哈爾土黙特) 2부(部) 그리고 닝샤(寧夏)의 3특기(特旗) 전역을 모두 네이멍구 인민에 귀속시켜, 몽골 인민의 영토로 한다. 러샤성(熱夏省), 수이위안성(綏遠省), 차하얼성(察哈爾省) 등을 모두 폐지하고, 모두 몽골족의 토지로 한다(中共中央統戰部 1991, 322)." 그러나 대약진운동과 문화대혁명 속에서 이것은 잊혀져 갔다.

농촌 출신이자 지식인이며 한족이 대부분이었던 지도부의 입장에서는 광활한 초원에서의 방목이 비효율적이고 한가로운 것으로 보였을 것이다. 지도부에게 필요한 것은 사회주의 기초 건설을 위한 식량이었고, 초원은 개간대상일 뿐이었다. '이량위강'(以糧爲綱, 식량을 근간으로 삼자)과 '생산량 배가'(翻一番)가 구호가 되었다.

목축민들은 농경을 잘 몰랐기 때문에 초원을 개간하기 위해서는 대규모의 외지인구(한족 농민)를 이주시켜야만 했다. 따라서 초원의 이용을 둘러싸고 몽골족 목축민들과 이주자인 한족 농민들 사이에 충돌이 빈번했다(色音 1998, 80-108).

커얼친 초원 지역은 네이멍구 지역 중에서도 우선적인 개간 대상이 되었다. 중원의 인구 밀집 지역과 거리가 비교적 가까웠고, 청 말 신정(新政) 시기의 몽지간식(蒙地墾植)과 이민실변(移民實邊) 정책 등 수차에 걸친 개간 시도들이 있었기 때문이다.

1958년 대약진운동의 출발은 사회-생태적으로 중국 전역에 걸쳐 심각한 결과를 가져왔다. 인민공사화가 추진되었고 식량과 철 생산이 강조되었다. 동시에 식량생산을 위한 초원의 개간과 동네마다 재래식의 철 생산(土法製鐵)을 위한 땔감의 벌채가 급격하게 이루어졌다. 주요 수계에 관개용 저수시설들이 건설된 것도 이 시기이다. 목축 역시 생산량을 늘리라는 압박을 받아 초지의 적정 방목두수에 근접하게 된다(2004년 8월 10일, 나이만기 축목국장과의 인터뷰).

대약진운동 시기의 농업 및 목축업 사업 중에는 이전과 달리 국영농장 및 국영목장의 건설과 같은 조직적이고 대규모적인 사업이 포함되어 있었다. 바로 이 시기에 커얼친 초원 지역의 경지면적은 과거와 비교할 수 없을 정도로 크게 늘어났다. 이러한 상황에서 초원은 더 이상 목축민의 것이 아니었고, 법률에 따라 전인민소유로 변화되었다. 이 시기부터 '커얼친 초원'은

'커얼친 사지'로 변화되었고 점차 '커얼친 사지'라는 명칭으로 불리게 되었다.

대약진운동이 실패로 끝나고 1961년 전국적인 조정정책이 실시되었다. 목축민의 정서를 고려하여 초원 보호와 개발금지가 조정정책에 포함되었다. 그러나 1966년 문화대혁명이 시작되면서 다시 외지인구의 유입과 초원 경지화가 진행되었다.

사실 1965년 마오쩌둥(毛澤東)이 〈농촌사회주의 교육운동〉에 관한 테제를 발표하자, 네이멍구 당위원회는 1965년 11월 〈네이멍구 목구 사회주의 교육운동의 약간문제〉와 〈목구 사회주의 교육운동 중의 몇 가지 정책문제〉를 발표해 약간 다른 주장을 했다. 농촌 사회주의의 원칙을 네이멍구 자치구에 직접 적용하기는 어렵다는 것이었다.

그러나 1966년 문화대혁명이 시작되자 네이멍구 당위원회의 주장은 무시되었다. 오히려 1968년 7월에 발표된 〈목구의 계급획분과 계급성분 청산 정리에 대한 몇 가지 규정 사항(초안)〉에서 중국 공산당은 이전에 목구에서 취하던 "투쟁하지 않고, 나누지 않으며, 계급을 획분하지 않는다"는 정책(三不政策)과 "목축업 노동자와 목장주 모두 이롭게 한다"는 정책(牧工牧主兩利政策)과는 다른, "목장주에 대해 투쟁하고, 가축을 나누는" 정책을 실시하게 된다. 목축민을 2계급 6계층으로 나누어 계급투쟁을 전개했고, 이와 동시에 린뱌오(林彪)의 '정치변방'(政治邊防) 건설 제안으로 변경지방의 목축민들이 내부로 이동하게 되었다. 이것은 네이멍구 자치구 전반에 혼란을 가져왔다.

1968년 12월 『네이멍구일보』는 사설에서 몽골족 지도자 우란푸(烏蘭夫)의 오류를 지적하면서 다음과 같이 주장했다(圖們 · 祝東力 1995, 327).

목구에 인접한 농촌은 일종의 '방호지대'(防護地帶)를 구축하여, 16개 기 · 현(旗 · 縣)과 약 80만 인구의 지역에 토지개혁이 없었다. 서부의 여러 지역에서 평화로운 토지개혁을 조장했고, 약 100만이 거주하는 몽골족 · 한족 혼합거주지구에서는 "몽골족 지주와 부농을 한 계급 내리라"는 데 대하여 반동적인 정책을 폈으며, 이에 따라 대부분의 지주들이 타도대상에서 벗어났거나, 그들을 감싸주는 결과를 낳았다.

이에 따라 몽골족과 한족이 섞여 사는 반농반목지대에서 몽골족 지주와 부농들에 대한 탄압이 시작되었다. 이것은 1969년 7월 네이멍구 자치구의 행정구역이 분할되어 일부지역이 인근의 성들에 이관된 뒤 더욱 극렬한 양상을 띠었다. 인근의 성들은 민족자치 단위가 아니라 한족들의 행정단위였기 때문이다(李康源 2002, 3).

1969년에 커얼친 지역에서도 츠펑(당시에는 자오우다맹)이 랴오닝성으로 편입되고, 퉁랴오(당시에는 저리무맹)가 지린성으로 편입되어, 다량의 외지인이 유입되는 계기가 되었다. 이 시기의 이주와 개간 역시 대약진운동 시기와 마찬가지로 국영농장 및 각급 집체단위의 조직적이고 대규모적인 사업들이 포함되어 있었다.

1976년 문화대혁명이 종결되었고, 1978년 개혁개방정책이 수립되었다. 그러면서 문화대혁명 시기의 엄격한 집단주의가 완화되어 가축의 개인적 처분이 약간 유연하게 되었다. 문화대혁명 과정에서 상실감을 느낀 목축민들의 불만을 해소하려는 조치였다. 더불어 1979년에는 츠펑과 퉁랴오에 대한 관할권이 랴오닝성과 지린성으로부터 네이멍구 자치구로 환원되었다.

그러나 이미 많은 한족이 유입되어 있어 인구구조는 원상태로 회복되지 않았고, 그에 따라 토지이용도 원상태로 회복되지 않았다. 이 시기의 특기할 만한 사항으로는 츠펑과 퉁랴오 사이에 물 분쟁이 발생하게 되었다는 점이다. 상류의 츠펑 지역에 댐을 건설하자 하류의 퉁랴오 지역에서는 단류현상이 발생했다. 이후 이러한 지방정부 간의 물 분쟁은 계속되었고, 커얼친 이외의 지역에서도 보편적인 현상이 되었다(李康源 2003a, 719).

이 시기의 토지이용 변화와 사막화의 사회적 배경에는 대약진운동과 문화대혁명이라는 두 사건이 자리 잡고 있다. 사회주의 건설에 대한 조급한 기대에 근거했을 이 운동들은 초원지역에서 농민이자 한족인 인구의 양과 비율을 증가시켰고, 그에 따라 토지이용 역시 경지의 확대로 귀결되었다. 이 시기에 현재의 토지이용체계와 사막화 발생의 기본적인 틀이 형성되었다.

2) 사막화에 대한 각성과 토지이용체계 전환의 모색 : 1980년대 초반~현재

개혁개방정책의 일환으로 네이멍구 자치구에서는 1980년 농업과 목축업에 대하여 가정연산승포(家庭聯産承包)의 청부책임제가 실시되었다. 이에 따라 농민과 목축민들은 자신들에게 배분된 경지와 초지에서 생산량을 극대화하려는 노력을 했다.

이 지역 생산량 증대에 있어서 관건은 물이었다. 기존 대규모 국영과 집체단위의 농·목장은 생산량을 늘리기 위하여 관할 저수시설을 통제했고, 그에 따라 개별 촌락의 농민과 목축민들은 물 확보를 위하여 지하수 관정을 개발했다. 이는 하류로 흐르는 물의 양을 감소시켰고 지하수위의 하강을 초래했다.

한편 네이멍구 자치구 차원에서 개간으로 파괴된 초원의 식생을 회복시키려는 노력이 부분적으로 시도되었다. 그러나 이전에 일어난 인구구조의 변화는 여전히 환원되지 않았고, 이전에 개간된 경지의 대부분이 여전히 유지되고 있었다. 이로 인해 초원의 완전한 회복은 기대하기 불가능했고 사막화는 계속 진행되었다.

이주 농민들 역시 자신이 개간한 땅을 버리고 고향으로 돌아갈 수도 없었다. 애써 개간한 토지를 버릴 수도 없었지만, 고향에 자신을 위해 남겨진 토지가 없었기 때문이다. 이런 진퇴양난 속에서 초원 회복을 위한 방책으로 조림과 목축이 강조(1981년 전국민 의무식수운동)되었다. 그러나 성과는 미미했다.

한편으로 경제개혁은 가속화되어 1984년에는 농민에 대하여 토지 청부기간 15년제가 실시되었다. 네이멍구 자치구에서도 농민과 목축민에 대해 경지 및 초원과 가축에 대한 청부책임제가 전면적으로 실시되었다. 그러나 이러한 조치들은 토지면적당 생산량이 상대적으로 낮은 이 지역에서는 정부에 보고되지 않는 토지의 불법개간('黑土地')과 가축두수의 증가를 가져왔다. 책임량 이외에 생산물에 대한 개인적 처분권이 보장되자 농민과 목축민들이 수익의 극대화를 도모하기 위해서 취한 행동들이었다. 일부 지방행정단위에서는 더 많은 세수의 확보를 위해 상위기관에 허위보고를 하면서까지 농민들과 목축민들의 불법행동을 조장하는 일이 벌어졌다.

이와 유사한 문제들이 커얼친 지역이나 네이멍구 자치구뿐만 아니라 전국적으로 나타났다. 중국 정부는 이러한 문제에 대한 방지책으로 1985년에 삼림법과 초원법을 시행했다. 네이멍구 자치구에서도 초원의 관리와 건설을 강조하는 방향으로 수정된 초원관리 규정을 공포했다. 이러한 법률적 지침들을 근거로 경지를 물리고 숲을 되돌리며 초원을 되돌린다는 의미의 '퇴경환림환초'(退耕還林還草) 구호가 제기되었다. 1987년 네이멍구 자치구에서 초원의 유상 사용제도 실시 역시 이러한 움직임의 연장선에 있었다. 이 운동은 경지면적의 축소와 초지 및 임지의 증대를 의미하므로, 내용상 농업·임업·목축업의 비율에 대한 구조조정으로 연결될 수밖에 없었다.

그러나 앞서 언급한 중화인민공화국 성립 이래 누적되어 온 초원지역의 인구구조와 토지이용의 문제점들이 해결되지 않아 이러한 조정은 쉽지 않았다. 농업부분의 과잉 노동력을 흡수할 여력을 목축업이나 임업이 가지고 있지 못했고, 호구제도와 같은 이주 제한으로 인해 노동력이 대도시로 쉽게 이동되기도 어려웠으며, 전국적인 차원에서 그러한 인구의 이동이 초래할 또 다른 문제의 가능성들이 있었다.

사막화 문제가 본격적으로 대두되고 베이징마저 위협받게 되자, 1991년에 중국정부는 사막화 퇴치 10개년 계획을 수립했다. 1978년부터 시작하여 서북, 화북, 동북에 걸쳐 대대적인 조림을 실시하는 삼북 방호림(三北防護林) 사업이 이제 커얼친 사지 지역에서도 본격적으로 실시되었으며, 특히 동북 방면에서 커얼친 사지 지역은 이 사업의 핵심지역이 되었다. 방호림 구축 사업은 서북 및 화북지역과 달리 동북지역에서는 어느 정도 효과를 거두었다고 볼 수 있다. 이는 이 지역이 동남 계절풍의 영향을 받는 반건조 혹은 반습윤지대에 속하여 일정한 조림의 효과가 나타날 수 있는 조건을 갖추고 있었기 때문이다. 그러나 이 방호림 건설 사업은 문자 그대로 모래 폭풍으로부터 베이징을 '방호'한다는 차원의 의도가 컸기 때문에 초원 생태의 전면적인 회복을 도모하기에는 무리가 있었다.

1998년에는 전국적으로 토지 사용 계약기간이 30년으로 연장되었으며 초지에 대한 사용 계약기간 역시 동일하게 연장되었다. 이러한 조치들은 농민들과 목축민들에게 '내 땅' '내 풀밭'이라는 의식을 심어주었다. 이제 농민들은 다시 개간에 나서거나 수익성이 높은 작물을 재배하는 방향으로 나가게 되었고, 목축민들은 가축두수 불리기에 나서게 되었다. 그러나 이러한 행동들은 곧 물 사용의 증대를 의미했으며, 그에 따라 물 부족에 처한 농민과 목축민들에 의해 지하수의 개발이 가속화되었다.

바로 이러한 시기에 대홍수(1998년)와 대규모 사진폭(2000년 전후)이 발생했다. 이 홍수와 사진폭이 차별성을 갖는 것은 피해의 규모뿐만이 아니라, 중국정부가 이를 통하여 토지이용 체계의 개선이 홍수와 사진폭을 해결하는 첩경이라는 것을 깨달았다는 데 있다. 1999년 국무원 총리 주룽지의 현지시찰 이후 '경지를 물리고 숲을 돌리며, 입산금지하여 녹화하고, 양식으로 구휼하며, 개인에게 청부한다'(退耕還林, 封山綠化, 以糧代賑, 個體承包)는 이른바 '16자방침'이 제시되었다. 이 이후 퇴경환림환초 정책과 생태이민(生態移民) 정책이 강제성을 띠고 실시되었다. 퇴경환림환초의 경우 지방행정단위별로 퇴경면적이 할당되었고, 연차적인 확대 추진계획을 보고하도록 했다. 지방행정단위의 간부들에게는 대약진운동과 정반대로 경지면적을 줄이는 것이 중요 임무로 하달되었으며, 경지면적 축소는 지금도 이 지역 간부들의 인사에 중요한 지표로 작용하고 있다.

그러나 토지사용 계약기간 연장을 통한 농업 및 목축업의 안정화와 퇴경환림환초 운동의 강력한 실시 사이에는 농민과 목축민의 빈곤이라는 문제가 자리 잡고 있다. 빈곤한 농민에게 경지를 줄이라는 것이나 빈곤한 목축민에게 가축두수를 줄이라는 것은 생존을 위협하는 것이기 때문이다. 더구나 이들은 전업이나 이주가 제도적으로나 능력 면에 있어서 제한되어 있었다. 따라서 지방에 따라 약간의 차이가 있지만, 커얼친 사지 지역에서는 정부가 농민들에게 퇴경면적 1무(畝: 0.067ha)당 매년 현금 20위안과 8년 동안 매년 100kg(밀 50kg과 옥수수 50kg)의 식량을 지원하도록 했다[2004년 8월 12일, 나이만기 바인타라 거주 몽골족 농민(47세)과의 인터뷰].

초지 보호를 위해 목축민들에게 할당된 초지에서 7~10월 사이에만 방목을 허용했다. 커얼친 지역은 11월에서 이듬해 4월까지가 고초기(枯草期)이고 4월에서 7월까지가 유아기(幼芽期)이다. 이 기간에 방목을 할 경우 초지의 퇴화가 강화되기 때문에, 가축을 울타리(圍欄)에 가두어 풀을 베어 먹이고 있다.

퇴경환림환초 운동에도 불구하고, 츠펑 지역에서는 1990년대 이래 계속 경지면적이 증가되었고, 이 운동이 강제성을 띠고 실시된 시기인

2001~2005년 사이에도 약 8만ha나 증가했다. 반면에 퉁랴오의 경우에는 2000년 이후 지속적인 감소를 보이고 있다. 커얼친 사지를 통과하는 하천들의 하류부에 위치하는 퉁랴오 지역이 단류현상과 지하수위 하강으로 인해 사막화의 피해를 심각하게 입고 있어서 퇴경환림환초 운동이 강력하게 실시되었기 때문이다. 상류에서의 근본적 퇴치가 필수적이라는 점에서 본다면, 여전히 이 운동이 여의치 않다는 것을 보여주는 통계라고 할 수 있다.

그나마 이 지역 생태 조건이 부분적으로라도 개선될 수 있었던 것은 퇴경환림환초 운동의 직접적인 효과라기보다는 1979년 이래의 산아제한정책으로 인한 인구 증가의 둔화와 부분적이나마 대도시 및 연해지역으로의 인구 유출 때문이라고 할 수 있다. 이러한 기제를 통한 이 지역에서의 인구 증가의 둔화 내지 부분적인 감소가 초원에 대한 개간 및 과도방목의 압박을 줄이는 데 기여했기 때문이다.

〈중화인민공화국 사화 방지 및 퇴치에 관한 법률〉(中華人民共和國防沙治沙法)이 2002년 1월 1일부터 시행에 들어갔다. 이것은 사막화 예방 및 퇴경환림환초 운동과 같은 퇴치활동에 법률적 근거를 제공하고 있다. 그러나 농·목축민에 대한 정부의 지원과 현급(縣級) 이하의 집체단위 및 개별 농·목축민에 대한 법률적 책임을 명시하고 있는 이 법이 기대한 만큼의 효과를 가져올 것인가와 관련해서는 여전히 검토할 사항들이 남아 있다.

문제는 이 지역의 '사회-생태적 내선순환'(社會-生態的 內旋循環, social-ecological involution), 다시 말해 개방 및 시장화라는 추세, 농민들과 목축민들의 생존권과 수익문제, 호구제도를 통한 이주의 제한, 그리고 무엇보다도 1949년 이후 생태적 취약지구에 고착된 교란된 인구구조와 그에 따른 토지이용체계가 과연 이 법률의 운신폭을 얼마나 제한할 것인지에 달려 있다고 하겠다.

<표 6-3> 토지이용 변화와 사막화에 관련된 사회적 사건들의 연표

연도	전국	네이멍구 자치구	커얼친 사지 지역
1947		자치구 수립	초원 민족공유제, '목장공유, 방목자유'
1949	중화인민공화국 수립		
1956		초원 유목민의 정주화 정책 실시	유목민의 정주화 실시
1957		합작화 운동 실시, 초원으로의 이민 정책 실시	초원 개간 개시, 초지퇴화, 사막화 진행
1958	대약진운동과 인민공사화	85%의 농·목축민 합작사 가입	'재래식의 철 생산' 운동으로 대량의 땔감 벌채, 대대적인 댐 건설시작
1960		목축업 80개조(초안)제정, 초원의 전 인민소유 결정	적정 방목두수에 근접
1961	대약진운동에 대한 조정정책	초원보호, 개발금지 강조	
1965		초원관리잠행조례 제정	
1966	문화대혁명 시작	개인소유 가축 보류에 관련된 규칙 강화, 하방 인력 유입 시작	식량 편중 정책으로 초원 과도 개간
1969		네이멍구 자치구의 행정구역 분할	자오우다맹(현 츠펑시) 랴오닝성으로 편입, 저리무맹(현 퉁랴오시), 싱안맹 지린성으로 편입
1972		초원관리조례(초안) 공포	
1976	문화대혁명 종결		문혁기간 중 대면적의 초원 개간 진행. 대부분의 댐 건설 완료
1978	당11기 3중전회에서 개혁개방 결정. 삼북방호림 공정 시작	개인소유 가축 보류 승인	
1979		1969년 분할 전의 행정구역 회복	츠펑과 퉁랴오 간의 물 분쟁 발생
1980		가정연산승포(가축) 청부책임제 도입, 초원회복의 필요성 천명	초원의 사용권을 목축민에게 부여, 지하수 개발 확산
1981	전국민 의무 식수운동에 관한 결의	임업과 목축을 위주로 하는 다종경영 방침 수립	사막화 억제를 위한 대량의 조림
1984	토지청부기간 15년제 실시	초원과 가축 양자에 대한 청부책임제를 전면적으로 추진	
1985	삼림법, 초원법 시행	초원관리조례 수정 공포	초원의 관리와 건설 강화
1987		퇴경환림환초 구호 등장	농업, 임업, 목축업 비율 합리화 시도
1989		초원의 유상사용제도 도입	
1991	전국 사막화 퇴치 10개년 계획(1991~2000), 수토보호유지법 시행		삼북 방호림 건설, 삼림면적 증가
1994	〈유엔사막화방지협약〉 가입		
1998	토지청부계약기간 30년제 실시	토지 및 초지사용 계약기간을 30년으로 연장	가축두수 증가, 초지에 대한 압력 증대, 지하수 개발 가속화
1999	16자 방침 실시	퇴경환림환초의 전면화	퇴경면적의 할당
2000	생태이민(生態移民) 조치 시작	생태이민 조치 실행	일부 마을 이주
2002	방사치사법 시행		퇴경환림환초의 준강제적 시행
2003	수정 초원법, 퇴경환림조례 시행		초원, 삼림보호 규정 강화

출처 : 필자 인터뷰 조사를 기초로, 張瑞珍·中川光弘(2002, 278)에서 보충함.

종장

지금까지 중국 사막화 현상의 상태와 원인에 대해 개관하고, 서북의 타림 분지와 동북의 커얼친 사지의 사례를 살펴보았다. 여기서는 중국의 토지이용 변화와 사막화 현상을 사회적 맥락에서 거시적으로 다시 살펴보고, 현재 중국에서 진행되고 있는 사막화 방지 및 퇴치운동의 가능성과 제약요소에 대해 검토하며, 이와 관련된 몇 가지 인식상의 문제에 대해 언급하고자 한다.

1. 중국의 토지이용 변화와 사막화의 사회적 배경

중국 북방 건조지역 개발은 역사적으로 여러 차례에 걸쳐 시도되었다. 그러나 그중에서도 1949년 중화인민공화국 성립 이후의 시도는 가장 규모가 컸고 지속적이었다. 이전에도 정부에 의한 간헐적인 개발 시도가 있었고, 개인별 이주나 소규모 개간이 계속 시도되었기 때문에, 사회주의를 표방한 정부가 어느 날 갑자기 이러한 안을 계획한 것으로 볼 수는 없다. 쑨원(孫文) 역시 『건국방략』(建國方略)에서 북방 건조지역에 대한 이주정책과 개간정책을 표방한 적이 있다(孫文 1965, 254-255).

따라서 북방 건조지역에 대한 이주 및 개간은 중원의 일반 국민에게나 새로운 지도부에게 일종의 숙원사업이자 '시대정신'이었다고 할 수 있다. 마치 한국에서 1960~1970년대에 해안가의 갯벌을 보고 쌀을 떠올린 것과 같다고 하겠다.

중화인민공화국 성립 이후 사회주의 기본건설을 위한 노력 속에서 북방 건조지역 개발이 계획적으로 수행되었으며, 1950년대 중반의 합작화 운동과 더불어 '자연개조'의 관점에서 초원과 사막에 대한 개간운동이 강력하게 전개되었다.

특히 1958년 시작된 대약진운동은 북방 건조지역으로의 인구이동과 대규모 개간을 촉진했다. 이는 사회-생태적으로 중국 전역에 걸쳐 심각한 결과를 가져왔다. 대약진운동 시기의 농업 및 목축업 관련 사업 중에는 이전과 달리 국영농장 및 국영목장의 건설과 같은 조직적이고 대규모적인 사업이 포함되어 있었다. 이러한 사업들은 생태적으로 취약한 북방 건조지역의 자연환경에 대한 면밀한 검토 없이 이루어진 것이었다. 그러다 보니 노력에 비해 성과가 미미했고, 생태환경을 파괴하는 결과를 초래했다.

대약진운동이 실패로 끝나고 잠시의 조정정책이 실시된 후, 1966년 문화대혁명이 시작되었다. 이 역시 대약진운동과 성격을 같이하는 것으로, 북방 건조지역으로 외지인구를 유입시켰고 초원 및 사막의 개간을 촉진시켰다.

대약진운동의 실패에도 불구하고 바로 문화대혁명과 같은 과격한 정치적 운동이 10년 동안이나 계속될 수 있었다는 점은 의문스러울 수도 있다. 그러나 문화대혁명 시기의 식량공급은 이전에 비해 안정적이었다. 다시 말해, "맞아죽은 사람"은 많았어도 "굶어죽은 사람"은 이전에 비해 적었던 것이다(李康源 2000, 318).

농업이나 목축업 분야에서의 질적 요소에 의한 생산량의 증대보다는 경지면적의 확대에 의한 생산량의 증대가 이루어졌지만, 아무튼 생산량은 늘어났다.[1] 아마 이러한 점이 문화대혁명이 기획한 요소 중의 하나이자 10년간 존속했던 이유 중의 하나일 것이다. 북방 건조지역은 그 취약한 생태적 조건에도 불구하고 농업과 목축에 있어서 이러한 '조방적 성장'(粗放的 成長)의 한 축을 담당했다.

1978년 개혁개방 정책이 시행되면서 문화대혁명 시기의 엄격한 집단주의가 완화되었다. 개인이 생산물을 처분하는 것도 상당히 유연해졌다. 이제 북방 건조지역 농민들과 목축민들은 자신을 위한 '조방적 성장'에 나서기 시작하여 개인적 토지개간 확대와 목축 두수 불리기에 몰두하게 된다. 그러나 불행하게도 북방 건조지역에서 토지의 수용량은 이미 한계에 이르렀고, 지난 30년 동안의 생태환경 파괴의 결과가 드러나기 시작했다.

사막화 현상은 바로 이 무렵에 비로소 '문제'로서 인식된다. 그럼에도 불구하고 이 당시의 인식은 '생태적 각성'(ecological consciousness)에서 비롯된 것이라기보다는 여전히 '생산량 증대의 걸림돌'이라는 차원에서 인식되었다.

이상을 종합해 볼 때, 개혁개방 이전의 토지이용 변화와 사막화의 사회적 배경에는 대약진운동과 문화대혁명이라는 두 사건이 자리 잡고 있다고 할 수 있다. 사회주의 건설에 대한 조급한 기대에 근거했을 이 운동들은 초원지역에서 농민이자 한족인 인구의 양과 비율을 증가시켰고, 그에 따라 토지이용 역시 경지의 확대로 귀결되었다. 이 시기에 현재의 토지이용체계와 사막화 발생의 기본적인 틀이 형성되었다.

---

1 물론 댐 건설을 통한 수리시설의 확충과 같은 질적 요소도 있다. 그러나 북방 건조지역에서 댐의 건설은 하천의 단류를 초래했고, 이는 곧 사막화로 연결되었다.

개혁개방 정책 이후 책임청부제의 실시와 더불어 북방 건조지역의 농민과 목축민들은 자신들에게 배분된 경지와 초지에서 생산량을 극대화하는 한편, 더 많은 경지와 초지의 확보를 위해 노력했다. 그러나 새로운 경지 및 초지의 확보는 이전보다 더 열악한 생태적 조건을 가진 토지에서 이루어질 수밖에 없었다.

특히 건조지역의 농업 및 목축업에서 관건은 물인데, 물을 확보하기란 쉽지가 않았다. 기존의 대규모 국영과 집체단위의 농·목장 역시 생산량을 늘리기 위해 관할 수리시설을 통제하게 되었고, 그에 따라 개별 농민과 목축민들은 물 확보를 위하여 지하수 관정과 같은 개별적인 수리시설을 개발하게 되었다. 이러한 경향들로 인하여 하천의 하류로 흐르는 물의 양이 감소되었고, 지하수위가 하강했으며, 이는 다시 사막화로 이어졌다.

결국, 1970년대 말에 이르러서는 1950년대의 '지구를 향해 진군하고 사막을 정복하자'는 구호는 사라지고, 사구(沙丘)의 전진을 방어해야 하는 상황으로 변했다. 그에 따라 삼북 방호림 사업(三北防護林工程 1978)과 전국민 의무식수운동(全國民義務植樹運動 1981) 등과 같은 사막화 방지 및 퇴치 운동들이 실시되었다.

2. 사막화 방지·퇴치정책의 제약요소

삼북 방호림 사업은 베이징을 중심으로 하여 서북, 화북, 동북 지역에 방사림(防沙林)을 조성하는 사업으로, 본래 사업기간은 1978~2050년 사이의 73년간이다. 헤이룽장성에서부터 신장웨이우얼 자치구에 이르기까지 길이 4,480km, 폭 560~1,460km의 '녹색 만리장성'을 건설한다는 원대한 뜻을 가지고 있다. 그 면적은 약 406.9만km²로 중국 국토면적의 42.4%에 해당한다. 1978~2000년 사이에 3기로 구성된 제1단계가 완료되었다(盧琦 等 2004, 129).

1978~2000년 사이의 23년 동안 이 사업을 통한 삼북(서북, 화북, 동북) 지역의 누계 조림면적은 34만 5천km²에 달하며, 22만km² 정도가 완성되었다고 한다(盧琦 等 2004, 143). 대략 남한과 북한 면적을 합한 면적에 조림사업이 완성된 것이다. 이 사업을 통하여 베이징에 이르는 철도의 매몰방지와 같은 효과를 얻었다.

그럼에도 불구하고 같은 기간 동안 사막화 토지면적은 계속 늘어났다. 이 사업은 북방 건조지역의 사막화를 다루기보다는 베이징의 모래바람을 방지한다는 차원에서 접근한 것이기 때문에, 사막화 퇴치의 근본에 접근했다고 평가하기는 어렵다.

1981년 이래의 전국민 의무식수운동은 강수량이 비교적 풍부한 반습윤 및 습윤지대의 수토유실(水土流失) 지역에서는 성과가 있었지만, 사막화 현상이 심하고 강수량마저 적은 북방 건조지역에서는 "어린 묘목에 물을 주어가며 땔감을 만들었을 뿐이다"(간쑤성 징타이현의 농민).

중국정부는 1991년부터 2000년까지 10년 동안 '전국 사화방지 및 퇴치공정'(全國防沙治沙工程)을 실시했다. 이 프로젝트는 기존에 실행해오던 삼북 방호림 건설사업을 포괄하는 중국 최초의 전국적 규모의 사화방지 및 퇴치계획이었다.

이 프로젝트는 건조지대 중 2.8만km², 반건조·반습윤지대 중 4만km²의 사화현상과 습윤지대 0.4만km²의 풍사화현상을 퇴치하여, 도합 7.2만km²의 사화현상을 퇴치한다는 계획을 가지고 있었다.

이 프로젝트의 특징은 다음과 같다. 첫째, 삼북 방호림 건설사업과 달리 지역적 유형을 구분하고,[2] 그 각각에 대하여 중점 프로젝트와 그것을 중추적으로 담당할 중점 현(縣)을 지정했으며, 시범지구와 시범기지를 정하는 등 비교적 조직적인 체계를 갖추었다.

둘째, 사화 방지 및 퇴치가 현지주민의 사회경제적 상황과 밀접한 관련이 있다는 것을 정책상 처음으로 반영하고 있다. 퇴경환림환초(退耕還林還草, 경지를 물리고 숲과 초지를 되돌린다는 정책)를 위해서는 현지 농민에 대한 자금 지원이 필요했는데, 이 프로젝트에서 처음으로 중국인민은행을 통해 자금을 대출 받을 수 있도록 했다. 그럼에도 이러한 조치는 실질적으로 성과를 내기 어려웠다. 1984년 15년이던 토지의 청부 사용기간이 1998년 30년으로 연장되면서, 농민들의 토지에 대한 보유 의식이 더욱 강화되었으며, 그것은 자금 대출로 대치될 수 있는 것이 아니었다.

이 프로젝트를 통하여 약 1.5만km²의 조림이 완성되었다(盧琦 等 2004, 166). 이는 기대치에 미치지 못하는 것이었다. 그리고 사화면적은 계속 늘어났다. 이러한 결과가 나타난 이유는 무엇보다도 현지주민(농민과 목축민)의 협조를 얻어내기 어려웠기 때문이다.

이러한 상황에서 1993년과 1994년 150명이 실종·사망한 네이멍구 자치구 아라산 지구의 사진폭과 1998년의 중국 전역에 걸친 대홍수는 중국 정부와 일반 국민들에게 생태적 재난에 대한 공포감을 불러일으켰다. 1990년대 말 '전국 사화 방지 및 퇴치공정'이 마무리되어 갈 무렵, 베이징의 사진일기 현상은 감소하는 듯이 보였다. 하지만 모래언덕은 슬그머니 베이징 북서쪽 70여km까지 접근해 있었고, 멀리 떨어진 서북지역에서는 사진폭일기 과정이 증가추세를 보였다.

---

2 건조지대 사막화 지구, 반건조·반습윤 사막화 및 풍사화 지구, 습윤지대 풍사화 지구 등으로 구분했다. 이 프로젝트로부터 습윤지대의 풍사화 역시 일종의 사막화 현상으로 간주되었다.

230

1999년 국무원 총리 주룽지(朱鎔基)가 서북과 서남을 현지시찰한 후 '경지를 물리고 숲을 돌리며, 입산금지하여 녹화하고, 양식으로 구휼하며, 개인에게 청부한다'(退耕還林, 封山綠化, 以糧代賑, 個體承包)는 이른바 '16자 방침'을 제시했다. 이후 퇴경환림환초 정책과 생태이민(生態移民)[3] 정책이 강력하게 실시되었다.

2002년 1월, 〈중화인민공화국 사화방지 및 퇴치에 관한 법률〉(中華人民共和國防沙治沙法)이 시행에 들어갔다. 이 법은 국무원의 임업부문을 주축으로 농업, 수리, 토지, 환경보호 관련부문이 모여 사화방지 및 퇴치계획을 수립하고, 국무원의 비준 후에 실시하며, 국민 경제사회 발전 5개년 계획과 각 연도 계획에 포함시키도록 했다. 동시에 기존에 시행되어 오던 퇴경환림환초 정책과 생태이민 정책에 법률적 근거를 마련했다.

이 법률에 따라, 국무원은 2002년부터 퇴경농가에 대해 양식과 현금을 지원하고, 이는 중앙정부의 재정으로 충당하도록 했다. 동시에, 제공하는 양식은 현금으로는 대체할 수 있으나 대체증서를 발행하는 등의 편법을 사용하지 못하도록 했다. 퇴경지 1무(畝: 0.067ha)당 매년 남방지역은 양식 150kg과 현금 20위안, 북방지역은 양식 100kg과 현금 20위안이 제공되었다. 퇴경환초의 경우에는 2년마다, 퇴경환림 중 경제림은 5년마다, 생태림은 경우 8년마다 계산하도록 했다. 양식 대신 현금으로 지급할 경우 1kg당 1.4위안으로 계산해주도록 했다.

2000년대 들어 농민과 목축민에 대한 이러한 경제적 지원책이 시도되면서, 1999년 174.31만km²까지 증가했던 사화토지 면적은 2004년 173.97

---

3 황막화(또는 사막화)의 위험에 처하거나 그것을 조장할 수 있는 위치에 있는 주민들을 다른 지역으로 이주시키는 정책을 말한다.

만km²로, 5년 사이에 3,400km²가 감소했다. 이 결과를 놓고 중국의 사막화 현상(혹은 사화현상)이 퇴치의 길로 들어섰다고 예단하기에는 아직 이르다. 다만, 사막화의 방지와 퇴치에 있어서 현지주민의 사회경제적 상황을 고려하는 것이 얼마나 중요한 것인가에 대해서는 어느 정도 확인할 수 있다.

한편으로, 부분적인 개선 성과가 언급될 수 있었던 것은 퇴경환림환초 운동의 직접적인 효과라기보다는 1979년 이래의 산아제한정책으로 인한 인구 증가의 둔화와 부분적이나마 대도시 및 연해지역으로의 인구 유출 때문이라고 보는 견해들도 있다. 이 역시 사막화 퇴치에 있어서 현지주민의 사회경제적 조건에 대한 고려가 중요하다는 것을 말해 주는 것이다.

이 법률에 따라 2005년부터 '전국 사화방지 및 퇴치계획'(全國防沙治沙 規劃, 2005~2010년)이 수립·시행에 들어갔다. 이 계획의 입안자들은 전국 사화토지 면적 약 174만km² 중 54만km²가 퇴치 가능한 것으로 보았다(盧琦 等 2004, 171).

우선, 구역을 ① 건조사막 주변 및 오아시스 유형, ② 반건조 사지 유형, ③ 고원 한랭 사화토지 유형, ④ 황·화이·하이 평원 반습윤 및 습윤 사지 유형, ⑤ 남방 습윤 사지 유형으로 나누었다. 그리고 각각에 대하여 2~4개의 하위지역을 구분했다.

동시에 국가적 중점사업으로 ① 베이징·톈진 풍사기원지 퇴치공정, ② 삼북 방호림 공정, ③ 초지 사화방지 및 퇴치공정, ④ 퇴경환초 및 퇴목환초(退牧還草) 공정, ⑤ 퇴경환림 공정, ⑥ 티베트 라싸 지역의 조림 녹화 공정, ⑦ 신장 허톈 지구 생태건설사업 등을 설정하고 있다.

현재 이 사업은 진행 중에 있으며, 그 성공 여부에 대해서는 섣불리 판단하기 어렵다. 국가환경보호총국과 같이 중국의 북방 건조지역의 조치 가능한 사막화 토지면적을 36.9만km²로 계산하든, 국가임업국과 같이 중국의 전체의 사화토지 총면적 약 174만km² 중 조치 가능한 사화토지 면적을 54만km²로 계산하든, 그 면적은 남·북한 면적의 1.7~2.5배에 이르는 넓은 면적이며, 그 안에 거주하는 인구 역시 적지 않다.

따라서 특별한 자연적 이상징후가 없는 한, 이러한 사업들의 성공 여부는 사막화를 향해 돌진하는 북방 건조지역의 '사회-생태적 내선순환'의 개선여부에 달려 있다고 할 수 있다. 다시 말해 개방 및 시장화라는 추세, 농민들과 목축민들의 생존권과 수익문제, 호구제도를 통한 이주의 제한, 그리고 무엇보다도 1949년 이후 생태적 취약지구에 고착된 교란된 인구구조와 그에 따른 토지이용체계를 개선하지 않고서는 사막화 방지 및 퇴치 정책은 상당한 제약을 받을 수밖에 없다.

사막화가 토지이용의 변화 문제에서 비롯되고 토지이용의 변화가 사회적 맥락을 가지고 있다면, 사막화의 예방과 퇴치에 관련된 정책 역시 이러한 사회적 맥락에 대한 고려가 필수적이라고 하겠다.

3. 몇 가지 인식상의 문제들에 대하여

황사피해가 늘어나면서, 베이징에서나 서울에서는 사진일기나 황사가 완전히 없어져야 사막화 방지 및 퇴치가 완료되는 것이라고 생각하거나, 사막화 방지 및 퇴치를 마치 사막을 완전히 없애는 것으로 인식하는 경향이 없지 않다. 그러나 태풍이 우리의 삶에 막대한 손실을 입힌다고 해서 태풍을 없애버리거나 필리핀 앞바다를 메워야 한다고 생각하지 않는 것과 마찬가지로, 사진일기나 황사는 먼 옛날부터 종종 있어온 것이며, 따라서 자연적 상태에서 불어오는 것이라면 괴롭지만 감수할 수밖에 없다.

본래 사막은 나쁜 것이 아니다. 녹색의 대삼림과 푸른 바다가 있듯이 메마른 사막도 있어야 한다. 사막은 지형과 기후가 상호작용하여 만들어 낸 자연지리적 산물이다. 지구가 본래 가지고 있는 기후변화의 주기나 경향에 따라 자연적으로 만들어지는 사막이라면 그 존재를 인정해야 한다.

문제는 인위적 요인에 의해 사막으로 변하는 토지가 늘어난다는 것이다. 사막으로 변하는 토지가 늘어나게 된 원인이 바로 사막을 옥토로 바꾸겠다는 시도에 있었다. 사막도 보호해야 할 자연의 일부라는 사실을 인정하지 않는 사고에 문제가 있었던 것이다.

아직도 우리는 기후 변화의 주기나 경향에 대해 아는 것보다 모르는 것이 더 많다. 따라서 지금 우리가 할 수 있는 것은 최근에 인위적 작용으로 인해 초래된 사막화 현상을 되돌려 놓는 것일 뿐이다.

한편, 한국에서나 중국에서나 사막화나 사진폭 내지 황사문제에 대한 해결책은 사막에 나무나 풀씨를 심는 것이라고 생각하는 경향이 없지 않다. 나무나 풀씨를 심어서 효과를 볼 수 있는 곳에는 분명 나무나 풀씨를 심어야 한다. 이를 통한 효과가 있고, 모범이 되는 소중한 사업들도 있다. 그러나 사막은 본래 나무나 풀이 자라기에 부적합한 환경이므로 사막에 나무나 풀을 심을 필요는 없다. 사막화는 오히려 사막을 녹지로 바꾸고, 초지를 경지로 바꾸는 과정에서 발생한 현상이다. 그것을 다시 반복할 이유가 없다.

사막화 현상이 발생한 지역에 나무를 심거나 풀씨를 뿌리는 것도 일면적일 뿐 전면적인 대책이 되지 못한다. 최근 중국에서도 사막화 현상 발생 지역에서 경지를 물리고 나무와 풀을 심는 정책이 실시되고 있으나, 생태적으로 적합하지 않은 경우도 많다. 나무를 심는 것은 물을 충분히 확보할 수 있는 곳에서 가능한 일이다. 이미 지하수위가 하강한 곳이나 강수량이 확보되지 않는 곳에 나무를 심는 일은 지하수위를 더욱 하강시켜 사막화를 촉진할 위험마저 있다. 지하수 관정을 파거나 하천수를 끌어들여 나무에 물을 주어야 하기 때문이다.

근본적으로는 인구 증가를 억제하고, 사막화 현상 발생지역 주변에 들어가 있는 인구를 다른 지역으로 이주시키며, 경지를 폐쇄하고, 건조지역을 흐르는 하천의 상류에 건설한 댐들을 철거하며, 지하수 관정들을 폐쇄하고, 그러한 연후에 자연의 회복력을 기다려 토지이용계획을 수립하는 것이 필요하다.

'조림'(造林)이 아니라 '지리'(地理)의 차원에서 인식하고 접근해야 할 필요가 있다. 다시 말해, 모래바람을 막는다는 방사림 조성의 차원이 아니라, 토지퇴화의 방지와 회복 차원에서 접근해야 한다. 건조지역의 생태에 있어서 핵심은 물에 있다. 따라서 건조지역의 특성에 맞는, 하계망과 유역분지를 중심으로 한 토지관리 차원에서 접근해야 할 필요가 있다.

중국정부가 사막화에 직면한 일부 촌락 주민들을 집단적으로 이주시키는 생태이민 정책을 실시하고 있지만 부분적일 뿐이다. 문제는 촌락단위에 있지 않다. 적어도 그것은 공간적으로는 건조지역을 흐르는 대하천 유역분지 규모 차원의 문제이거나 건조지역에 유입된 인구와 그에 따라 건설된 수십만 명 규모를 지닌 도시 차원의 문제이다. 그러나 네이멍구 초원에 새로이 건설된 촌락들과 경지들, 타림 분지에 새로이 건설된 도시들과 대규모 관개지들을 원상태로 되돌리기에는 너무나 많은 인구의 유입과 투자가 이루어져 있다. 그리고 이러한 것들은 어떠한 이유에서건 그간 중국 사회가 필요로 한 것이었다. 그렇기 때문에 쉽지 않다.

한 사회의 지표공간은 그 사회의 얼굴이다. 따라서 사막화 현상이 나타나는 중국의 지표공간은 중국 사회가 내부적으로 지닌 문제를 드러내는 것이기도 하다. 사막화 퇴치가 성공적으로 수행되기 위해서는 사회적으로 인구 증가의 억제와 식량의 안정적인 수급이 확보되어야 하고, 사막화에 직면한 건조지역 농민과 목축민의 생존과 수익이 보장되어야 하며, 호구제도의 개선을 통해 사막화를 유발하는 촌락과 도시로부터 다른 지역의 농촌과 도시로의 인구이동이 자유로워져야 할 필요성이 있다.

1950년대 중국에서 사막이나 초원에 대해 자연개조적인 관점에서 접근하면서 "지구를 향해 진군하고 사막을 정복하자"라는 구호가 제기된 적이 있다. 이때 사막을 정복한다는 것은 사막을 오아시스로 개조하겠다는 뜻이었다. 그러면서 곧잘 '우공이산'(愚公移山)의 고사가 인용되었다.

당시와는 정반대로 사막화 현상을 방어하기에 급급한 오늘날에도 '우공이산'의 고사가 인용되고 있다. 오늘날 이 고사가 사막화의 방지와 퇴치가 어려워도 꾸준히 노력해야 한다는 의미에서 인용된다면 문제가 없겠으나, 산을 옮기듯이 사막을 없애서 사진폭이나 황사를 제거한다는 의미라면 문제가 있다. 그것은 사막화를 초래한 1950년대의 인식과 다를 바 없는 것이다.

우공이산의 고사를 끝까지 읽어보면, 우공(愚公)은 산을 옮긴 적이 없다. 흙 한 삼태기를 들고 발해만까지 1년에 걸쳐 다녀왔을 뿐이다. 우공은 그저 가로막혀 돌아다녀야 하는 불편을 덜고자 세세손손에 걸쳐서라도 산을 옮겨야겠다는 생각과 말을 했을 뿐 산은 옥황상제가 옮겨주었다.

마찬가지로 사막화 방지 및 퇴치와 관련하여 우리가 할 수 있는 일은 지극히 인간적인 정성을 다하는 것뿐이다. 바로 인간에 의해 사막화 현상이 발생한 토지를 본래적인 상태로 되돌리려는 노력을 다하는 것이다. 사막을 없애는 일이나 사진폭이나 황사를 소멸시키는 일은 우리의 몫이 아니라 장구한 자연적 과정의 몫이다.

참고문헌

김호동. 1999. 『근대 중앙아시아의 혁명과 좌절 : 신강(新疆) 무슬림국가(1864~
　　　1877) 연구』. 사계절.

동아일보 21세기 평화연구소 편. 2004. 『황사』. 동아일보사.

禹保命 等. 2000a. "사막화 방지 및 방사기술 개발에 관한 연구(1) : 중국의 사막화
　　　현황 및 방지 대책." 『한국환경복원녹화기술학회지』 3(3), 45-76.

______. 2000b. "사막화 방지 및 방사기술 개발에 관한 연구(2) : 중국의 경관-생태
　　　방호림조성기술 및 효과분석." 『한국환경복원녹화기술학회지』 3(3), 81-99.

______. 2001a. "사막화 방지 및 방사기술 개발에 관한 연구(3) : 중국 황막사지 녹화
　　　기술 분석." 『한국임학회지』 90(1), 90-104.

______. 2001b. "사막화 방지 및 방사기술 개발에 관한 연구(4) : 중국의 사구고정 및
　　　방사공법 분석." 『한국임학회지』 90(3), 277-294.

李康源. 2000. "중국변강에서 민족과 공간의 사회적 구성: 어룬춘족 사회의 다민족
　　　화와 정체성의 정치." 서울대학교 박사학위논문.

______. 2002. "文化大革命과 少數民族地區의 政治地圖: 내몽고자치구와 어룬춘
　　　자치기의 사례." 『한국지역지리학회지』 8(1), 1-19.

______. 2003a. "롭노르 論爭과 신쟝 生産建設兵團 : 中國 西北地域 沙漠化의 社
　　　會的 過程." 『대한 지리학회지』 38(5), 701-724.

______. 2003b. "중국 북방 건조지대의 농업적 토지이용과 황사 문제." 동아일보 21
　　　세기 평화연구소, 황사와 한중협력 국제학술회의 논문집, 31-49.

______. 2004a. "황사와 토지이용." 동아일보 21세기 평화연구소 편. 『황사』. 동아일
　　　보사 107-127.

______. 2004b. "황사발원지역 주민들의 일상생활." 동아일보 21세기 평화연구소
　　　편. 『황사』. 동아일보사, 129-136.

______. 2004c. "황사와 소수민족지구." 동아일보 21세기 평화연구소 편. 『황사』. 동
　　　아일보사, 137-144.

______. 2005. "中國 內蒙古 東部地域의 土地利用 變化와 沙漠化 : 커얼친 沙地
　　　의 사례." 『대한지리학회지』 40(6), 694-715.

______. 2007. "황막화, 사막화, 사화: 중국의 사막화 관련 용어의 정의와 그 면적." 『
　　　지리학연구』 41(1), 67-82.

任桂淳. 2000. 『淸史: 만주족이 통치한 중국』. 신서원.

전영신. 2004. "황사의 용어와 역사." 동아일보 21세기 평화연구소 편. 『황사』. 동아
　　일보사, 41-53.
조경숙·전영신·김영화·이종국. 2003. "만주에서 발원한 황사현상." 『한국기상학회
　　지』 39(2), 251-262.
車榮九. 1979. "〈要旨〉新疆省軍區 生産建設兵團 創設 및 成長背景." 『중소연구
　　』 4(2), 155-162.
첸롱궈. 2003. "중국 북부지역 황사 피해상황." 동아일보 21세기 평화연구소, 황사와
　　한중협력 국제학술회의 논문집, 53-71.
최병철·김수현·정효상·전영신. 2002. "최근 10년간 황사발원지의 사막화." 『한국기
　　상학회보』 12(3), 230-235.
홉커크, 피터 저·김영종 역. 2000. 『실크로드의 악마들』. 사계절; Hopkirk, P. 1980.
　　Foreign Devils on the Silk Road. Oxford: Oxford University Press.

江　紅 譯. 2000. 『游移的湖』. 烏魯木齊: 新疆人民出版社; Hedin, S. 1940. The
　　Wandering Lake. translated from the Swedish by F. H. Lyon. New York:
　　E. P. Dutton.
姜風岐·曹成有·曾德慧. 2002. 『科爾沁沙地生態系統退化與恢復』. 北京: 中國
　　林業出版社.
景　愛. 1996. 『中國北方沙漠化的原因與對策』. 濟南: 山東科學技術出版社.
＿＿＿. 2001. 『警報: 北京沙塵暴』. 北京: 人民出版社.
高慶先·任陣海. 2002. 『沙塵暴: 自然對人類的報復』. 北京: 化學工業出版社.
裵善文·張柏·王志春. 2005. "中國東北平原西部荒漠化現狀, 成因及其治理途徑
　　研究." 『第四期研究』 25(1), 63-73.
國家林業局 編. 2001. 『退耕還林技術模式』. 北京: 中國林業出版社.
國家林業局. 2000. 『第二次全國荒漠化監測報告』. 北京: 中國林業出版社.
＿＿＿. 2005. 『中國荒漠化和沙化狀況公報』.
國家地圖集編纂委員會. 1999. 『中和人民共和國國家自然地圖集』. 北京: 中國
　　地圖出版社.
國家測繪局編制. 1997. 『中國 1/100萬地圖』. 北京: 中國地圖出版社.
國家統計局國民經濟綜合統計司 編. 1999. 『新中國五十年統計資料匯編』. 北
　　京: 中國統計出版社.
國家統計局人口和社會科技統計司 編. 2002. 『中國人口統計年鑒』. 北京: 中國
　　統計出版社.
國家環境保護總局宣傳敎育辦公室. 2003. 『中國生態環境警示』. 北京: 中國環
　　境科學出版社.
金云輝 主編. 1998. 『新疆經濟與社會發展』. 北京: 民族出版社.
內蒙古自治區統計局 編. 2002. 『內蒙古統計年鑒』. 北京: 中國統計出版社.

盧 琦·楊有林 等. 2004.『中國治沙啓示錄』. 北京: 科學出版社.

盧良志. 1984.『中國地圖學史』. 北京: 測繪出版社.

圖們·祝東力. 1995.『康生與'內人黨'冤案』. 北京: 中共中央黨校出版社.

董光榮. 1990. "試論全球氣候變化與沙漠化的關係."『第四紀研究』1, 36-43.

______. 1991. "中國沙漠形成演化的初步研究."『中國沙漠』11(4), 23-32.

______. 1993.『青海共和盆地土地沙漠化與防治途徑』. 北京: 科學出版社.

董鎖成 主編. 2002.『中國百年資源, 環境與發展報告: 1950~2050年資源, 環境與
　　　經濟演變和對策』. 武漢: 湖北科學技術出版社.

董玉祥·劉玉璋·劉毅華. 1995.『沙漠化若干問題研究』. 西安: 西安地圖出版社.

杜勃羅·尼·費(吉林大學外語系譯). 1978.『普爾熱瓦爾斯基傳』. 北京: 商務印書
　　　館.

酈道元. 1983.『水經注』. 臺北: 世界書局.

劉 珍. 2000. "淺談實施西部大開發戰略中的生態建設問題: 從內蒙古自治區阿
　　　拉善盟連年發生沙塵暴所想到的." 中國民族理論學會第六屆理事會, 第
　　　七次全國民族理論學術討論會暨第九次顧問座談會發表文.

麻國慶. 1995. "人文因素與草原生態: 內蒙錫盟白音錫勒牧場的研究." 潘乃穀·
　　　周星 編.『多民族地區: 資源貧困與發展』. 天津: 天津人民出版社, 31-53.

馬汝珩·成崇德. 1998.『清代邊疆開發』. 太原: 山西人民出版社.

馬戎·潘乃穀. 1993. "內蒙古半農半牧區的社會, 經濟發展: 府村調查." 潘乃穀·
　　　馬戎 主編.『邊區開發論著』. 北京: 北京大學出版社, 82-139.

馬戎·李鷗. 1995. "草原資源的利用與牧區社會發展: 從一個社區看體制改革對
　　　畜牧業, 人口遷移和勞動力組合形式的影響." 潘乃谷·周星 編.『多民族
　　　地區: 資源貧困與發展』. 天津: 天津人民出版社, 1-30.

班 固. 1997.『漢書』. 北京: 中華書局.

潘乃谷·周星 編. 1995.『多民族地區: 資源貧困與發展』. 天津: 天津人民出版社.

方修琦. 1987. "陝北鄂爾多斯地區降水變化與沙漠化."『北京師大學報』(1), 90-95.

樊自立 等. 1987. "羅布泊的鹽殼." 中國科學院新疆分院羅布泊綜合考察隊 篇.『
　　　羅布泊科學考察與研究』. 北京: 科學出版社, 141-156.

樊自立. 1987. "歷史時期羅布泊地區地理環境的變遷." 中國科學院新疆分院羅
　　　布泊綜合考察隊 編.『羅布泊科學考察與研究』. 北京: 科學出版社,
　　　95-105.

樊自立·胡文康. 2002. "百億巨資救塔河: 塔里木河綜合治理工程."『國家地理』
　　　1, 98-101.

兵團戰友(http://www.bingtuan.com).

司馬遷. 1997.『史記』. 北京: 中華書局.

史培軍. 2003.『中國自然災害系統圖集』. 北京: 科學出版社.

史爲樂. 1995.『中國地名語源詞典』. 上海: 上海辭書出版社.

常學禮 等. 2003. "人類活動對科爾沁沙地風沙環境的影響."『資源科學』25(5), 78-83.

色 音. 1998.『蒙古族遊牧社會的變遷』. 呼和浩特: 內蒙古人民出版社.

石玉林 主編. 2004.『西北地區水資源配置生態環境建設和可持續發展研究 - 土地荒漠化卷-西北地區土地荒漠化與水土資源利用研究』. 北京: 科學出版社.

蘇南加措. 2000.『新中國柴達木農業經濟發展史』. 北京: 民族出版社.

孫 文. 1965.『國父全集』(第一册). 臺北: 中華民國各界紀念國父百年誕辰籌備委員會.

孫保平 主編. 2000.『荒漠化防治工程學』. 北京: 中國林業出版社.

新疆生產建設兵團統計年鑑編輯委員會 編. 2001.『新疆生產建設兵團統計年鑑』. 北京: 中國統計出版社.

新疆水利水電科學院. 1998.『新疆後備農用水資源開發規劃』. 烏魯木齊: 新疆水利水電科學院.

新疆維吾爾自治區黨委宣傳部·新疆維吾爾自治區統計局. 1995.『新疆四十年: 1955~1995(綜合卷)』. 北京: 中國統計出版社.

新疆維吾爾自治區人口普查辦公室 編. 2002.『新疆維吾爾自治區2000年人口普查資料』. 烏魯木齊: 新疆人民出版社.

新疆維吾爾自治區地方志編纂委員會. 1998.『新疆通志 第三十七卷: 生產建設兵團志』. 烏魯木齊: 新疆人民出版社.

申元村·張克斌·王賢. 2001.『荒漠化』. 北京: 中國環境科學出版社.

新中國五十年新疆生產建設兵團卷編輯委員會 編. 1999.『新中國五十年: 新疆生產建設兵團卷(1949~1999)』. 北京: 中國統計出版社.

額爾敦 主編. 1987.『內蒙古國土資源地圖集』. 呼和浩特: 內蒙古人民出版社.

額爾敦布和·恩和·雙喜 主編. 2002.『內蒙古草原荒漠化問題及其防治對策研究』. 呼和浩特: 內蒙古大學出版社.

聯合國防治荒漠化公約中國執委會秘書處. 2006.『中國履行聯合國防治荒漠化公約國家報告』.

吳 正. 1987.『風沙地貌學』. 北京: 科學出版社.

______. 1991. "淺談我國北方地區沙漠化問題."『地理學報』46(3), 266-274.

______. 1999.『地貌學導論』. 廣州: 廣東高等教育出版社.

烏蘭圖雅. 1999. "300年來科爾沁的土地墾殖與沙質荒漠化." 中國科學院博士研究生學位論文.

烏雲畢力格·成崇德·張永江. 2002.『蒙古民族通史: 弟四卷』. 呼和浩特: 內蒙古大學出版社.

王濤·吳薇·薛嫻·孫慶偉·張爲民·韓致文. 2004. "近50年來中國北方沙漠化土地的時空變化."『地理學報』59(2), 203-212.

王濤·趙哈林·肖洪浪. 1999. "中國沙漠化研究進展."『中國沙漠』19(4), 299-311.

王紹武. 1998. "近百年中國氣候變化的研究."『中國科學基金』3, 167-170.

王紹武·蔡靜寧·朱錦紅. 2002. "中國氣候變化的研究."『氣候與環境研究』7(2), 137-145.

王安洪·崔延虎 譯. 1997.『羅布泊探秘』. 烏魯木齊: 新疆人民出版社; Hedin, S. 1905. Lop-Nor: Scientific Results of a Journey in Central Asia, 1899~1902 Vol. 2. Stockholm: Lithographic institute of the General staff of the Swedish army.

王青云·何開麗. 2003. "中國沙塵暴歷史特點及成因分析." 東亞日報 21世紀平和研究所, 黃砂與 韓中協力 國際學術會議 論文集, 11-29.

牛汝辰. 1995.『中國水名詞典』. 哈爾濱: 哈爾濱地圖出版社.

牛俊杰·趙淑貞. 2000. "關于歷史時期鄂爾多斯高原沙漠化問題."『中國沙漠』20(1), 67-69.

劉南威 主編. 2000.『自然地理學』. 北京: 科學出版社.

劉東生 主編. 2004.『西北地區水資源配置生態環境建設和可持續發展研究-自然歷史卷-西北地區自然環境演變及其發展趨勢』北京: 科學出版社.

劉新民 等. 1996.『科爾沁沙地風沙環境與植被』. 北京: 科學出版社.

劉震主. 2003.『中國水土保持生態建設模式』. 北京: 科學出版社.

李良騏 譯. 1941. "中國西北之交替湖."『方志月刊』8(4·5合期), 23-35; Hörner, N. G., and Parker C. Chen. 1935. Alternating Lake. Geografiska Annaler.

李旭旦. 1942. 西北科學考察紀略.『地理學報』第9卷.

李風江 編. 2002.『沙漠氣候』. 北京: 氣象出版社.

任美鍔·包浩生. 1992.『中國自然區域及開發整治』. 北京: 科學出版社.

慈龍駿. 1994. "全球變化對我國荒漠化的影響."『自然資源學報』9(4), 289-303.

張瑞珍·中川光弘. 2002. "關于內蒙古科爾沁沙地的綜合性對策." 額爾敦布和·恩和·雙喜 主編.『內蒙古草原荒漠化問題及其防治對策研究』. 呼和浩特: 內蒙古大學出版社, 274-287.

張永民. 2003. "科爾沁沙地及其周圍地區土地利用與土地覆蓋變化的綜合研究." 中國科學院研究生院 博士學位論文.

赤峰市志編纂委員會. 1996.『通遼市志』. 呼和浩特: 內蒙古人民出版社.

錢正安·宋敏紅·李萬元. 2002. "近50年來中國北方沙塵暴的分布及變化趨勢分析."『中國沙漠』22(2), 106-111.

鄭喜玉 等. 1992.『內蒙古鹽湖』. 北京: 科學出版社.

趙 杰. 2002. "科爾沁地區小尺度區域土地利用變化的人類活動驅動機制研究: 以內蒙古堯勒甸子村爲例." 中國科學院研究生院 博士學位論文.

______. 2004. "北方農牧交錯帶農業複合系統能值分析." 中國科學院地理科學與資源研究所 博士后研究工作報告.

趙松喬 等. 1985.『中國自然地理: 總論』. 北京: 科學出版社.

趙松喬. 1991. "內蒙古中東部半干旱區: 一個危機帶的環境變遷." 『干旱區資源與環境』(2), 124-130.

曹樹基. 2001.『中國人口史: 第五卷 清時期』. 上海: 復旦大學出版社.

趙子征. 1996.『絲綢之路屯墾研究』. 烏魯木齊: 新疆人民出版社.

趙云龍 等. 2004. "近40年來科爾沁沙地沙漠化過程的氣候背景分析." 『干旱區資源與環境』18(15), 8-14.

趙哈林 等. 2002. "東北西部沙地近20年地下水變化動態及其成因分析." 『干旱區研究』19(2), 1-6.

朱震達. 1979. "三十年來中國沙漠研究的進展." 『地理學報』34(4), 305-314.

______. 1986. "濕潤及半濕潤地帶的土地風沙化問題." 『中國沙漠』6(4), 1-12.

______. 1991. "中國的脆弱生態帶與土地荒漠化." 『中國沙漠』11(4), 11-21.

朱震達·劉恕·邸醒民 等. 1989.『中國的荒漠化及其治理』. 北京: 科學出版社.

朱震達·陳廣庭 等. 1994.『中國土地沙質荒漠化』. 北京: 科學出版社.

中共中央統戰部. 1991.『民族問題文獻匯編: 1921.7~1949.9』. 北京: 中共中央黨校出版社.

中國科學院新疆分院羅布泊綜合考察隊. 1987.『羅布泊科學考察與研究』. 北京: 科學出版社.

中國科學院新疆綜合考察隊 等. 1978.『新疆地貌』. 北京: 科學出版社.

中國科學院自然區劃委員會. 1959.『中國綜合自然區劃』. 北京: 科學出版社.

中國科學院地理研究所. 1980.『中國人工衛星照片』. 北京: 中國地圖出版社.

______. 1982.『陸地衛星假彩色影像圖: 1/50萬』. 北京: 中國地圖出版社.

______. 1992.『中國地形圖集: 1/100萬』. 北京: 中國地圖出版社.

______. 1995.『中國土地利用圖: 1/100萬』. 北京: 中國地圖出版社.

中國科學院地理研究所·中國科學院蘭州氷川凍土研究所·中國科學院成都山地災害與環境研究所編. 1995.『地理科學敍詞表』. 北京: 科學出版社.

中國大百科全書總編輯委員會〈地理學〉編輯委員會. 1990.『中國大百科全書: 地理學』. 北京: 中國大百科全書出版社.

中國大百科全書出版社編輯部. 1992.『中國大百科全書: 中國地理』. 北京: 中國大百科全書出版社.

中國防治荒漠化協調小組辦公室. 1997.『中國荒漠化報告』. 北京: 中國林業出版社.

中國沙塵暴網(中國氣象·甘肅)(http://www.duststorm.com.cn)

中國人民解放軍 總參謀部 測繪局. 1952.『十萬分之一地形圖』.

______. 1969.『五萬分之一地形圖』.

中國赤峰 (http://www.chifeng.gov.cn)

中國荒漠化(土地退化)防治研究課題組 編著. 1998.『中國荒漠化(土地退化)防

治研究』. 北京: 中國環境科學出版社.

中華工商時報. 2001年 3月 9日.『西部經濟』5面.

〈中華人民共和國防沙治沙法〉. 2002.

陳廣庭. 2001a. "中國沙漠化土地面積分岐由來的認識."『中國沙漠』 21(2), 209-212.

______. 2001b. "近50年北京的沙塵天氣及治理對策."『中國沙漠』21(4), 402-407.

______. 2002.『土地荒漠化』. 北京: 化學工業出版社.

陳汝國. 1987a. "羅布泊地區的歷史地位與作用." 中國科學院新疆分院羅布泊綜合考察隊 編.『羅布泊科學考察與研究』. 北京: 科學出版社, 284-293.

______. 1987b. "樓蘭古城歷史地理若干問題探討." 中國科學院新疆分院羅布泊綜合考察隊 編.『羅布泊科學考察與研究』. 北京: 科學出版社, 294-305.

陳玉瓊. 1986. "干旱及其影響."『災害學』(1), 56-62.

陳維平·李想·邱華盛 譯. 2002.『中國的沙漠化』. 北京: 中國科學技術出版社; 吉野正敏. 1997.『中國の沙漠化』. 東京: 大明堂.

陳隆亨·李福興 等 編著. 1998.『中國風砂土』. 北京: 科學出版社.

陳正祥. 1973.『中國地圖學史』. 香港: 商務印書館香港分館.

陳宗器. 1936. "羅布淖爾與羅布荒原."『地理學報』3(1), 19-50.

鐵木爾·達瓦買提 主編. 1997.『中國少數民族文化大辭典: 東北·內蒙古地區卷』. 北京: 民族出版社.

崔乃夫 主編. 2002.『中華人民共和國地名大詞典』(第四卷). 北京: 商務印書館.

竺可楨. 1979.『竺可楨文集』. 北京: 科學出版社.

通遼市統計信息網(http://www.tltj.gov.cn).

馮 道. 2002.『防沙治沙與生態環境建設實務全書』. 長春: 吉林科學技術出版社.

夏訓誠. 1987. "羅布泊科學考察綜述." 中國科學院新疆分院羅布泊綜合考察隊 編.『羅布泊科學考察與研究』. 北京: 科學出版社, 1-5.

夏訓誠·樊自立. 1987a. "關于羅布泊是否遊移的問題." 中國科學院新疆分院羅布泊綜合考察隊 編.『羅布泊科學考察與研究』. 北京: 科學出版社, 68-77.

______. 1987b. "關于塔里木盆地環境變化和氣候變遷問題." 中國科學院新疆分院羅布泊綜合考察隊 編.『羅布泊科學考察與研究』. 北京: 科學出版社, 106-117.

夏訓誠·胡文康. 1999.『與彭加木同行』. 北京: 中共中央黨校出版社.

韓德林. 2001.『新疆人工綠洲』. 北京: 中國環境科學出版社.

韓茂莉·程龍. 2002.『大漠狂風: 沙塵暴歷史, 現實的思考』. 太原: 山西人民出版社.

奚國金. 1987. "羅布泊遷移過程中一個關鍵湖群的發現及其相關問題."『歷史地理』(5), 40-57.

______. 1999.『羅布泊之謎』. 北京: 中共中央黨校出版社.

呼倫貝爾盟統計局編. 1997.『發展中的呼倫貝爾』. 海拉爾: 呼倫貝爾盟統計局.
胡文康·王炳華. 2000.『羅布泊: 一個正在解開的謎』. 烏魯木齊: 新疆人民出版社.
華　立. 1998.『淸代新疆農業開發史』. 哈爾濱: 黑龍江敎育出版社.
黃文房. 1987. "樓蘭王國的興衰及其原因的探討." 中國科學院新疆分院羅布泊
　　　綜合考察隊 編.『羅布泊科學考察與硏究』. 北京: 科學出版社, 315-318.

吉野正敏. 1997.『中國の沙漠化』. 東京: 大明堂; 陳維平·李想·邱華盛 譯. 2002.
　　　『中國的沙漠化』. 北京: 中國科學技術出版社.
參謀本部 陸地測量部. 1933.『滿洲十萬分一圖』.

Blaikie, P. and H. C. Brookfield eds. 1987. *Land Degradation and Society.*
　　　London: Methuen.

Blaikie, P. 1985. *The Political Economy of Soil Erosion.* London: Longman.

Brown, L. R. 1995. *Who Will Feed China? Wake-up Call for a Small Planet.* New
　　　York: Norton.

CCICCD(Secretariat of China National Committee for the Implementation of the
　　　United Nations Convention to Combat Desertification). 2000. China
　　　National Report on the Implementation of United Nations Convention to
　　　Combat Desertification and National Action Program to Combat
　　　Desertification.

______. 1997. *China Country Paper to Combat Desertification.* Beijing: Forestry
　　　Publishing House.

Edmonds, R. L. 1994. *Patterns of China's Lost Harmony: A Servey of the
　　　Country's Environmental Degradation and Protection.* New York:
　　　Routledge.

Goudie, A. S., I. Livingstone, and S. Stokes eds. 1999. *Aeolian Environments,
　　　Sediments and Landforms.* Chichester: John Wiley & Sons.

Hedin, S. 1899. *Through Asia.* London: Harper and Brothers.

______. 1904. *The Tarim River: Scientific Results of a Journey in Central Asia,
　　　1899~1902* Vol. 1. Stockholm: Lithographic Institute of the General Staff
　　　of the Swedish Army; 江 紅 譯. 2000.『游移的湖』. 烏魯木齊: 新疆人民
　　　出版社.

______. 1905. *Lop-Nor: Scientific Results of a Journey in Central Asia, 1899~1902*
　　　Vol. 2. Stockholm: Lithographic Institute of the General Staff of the
　　　Swedish Army; 王安洪·崔延虎 譯. 1997.『羅布泊探秘』. 烏魯木齊: 新疆
　　　人民出版社.

______.(translated from the Swedish by F. H. Lyon). 1940. *The Wandering Lake.*

New York: E. P. Dutton.

Hopkirk, P. 1980. *Foreign Devils on the Silk Road*. Oxford: Oxford University Press; 김영종 옮김. 2000. 『실크로드의 악마들』. 사계절.

Huntington, E. 1907. *The Pulse of Asia: A Journey in Central Asia Illustrating the Geographic Basis of History*. London: Archibald Constable & Co. Ltd.

Husmann, L. E. 1997. "Falling Lands, Rising Nations: Environmental Nationalism in China and Central Asia." Ph. D. dissertation in University of California, Berkeley.

Johnston, R. J., D. Gregory, G. Pratt, and M. Watts. 2000. *The Dictionary of Human Geography*. Oxford: Blackwell Publishing.

Lattimore, O. 1950. *Pivot of Asia: Sinkiang and the Inner Asian Frontiers of China and Russia*. Boston: An Atlantic Monthly Press Book(Little, Brown and Company).

Prejevalsky, N.(translated by D. Morgan). 1879. *From Kulja Across the Tianshan to Lob-Nor*. London: Sampson Low, Marston, Searle, and Rivington.

Royal Geographical Society. 2003. Media Release-embargoed 11:15hrs Wednesday. 3 september: Global Warming Is Melting the Planet's Glaciers(http://www.rgs. org/category.php?Page=15med).

Rudelson, J. J. 1997. *Oasis Identities: Uyghur Nationalism Along China's Silk Road*. New York: Columbia University Press.

Shapiro, J. 2001. *Mao's War against Nature: Politics and the Environment in Revolutionary China*. Cambridge: Cambridge University Press.

Simpson, D. P. 1968. *Cassell's Latin-English: English-Latin Dictionary*. London: Cassell & Company LTD.

Smil, Vaclav. 1984. *The Bad Earth: Environmental Degradation in China*. New York : M.E. Sharpe.

______. 1993. *China's Environmental Crisis: An Inquiry into the Limits of National Development*. New York: M.E. Sharpe.

Stein, A. 1928a. *Innermost Asia: Detailed Report of Explorations in Central Asia, Kan-su and Eastern Iran*, 4 vols. Oxford : Clarendon Press.

______. 1928b. *Innermost Asia: Maps*. Oxford : Clarendon Press.

______. 1933. *On Ancient Central- Asian Tracks*. London: Macmilan.

UNCCD. 1996. United Nations Convention to Combat Desertification in Those Countries Experiencing Serious Drought and/or Desertification, Particularly in Africa (http://www.unccd.int/convention/menu.php).